Baseball is MUSIC

ベースボール・イズ・ミュージック!

音楽からはじまる
メジャーリーグ入門

オカモト“MOBY”タクヤ

左右社

ベースボール・イズ・ミュージック！

音楽からはじまるメジャーリーグ入門

Warm Up　まえがき

「ベースボールは我々のゲームであるということ。それがベースボールに関する最も重要な事実だ。ベースボールはアメリカのゲームである。アメリカ全体の雰囲気である元気、活力、スピリットがそこにはある。ベースボールは合衆国憲法と同じくアメリカの制度の一部であり、同じように意義深いものとしてその中に溶け込み、アメリカの歴史の中で同じようにかけがえのないものだ」

建国からわずか70年しか経っていない１８４６年6月19日、ニュージャージー州ホーボーケンにてアメリカ生まれの新しいスポーツ、ベースボールの試合が世界で初めて行われました。当時はまだ新聞記者で、後にアメリカ文学において〝自由詩の父〟と称される大文豪ウォルト・ホイットマンは、生まれたばかりのベースボールをこう讃えています。

また「野球は芸術だ」ということを、ＭＬＢ最後の四割打者テッド・ウィリアムズ、そして３００勝投手トム・シーバーが、時と場所を変えながらも、そう発言しています。１９２０年代のヤンキース第一期黄金時代の監督ミラー・ハギンスも「野球選手とは詩人や画家や歌手のようなものだ。彼らは作られるのではなく誕生するものなのだ」という言葉を遺しています。

アメリカのナショナル・パスタイム（＝国民的娯楽）と称されるベースボールは、言わばアメリカ合衆国の歴史の一部であり、アメリカを代表する文化のひとつであることは間違いありません。文学や美術、映画、そして音楽などの他の文化ともごく自然に繋がり、影響し合っています。ボクは幼少の頃から音楽と野球とアメリカが大好きで、その中心となる部分がボクの頭の中で全て同じ場所にあり、それは何故なんだろう、と思いながら現在に至っております。だったらその関係性を自分なりに調べてみよう、それを皆さんにご紹介出来るなら、そして喜んで頂けるなら、とのことで、一冊の本にまとめてみました。「おいＭＯＢＹ、あの選手やアーティストに触れてないじゃんかよ！」「あの曲やあの選手、あのジャンル、取り上げてないの？」等々、至らないところもあるかもしれませんが、そこはひとつご容赦下さい。２０２２年・春の時点での研究発表、という体でございます。

　音楽以外にも、映画や文学などの様々な文化、またアメリカの歴史や時事にまつわるエピソードを、脱線しすぎない程度にご紹介していきます。そして私ＭＯＢＹのエピソードが少々入っていることもご了承下さい。チームや選手、ＭＬＢの歴史や風習に関してはもちろんのこと、プレイリストやディスクガイドとしてもご愛読頂ければ幸いです。

　それでは、プレイボール！

ベースボール・イズ・ミュージック！　音楽からはじまるメジャーリーグ入門―目次

中地区

6 **シカゴ・ホワイトソックス**
本拠地：ギャランティード・レイト・フィールド（1991～）
創立：1901年　ワールドシリーズ優勝3回　リーグ優勝6回　地区優勝6回

7 **クリーブランド・ガーディアンズ**
本拠地：プログレッシブ・フィールド（1994～）
創立：1894年　ワールドシリーズ優勝2回　リーグ優勝6回　地区優勝10回

8 **デトロイト・タイガース**
本拠地：コメリカ・パーク（2000～）
創立：1901年　ワールドシリーズ優勝4回　リーグ優勝11回　地区優勝7回

9 **カンザスシティ・ロイヤルズ**
本拠地：カウフマン・スタジアム（1973～）
創立：1969年　ワールドシリーズ優勝2回　リーグ優勝4回　地区優勝7回

10 **ミネソタ・ツインズ**
本拠地：ターゲット・フィールド（2010～）
創立：1901年　ワールドシリーズ優勝3回　リーグ優勝6回　地区優勝12回

西地区

11 **ヒューストン・アストロズ**
本拠地：ミニッツメイド・パーク（2000～）
創立：1962年　ワールドシリーズ優勝1回　リーグ優勝4回　地区優勝10回

12 **ロスアンジェルス・エンジェルス**
本拠地：エンジェル・スタジアム（1966～）
創立：1961年　ワールドシリーズ優勝1回　リーグ優勝1回　地区優勝9回

13 **オークランド・アスレティックス**
本拠地：オークランド・コロシアム（1968～）
創立：1901年　ワールドシリーズ優勝9回　リーグ優勝15回　地区優勝17回

14 **シアトル・マリナーズ**
本拠地：T-モバイル・パーク（1999～）
創立：1977年　ワールドシリーズ優勝0回　リーグ優勝0回　地区優勝3回

15 **テキサス・レンジャーズ**
本拠地：グローブライフ・フィールド（2020～）
創立：1961年　ワールドシリーズ優勝0回　リーグ優勝2回　地区優勝7回

MLB メジャーリーグ・ベースボール 30球団

★2022年4月時点

アメリカン・リーグ
AMERICAN LEAGUE

東地区

1 **ボルティモア・オリオールズ**
本拠地：オリオール・パーク・アット・カムデンヤーズ（1992～）
創立：1901年　ワールドシリーズ優勝3回　リーグ優勝7回　地区優勝9回

2 **ボストン・レッドソックス**
本拠地：フェンウェイ・パーク（1912～）
創立：1901年　ワールドシリーズ優勝9回　リーグ優勝14回　地区優勝10回

3 **ニューヨーク・ヤンキース**
本拠地：ヤンキー・スタジアム（2009～）
創立：1901年　ワールドシリーズ優勝27回　リーグ優勝40回　地区優勝19回

4 **タンパベイ・レイズ**
本拠地：トロピカーナ・フィールド（1998～）
創立：1998年　ワールドシリーズ優勝0回　リーグ優勝2回　地区優勝4回

5 **トロント・ブルージェイズ**
本拠地：ロジャース・センター（1989～）
創立：1977年　ワールドシリーズ優勝2回　リーグ優勝2回　地区優勝6回

中地区

21 **シカゴ・カブス**
本拠地：リグレー・フィールド（1914～）
創立：1871年　ワールドシリーズ優勝3回　リーグ優勝17回　地区優勝8回

22 **シンシナティ・レッズ**
本拠地：グレート・アメリカン・ボール・パーク（2003～）
創立：1881年　ワールドシリーズ優勝5回　リーグ優勝9回　地区優勝10回

23 **ミルウォーキー・ブリュワーズ**
本拠地：アメリカン・ファミリー・フィールド（2001～）
創立：1969年　ワールドシリーズ優勝0回　リーグ優勝1回　地区優勝4回

24 **ピッツバーグ・パイレーツ**
本拠地：PNCパーク（2001～）
創立：1882年　ワールドシリーズ優勝5回　リーグ優勝9回　地区優勝9回

25 **セントルイス・カージナルス**
本拠地：ブッシュ・スタジアム（2006～）
創立：1882年　ワールドシリーズ優勝11回　リーグ優勝19回　地区優勝14回

西地区

26 **アリゾナ・ダイヤモンドバックス**
本拠地：チェイス・フィールド（1998～）
創立：1998年　ワールドシリーズ優勝1回　リーグ優勝1回　地区優勝5回

27 **コロラド・ロッキーズ**
本拠地：クアーズ・フィールド（1995～）
創立：1993年　ワールドシリーズ優勝0回　リーグ優勝1回　地区優勝0回

28 **ロスアンジェルス・ドジャース**
本拠地：ドジャー・スタジアム（1962～）
創立：1883年　ワールドシリーズ優勝7回　リーグ優勝24回　地区優勝19回

29 **サンディエゴ・パドレス**
本拠地：ペトコ・パーク（2004～）
創立：1969年　ワールドシリーズ優勝0回　リーグ優勝2回　地区優勝5回

30 **サンフランシスコ・ジャイアンツ**
本拠地：オラクル・パーク（2000～）
創立：1883年　ワールドシリーズ優勝8回　リーグ優勝23回　地区優勝9回

ナショナル・リーグ
NATIONAL LEAGUE

東地区

アトランタ・ブレーブス
16 本拠地：トゥルイスト・パーク（2017～）
創立：1871年　ワールドシリーズ優勝4回　リーグ優勝18回　地区優勝21回

マイアミ・マーリンズ
17 本拠地：ローンデポ・パーク（2012～）
創立：1993年　ワールドシリーズ優勝2回　リーグ優勝2回　地区優勝0回

ニューヨーク・メッツ
18 本拠地：シティ・フィールド（2009～）
創立：1962年　ワールドシリーズ優勝2回　リーグ優勝5回　地区優勝6回

フィラデルフィア・フィリーズ
19 本拠地：シチズンズ・バンク・パーク（2004～）
創立：1883年　ワールドシリーズ優勝2回　リーグ優勝7回　地区優勝11回

ワシントン・ナショナルズ
20 本拠地：ナショナルズ・パーク（2008～）
創立：1969年　ワールドシリーズ優勝1回　リーグ優勝1回　地区優勝5回

イラスト
羽鳥好美

装丁
松田行正＋杉本聖士

INNING 1

『私を野球に連れてって』と
セブンス・イニング・ストレッチ

『私を野球に連れてって』誕生を巡るあれこれ

ＭＬＢ中継を観ていると必ず目にするのが、７回表終了後にファンが立ち上がって背伸びをし、場内ではオルガンやＢＧＭにあわせ『Take Me Out to the Ballgame（私を野球に連れてって）』が流れるシーン。観客は皆、ワルツのゆったりとしたリズムに乗り、誰もが身体を揺らし、仲間同士で肩を組みあい、歌詞に出てくる「home team」をひいきのチーム名に替えて大合唱します。１９０８年に作曲され、現在に至るまで野球賛歌と称されるこの曲と、背伸びする習慣＝セブンス・イニング・ストレッチについて、まずは探っていくとしましょう。

Take Me Out to the Ballgame（1908 ver.）

Katie Casey was baseball mad,
Had the fever and had it bad.
Just to root for the hometown crew,

Ev’ry sou Katie blew.
On a Saturday, her young beau
Called to see if she’d like to go,
To see a show but Miss Kate said,
“No, I’ll tell you what you can do.”

“Take me out to the Ballgame,
Take me out to the crowd,
Buy me some peanuts and Cracker Jack,★1
I don’t care if I never get back.
Let me root, root, root for the（home team）,
If they don’t win it’s the shame.
For it’s one, two, three strikes, you’re out,
At the old ball game.”

ケイティ・ケイシーは野球に夢中
かなりの熱を上げていた

★1＝糖蜜がけポップコーンの中にピーナッツが混じったお菓子のブランド。映画『ティファニーで朝食を』ではクラッカー・ジャックに封入されていたオマケの指輪に、ティファニーで名前を彫らせるシーンがある。

地元チームを応援するために
お金を使い果たしていた
ある土曜日、ボーイフレンドから
お芝居を見に行かないかと誘われたけど
ミス・ケイトはこう言った
「いいえ、私が何をしたいか、教えてあげましょう」

私を野球に連れてって
大観衆のいる球場へ連れてって
ピーナッツとクラッカー・ジャックを買ってくれたら
もう家に帰れなくてもかまわない
さあホームチームを応援しましょう
もし彼らが勝たなかったら悔しいけど
ワン、ツー、スリーでストライクアウト
それが野球なんだから

アメリカ合衆国において『ハッピー・バースデー・トゥー・ユー』『ア

メリカ国歌（The Star-Spangled Banner）』と並ぶアメリカ三大ソングのひとつ、とも称される『私を野球に連れてって』。デートに誘うなら観劇ではなく「野球に連れてって」と恋人に提案し、ホームチームを応援しようと鼓舞する、野球を熱愛するケイティ・ケイシーという女性を描いた歌です。長年、球場では主にサビの「Take me out...」の部分のみが歌われています。

誕生は1908年、[★2]ソングライター兼ヴォードヴィル俳優のジャック・ノーワースがニューヨークの地下鉄の駅に貼ってあった「ニューヨーク・ジャイアンツ[★3]、ポロ・グラウンズ[★4]で試合」と書かれた広告を目にし、即座にポケットから鉛筆と紙を取り出して歌詞を書き、仕事仲間の作曲家、アルバート・フォン・ティルツァーに曲を付けてもらい、ノーワースの妻ノーラ・ベイズがそれを歌い、その年の5月2

★2＝歌詞は1908年版（主人公はKatie Casey）と1927年版（主人公はNelly Kelly）の2種類ありますが、サビの「Take Me Out～」以降は一緒です。

★3＝サンフランシスコ・ジャイアンツの前身。1883年創設、1957年までニューヨークのチームだった。

★4＝ニューヨーク・ジャイアンツの本拠地。その名の通り元々はポロ競技用のフィールドだった。1964年解体。阪神甲子園球場はポロ・グラウンズをモデルの一つとしている。

日に発表されたそうです。ヴォードヴィル・ショーと呼ばれた舞台や、当時は最新の音楽流通アイテムだったレコードを通じてヒットし、楽譜は当時のベストセラーになりました。また１９４９年には同名のミュージカル・コメディ映画も公開され、ジーン・ケリー[★5]とフランク・シナトラ[★6]という豪華キャストが出演し、この曲を歌いタップダンスを披露して、更に全米に浸透していきました。ただ、ノーワースとティルツァーは、この曲が作られた当時、二人とも野球を一度も観たことが無かったそうで、ティルツァーは曲の誕生から20年経った１９２８年、ノーワースに至っては実に32年後の１９４０年6月27日にブルックリンで、初めてＭＬＢの試合を観戦したとの記録が残っています。

この話は長い間、有名なエピソードとして伝えられてきました。〝パンチョ〟伊東一雄[★7]さんの著書『野球は言葉のスポーツ』、佐山和夫[★8]さんの著書『野球場で、観客はなぜ「野球に連れてって」を歌うのか？』にもこのように書いてあり、ボクもそれを読んで、最近までそう信じていました。ですが、色々と調べていくうちに、このエピソードを覆す説が、「ＳＡＢＲ」ことアメリカ野球学会[★9]で２００９年に発表されていたのです。以下、かいつまんでご紹介すると……。

★5＝１９１２〜96。ハリウッドの黄金時代を築いた俳優・ダンサー・歌手。代表作に『雨に唄えば』『踊る大紐育』など。１９５０年代にフィリーズの専属ラジオ実況を務めた同姓同名の方がいる。

★6＝１９１５〜98。「ザ・ヴォイス」の異名を取るアメリカを代表するエンターテイナー。野球の発祥地であるニュージャージー州ホーボーケン生まれ。映画『私を野球につれてって』を観るに、野球に関してはずぶの素人だった模様。

★7＝元パ・リーグ広報部長、大リーグ評論家。初回となった１９６５年〜91年までドラフト会議の司会を務めたことでも知られている。筆者と同じ千葉県市川市出身（筆

ノーワースとティルツァーが1908年5月2日にこの曲を発表したことは間違いない。だが、地下鉄の広告を見て即興のように曲を書いた、というのは、アブナー・ダブルデイ★10が野球を発明したとされる話と同様の作り話だと思われる。1908年当時、ニューヨークの公共交通機関にMLB公式戦のポスターが貼られていたという証拠がない。その上、ノーワースは1908年の時点で既に成功し、自家用車、つまり車で市内を移動していた。なぜわざわざ（混んでいて悪臭のする）地下鉄などの公共交通機関を使用したのか、はなはだ疑問が残る。

テレビはまだ無く、ラジオもモールス信号を送る装置に過ぎなかった当時、ノーワースに野球への興味を持たせる手段は2つあった。誰かが野球の試合があることを伝えることと、地下鉄で見たというように彼に広告を見せること。『Take Me Out to the Ballgame』発表は5月2日、その年のニューヨーク・ジャイアンツのホーム開幕戦は4月22日。となると、ノーワースは想像力をかき立て、この曲をわずか10日で発表したことになる。また当時ノーワースとティルツァーは曲を書く以前に2人とも野球を観たことがなく、せいぜい初歩的な知識しか

者は1992年、JR市川駅北口「大杉書店」前にて氏とすれ違い、声をかけてサインを頂いたことがあります）。

★8＝ノンフィクション作家、アメリカ野球学会（SABR）会員。2021年1月に野球殿堂入り。

★9＝The Society for American Baseball Research。アリゾナ州フェニックスに本部があり、世界中に約7000名の会員がいる。筆者も会員です。

★10＝南北戦争では北軍の将軍。1839年にニューヨーク州クーパーズタウンで野球を考案した、という伝説が後世広く出回ったが、そのような主張をした根拠はなく、学術的にも後に否

なかったことは、歌詞の「連れてって」[★11]という言葉からも汲み取れる。

ノーワースがこの曲を生み出した背景として最も可能性が高いのは、彼は何か文章を読んでいたのではないか、ということだ。１９０８年のニューヨークでは少なくともマンハッタンで13紙、ブルックリンで3紙、日刊の新聞が発行されていた。スポーツの記事の割合はどの新聞でも高く、野球のシーズンになると試合開催の広告も掲載されていたが、それらは主にスポーツ欄にしか掲載されず、ノーワースが気付く可能性は低かったと思われる。

我々には１９０８年4月にノーワースがどうやって新聞を読んだか、という疑問が残る。確証は持てないが、少なくとも2紙、ノーワースとティルツァーが熟読していたと考えられる。それは週刊のヴォードヴィルや劇場に関する情報が掲載された新聞である。現在も発行されている『Variety』『Clipper』の2紙だ。その根拠として挙げられるのは、１９０８年5月2日に『Take Me Out to the Ballgame』の発売を告知する広告がこの2紙に掲載されていたこと。『Clipper』１９０８年4月25日付２６４ページには（週刊なので恐らくその1週間前くらいに発売なのだろう）、ニューヨーク・ジャイアンツのホーム開幕シリーズ、

定された。けれどもクーパーズタウンにはアメリカ野球殿堂があり、「ダブルデイ・フィールド」という野球場があります。細かいことは気にしない……のでしょうね……！

★11＝この歌詞、よく読むと、主人公の女性は野球場にいません。1975〜94年の19年間で699試合に登板し防御率3・15を残した中継ぎ投手で、現在はフィラデルフィア・フィリーズ専属のテレビ解説を務めるラリー・アンダーセン曰く、「野球場でこの曲を聴くと変な気分になる。ここは野球場じゃねえのかよ、って」とのこと。

4月22日〜25日の試合広告が掲載されていたという。当然ながら、ノーワースがこの広告を見たかどうかは判らないが、地下鉄の話よりも可能性は高かったはずだ。

『Clipper』には他にも有力な根拠がある。同日付277ページには、曲に出てくるスナック菓子の広告が掲載されていた。そう、クラッカー・ジャックだ。「世界で一番売れているポップコーン」と謳われた広告は、ニューヨークの新聞の中だとこの『Clipper』のみに掲載されていたのだ。

それ故、我々は『Clipper』に野球とクラッカー・ジャックの両方の広告が掲載され、ノーワースが同時に歌詞に用いたことによって、作詞の出自になったのではないか、ということについて言及出来るのである。

作者が野球を観たことがなかった、名曲誕生のエピソードもかなり盛られた内容だった……。けれども今ではベースボールを象徴するアンセムとして知られ、老若男女、みんなで大合唱する。この曲を歌うことは、「地元チームを応援しよう、勝てないと悔しいけど」という歌詞が示す通り、

★12＝1948〜71年にアメリカCBSで放送されていたバラエティ番組。1956年9月にはエルヴィス・プレスリーが出演し全米視聴率82・6％を、1964年2月にはビートルズが出演し全米視聴率72％を記録。日本人も雪村いづみ、ザ・ピーナッツ、特撮監督の円谷英二などが出演した。

地元チームを応援すること、そしてアメリカ人としてのアイデンティティを確認することに繋がっているのではないでしょうか？　それで十分ですよね。ボクなんか「Take」の音程であるドから「Me」の音程であるオクターブ上のド、という、たった2つのメロディーラインを聴いただけで、この曲のこと、そして野球のことが浮かんでしまうんですから……。ちなみにジャック・ノーワースは1958年、当時のアメリカを代表するバラエティ番組「エド・サリバン・ショー」[★12]に、黄金期を迎えていたニューヨーク・ヤンキースの中心選手だったミッキー・マントル[★13]、ヨギ・ベラ[★14]、ホワイティ・フォード[★15]らと共に出演し『Take Me Out to the Ballgame』を一緒に歌いました。その映像がYouTubeの番組公式チャンネルに残っていますので、是非チェックしてみて下さい。

セブンス・イニング・ストレッチの誕生

さて『Take Me Out to the Ballgame』を歌うのは、7回表が終了したとき。歌う前に背伸びをする習慣、通称「セブンス・イニング・ストレッ

★13＝Inning 5で詳しく紹介します。

★14＝1946～65年、ヤンキースの正捕手としてシーズンMVP3回、ワールドシリーズ優勝10回。「ヨギイズム」と呼ばれる多くの名言・迷言を残した。背番号8は永久欠番、1972年殿堂入り。

★15＝1950～67年、ヤンキース一筋、通算236勝を記録。ワールドシリーズで通算22先発、10勝、94奪三振、146投球回は歴代1位。背番号16は永久欠番、1974年殿堂入り。

★16＝アメリカ初のプロ野球チーム。1871年に離散し、主要メンバーはボストン・レッドストッキングス（現アトランタ・ブレーブス）に参加。

チ」と対になっています。この起源には諸説あります。１８６９年にシンシナティ・レッドストッキングス[★16]の観客が始めたという説、１８８２年にニューヨークの大学生たちが試合観戦中に行ったのが最初という説など。ですが一番有名にして有力なのは、第27代アメリカ合衆国大統領、ウィリアム・ハワード・タフトを起源とする説です。若い頃、彼はメジャーリーガーを志し、当時のワシントン・ナショナルズから入団オファーを受けたものの、入団直前に腕の故障が発覚し断念した過去がありました。大統領になってからも野球好きは変わらず、１９０９年から13年までの任期中、彼は12試合もＭＬＢ公式戦を観戦しています。しかも首都ワシントンＤＣでの試合だけでなく、ピッツバーグ、シカゴ、セントルイス、シンシナティ、と全米各地で観戦していました。さて大統領として4試合目の観戦となった１９１０年4月14日、彼はワシントン・セネターズ[★17]の開幕試合、対フィラデルフィア・アスレティックス[★18]戦を観戦にやってきます。当時の史上最多記録となる1万２２０６人の観客を動員したこの試合で、彼はまず試合前に観客席から主審にボールを投げ入れました。これがＭＬＢ史上初の始球式とされています。そして7回表終了後、身体の凝りを解そうと立ち上がって背伸びをしたところ、周りにいた関係者や観客達は、大統領

★17＝現在のミネソタ・ツインズ。１９０１〜61年までワシントン・セネターズと名乗っていた。

★18＝現在のオークランド・アスレティックス。１９０１〜54年はフィラデルフィア、55〜67年はカンザスシティを本拠地にしていた。68年にオークランドに移転。

★19＝アメリカ国歌にこの曲が採用されたのは１９３１年3月3日。

★20＝１９１０〜90年、ホワイトソックスの本拠地として使用されていた。ほぼ同じ場所に現在のホワイトソックスの本拠地、ギャランティード・レート・フィールドがある。

が帰ろうとしているのだと受け取り、全員が立ち上がったといいます。これがセブンス・イニング・ストレッチの始まり、とされています。

ちなみにタフト大統領はこの他に、後にアメリカ国歌となる『星条旗（The Star-Spangled Banner）』★19を試合前に演奏するように指示した人物としても知られています。またタフト大統領以降、歴代アメリカ大統領は第44代バラク・オバマまで18人全員、合計80回、ＭＬＢの試合で始球式を行っています。つまり前職の第45代大統領ドナルド・トランプはこの記録を止めたことになりました。第46代大統領ジョー・バイデンは始球式を行うのでしょうか……？

セブンス・イニング・ストレッチと『私を野球に連れてって』の関係

では、セブンス・イニング・ストレッチのあとに、なぜ『私を野球に連れてって』を歌うようになったのか。どうやらそれはシカゴ・ホワイトソックスの当時の本拠地、コミスキー・パーク★20が起源と思われます。

１９７０年に球場のオルガン奏者に就任したナンシー・ファウスト★21が、

★21＝Inning 3で詳しく紹介します。

★22＝実働52年、カージナルス、アスレティックス、ホワイトソックス、カブスの専属アナウンサーを務めた。特にカブス時代の彼は人気者で、本拠地リグレー・フィールドの外野入場口前には彼の銅像がある。

★23＝１９５０年代から70年代までの間に、クリーブランド・インディアンズやホワイトソックスのオーナを務めた。球場に託児所を設ける、女性トイレを増やして常に綺麗にしておく、外野フェンスを可変式にして味方に有利にするなど、数々の策を凝らして観客動員増に努めた。シカゴ・カブスの本拠地リグレー・フィールドの外野フェンスに生えるツ

1973年頃からセブンス・イニング・ストレッチの後に『私を野球に連れてって』を演奏していました。それに合わせ、いつも歌詞を口ずさんでいたのがホワイトソックス専属のラジオ実況を担当していたアナウンサー、ハリー・ケリー。[★22] ラジオ局のプロデューサーはケリーに「折角ならラジオのスイッチをオンにして歌えば良いのに」と提案するもケリーはかたくなに拒否。その話を聞いたホワイトソックスのオーナーであるビル・ベック[★23]は1976年、ちょっとしたいたずらを仕掛けます。球場の音響係に、ケリーの歌声が

タの葉も彼のアイデア。

★24＝現ZOZOマリンスタジアム。

★25＝現ほっともっとフィールド神戸。

★26＝三船敏郎主演、黒澤明監督初の犯罪サスペンス映画。

★27＝現在の福岡ソフトバンクホークス。

★28＝1948年、南海の処遇に不満を抱いていた別所毅彦投手を巡り、巨人の思惑が絡んだ移籍騒動。

★29＝1949年4月14日、判定を巡り両チームと審判が揉める流れで、巨人の三原脩監督は南海の筒井敬三捕手の頭を殴打。100日間の出場停止。復帰は同年

場内に聞こえるよう、スイッチをオンにしろと指示、いつものように歌うケリーの歌声が場内に響きお客さんは大喜びし大合唱がおこりました。ケリーは一杯食わされるも、以降はそれが彼の代名詞となり、1982年にシカゴ・カブスの専属アナウンサーとして移籍して以降は1997年に引退するまで、放送ブースから身を乗り出して『私を野球に連れてって』を先頭に立って歌うことが名物となりました。1998年にケリーは83歳の生涯を閉じますが、それ以降、リグレー・フィールドでは有名人のゲストが日替わりでケリーのように指揮し、歌い続けています。

では、日本では？

さて日本では、この習慣はどうなのでしょうか？ 1990年代以降、東京ドームや千葉マリンスタジアム★24、グリーンスタジアム神戸★25などでセブンス・イニング・ストレッチが行われ、『私を野球に連れてって』が流れていたこともありましたが、今は殆ど見かけません。日本には形を変えて「ラッキーセブン」という言葉が使われ、ホームチームをもっと応援しよ

7月23日、よって映画のシーンに三原脩はいない。

★30＝通称「打撃の神様」。「ボールが止まって見えた」というエピソードはあまりにも有名。日本プロ野球史上初の2000本安打を記録し（通算2351安打）を記録。監督として9連覇を含む日本一11回は歴代最多。背番号16は巨人の永久欠番。1965年殿堂入り。

★31＝愛称「じゃじゃ馬」。巨人、阪急（現在のオリックス）、大洋（現在のDeNA）でプレー。首位打者1回、本塁打王5回、打点王2回。2009年殿堂入り。

★32＝愛称「猛牛」。巨人一筋15年。セカンドでベストナイン7年連続7回受賞。1958年、監督として当時

う、ということでチーム応援歌などが流れます。また『私を野球に連れてって』は東京メトロ南北線後楽園駅の発車サイン音として使われ、映画『バンクーバーの朝日』（２０１４年）では俳優の高畑充希さん演じるエミー笠原が大事な試合の前にこの歌を歌い、歌手の土岐麻子さんはアルバム『WEEKEND SHUFFLE』（２００６年）でこの曲をジャジーにカヴァーしています。

セブンス・イニング・ストレッチと黒澤明、後楽園球場

日本ではラッキーセブンという言葉が馴染んでしまったわけですが、セブンス・イニング・ストレッチの習慣が、かつて日本でも取り入れられていたことが、なんと黒澤明監督の映画に残っているのです。『野良犬』[★26]（１９４９年）に、東京ドームの前身、後楽園球場で行われた読売ジャイアンツ対南海ホークス[★27]（１９４９年７月15日・第９回戦）の本物の試合のシーンがあり、試合が７回に入る際「ラッキーセブンでございます」という場内アナウンスとともに、何と４万人、超満員の観客が一斉に立ち上がって

の近鉄パールズに就任する。球団が「猛牛」にちなんでチーム名をバファローに改名し、岡本太郎による球団マークが制作された。１９８０年殿堂入り。また１９４８年には銀座の洋食店「グリルスイス」で千葉がカツレツをカレーにのせて食べていたことからカツカレーが新メニューとして発案された。

★33＝初代「ミスターホークス」。選手としてＭＶＰ３回、本塁打王１回、打点王１回。一軍監督として通算１７７３勝はプロ野球史上最多。勝率・６０９で歴代監督の中でも唯一の６割超え。１９６５年殿堂入り。１９９１年にはプロ野球選手初の受勲（勲四等旭日小綬章）。

★34＝太平洋戦争に出征し復員するも肩を痛め、庇う形

背伸びをしているではありませんか！

　当時は1リーグ制最終年、また当時の巨人と南海には「別所引き抜き事件[★28]」「三原ポカリ事件[★29]」といった遺恨があり、緊張感が漂う両チームの雰囲気も映画に合っていたのでしょう。またプロ野球のテレビ中継が開始されたのは１９５１年からなので、１９４９年のプロ野球が映像に記録されていること自体が非常に貴重。12分に渡って、巨人は川上哲治[★30]、青田昇[★31]、千葉茂[★32]、南海は鶴岡一人[★33]（監督兼選手）、武末悉昌《たけすえしっしょう》[★34]、筒井敬三[★35]といった往年の名選手たちのプレーや、満員で溢れかえるスタジアムの熱気を観て感じ取ることが出来ます。

　またこのスタジアムのシーンでキーパーソンのひとりとなる場内アナウンス、通称ウグイス嬢を務めていた務台鶴さんは、映画のシーンから27年後の１９７６年10月11日、後楽園球場にて王貞治がベーブ・ルース[★36]の通算本塁打記録を破る７１５号を放った際も、同じく場内アナウンスを務めていました。翌１９７７年8月、務台さんは病を患い退職、代わって場内アナウンスを担当したのが山中美和子さん。同年9月3日、王貞治がハンク・アーロン[★37]の記録を破り通算本塁打世界一となる７５６号を放った際に場内アナウンスを担当していたのは、まだ就任して間もない山中さんでし

でアンダースローに転向したことが彼の運命を変え、日本プロ野球におけるアンダースローの元祖に。１９４８年は西日本鉄道のエースとして都市対抗野球大会優勝、49年南海に入団。この年に21勝17敗を挙げ、シーズン最多奪三振１８３を記録。

★35＝前述「三原ポカリ事件」で殴られたキャッチャー。オールスター出場2回。引退後は東映（現北海道日本ハム）の二軍バッテリーコーチに就任するも、球団寮で発生したガス漏れ事故により中毒死。享年34歳。

★36＝１９１４～19年レッドソックス、20～34年ヤンキース、35年ブレーブス。ＭＬＢ史上最大のスーパースター、通算７１４本塁打。大谷翔平選手が登場するまでは最後

た。その山中さんは２０２１年10月23日に行われた巨人対ヤクルト戦をもって45年間務めてきた場内アナウンスの仕事を引退されました。後楽園球場から東京ドーム、更には地方球場での主催試合での担当を含めると、通算３０００試合を超えたとのこと。２０２２年シーズン以降、東京ドームの場内アナウンスは前年にデビューしたばかりの女性３名が担当していくそうです。

映画『Baseball』サントラには沢山のヴァージョンが

ドキュメンタリー映画を数多く製作したケン・バーンズ[★38]監督が手掛けた、19世紀半ばの野球の起源から現代に至るまでの全9編からなる、１９９４年公開の長編記録映画『Baseball』[★39]は、翌年エミー賞を受賞し、日本でもNHKで放送されました。その映画のサウンドトラック盤は、ボクにこのベースボールと音楽、メジャーリーグと音楽の相関性について最初に興味を持たせてくれた、ある意味、この本を書くきっかけを与えてくれた、自分にとって非常に重要な一枚です。ウォルト・ホイットマンの詩の朗読に

の本格的な二刀流選手だった。36年、アメリカ野球殿堂開設時の最初の殿堂入り選手５人の中のひとり。

★37＝１９５４～74年ブレーブス、75～76年ブリュワーズ。愛称は「ハマー」。バリー・ボンズに破られるまでMLB記録だった７５５本塁打を放った史上最高のスラッガーのひとり。82年殿堂入り。２０２１年１月22日、86歳没。王貞治とともに世界に野球を広める為の活動にも熱心に取り組んでいた。

★38＝アメリカを代表するドキュメンタリー映画監督。アカデミー賞ノミネート２回、エミー賞受賞１回。

★39＝２０１０年に続編『The Tenth Inning』が公開。

始まり、試合開始時と同じようにアメリカ国歌が流れ、数々の名場面の実況を挟みつつ、選手をテーマにした曲たち、そして『私を野球に連れてって』に関しては様々なアーティストのヴァージョンが収録されています。キング・カーティス[★40]、ドクター・ジョン[★41]、カーリー・サイモンなどなど。Spotifyなどのサブスクでも聴くことが出来ますので、是非皆さん、この本のサウンドトラックとしてもご利用頂ければ幸いです。

★40＝1934～71年。60年代のアメリカを代表するサックス奏者として活躍。数多くの著名アーティストと共演、自らもヒット曲を世に送り出した。またリーダーとして率いたバンド「The Kingpins」は、バーナード・パーディ、ジェリー・ジェモット、コーネル・デュプリー、チャック・レイニー、ジミ・ヘンドリクスを輩出したことでも知られている。

★41＝1941～2019。ジャズ・ピアニスト兼シンガー。ニューオリンズの音楽文化を体現する存在として活動。自らも名作を残しつつ、数多くの著名アーティストと共演した。

INNING

2

このチーム、このボールパーク、このナンバー

アメリカのボールパークでは、『私を野球に連れてって』以外にも、各チームのボールパークごとに定番の曲があります。古い歴史があったり、街に根差していたり、ユニークさに溢れていたりと、実に様々な音楽があります。ここでは、その中からいくつかご紹介していきましょう。

1　ボストン・レッドソックス

「ＭＬＢと音楽」の歴史はボストンから始まった

ＭＬＢと音楽の関係性を語る上で最も古いエピソードは、『私を野球に連れてって』発表よりも早い１９０３年に、既に資料に残っています。１８７６年創設の古参ナショナル・リーグ（以下ナ・リーグ）、１９００年創設の新興勢力アメリカン・リーグ（以下ア・リーグ）は、本拠地を巡る縄張り争いや報酬を巡る選手の引き抜きなどにより、双方が紛糾を極めていたものの、動員が伸びていったア・リーグにナ・リーグが少々折れる形で１９０３年２月に協定を結び、お互いを「メジャーリーグ」として認め、

2つのリーグを統一する機構という形で現在のメジャーリーグ（以下MLB）が発足します。その年の9月、両リーグの優勝チームが9戦5勝方式で争うワールドシリーズの実現に何とかこぎつけます。ナ・リーグはピッツバーグ・パイレーツが、ア・リーグはボストン・アメリカンズ[★1]（現在のレッドソックス）がそれぞれリーグ優勝を果たし、10月1日、ボストンで第1回ワールドシリーズが開幕します。

初めてのワールドシリーズに、誰もが興奮しました。1勝3敗で迎えた第5戦、敵地ピッツバーグまで総勢200人以上で乗り込んだ「Royal Rooters」と呼ばれるアメリカンズのファンが、現地で吹奏楽団をわざわざ雇い、その演奏にのせて応援歌として歌ったのが

★1＝1901年創立。当時は新聞記者が愛称を自由につけていて、もともとあったナ・リーグのボストン・ビーンイーターズ（現アトランタ・ブレーブス）に対し、ア・リーグのボストンを示す意味で1907年までアメリカンズと主に称された。1908年、レッドソックスを正式なチーム名に採用。

★2＝1890〜1911年の通算22年でMLB歴代最多511勝、シーズン20勝15回、30勝5回を記録した屈指の大投手。サイクロンのような剛速球を投げることから「サイ」のニックネームで知られた。37年殿堂入り。彼が亡くなった翌年の56年、その栄誉を讃えて年間最優秀投手に「サイ・ヤング賞」が贈られることになった。

『Tessie』という曲。1902年にブロードウェイで上演が始まったミュージカル『The Silver Slipper』挿入歌の歌詞を、アメリカンズを鼓舞しパイレーツを苛立たせる内容に変えて何度も何度も繰り返し大合唱したのです。その甲斐があったのか、アメリカンズのエース、サイ・ヤング[★2]は9回2失点の完投勝利。歌で何度も揶揄されたパイレーツの中心打者ホーナス・ワグナー[★3]はこの試合無安打、以降そのシリーズは14打数1安打と完全にブレーキ。結局アメリカンズは第5戦から4連勝を飾り、初代ワールドチャンピオンに輝きました。

時は流れて2004年。俗に言われる「バンビーノの呪い[★4]」を解く為にこの曲を現代風なアレンジで蘇らせたのは、ボストン出身のケルティック・パンク・バンド[★5]、ドロップキック・マーフィーズ[★6]。「Royal Rooters」の大合唱から101年を経て、彼らの魂を蘇らせるべく6月に『Tessie』のカヴァーver.をリリースします。レッドソックスはリーグ優勝決定シリーズで宿敵ニューヨーク・ヤンキースに対し3連敗から4連勝という奇跡の大逆転を演じ、セントルイス・カージナルスとのワールドシリーズでもスウィープし[★7]、86年振りのワールドチャンピオンに輝きます。それ以降、この曲はレッドソックス公認の応援歌として採用され、本拠地フェンウェ

★3＝1897〜1917年の通算21年で3420安打（歴代8位）、通算盗塁723（歴代10位）。史上最高の遊撃手と表されている。36年、アメリカ野球殿堂開設時の最初の殿堂入り選手5人のひとり。2020年にマイク・トラウト（エンジェルス）のルーキーカードに破られるまで、ワグナーのベースボールカードが史上最高額で取引されたことでも知られている（07年・235万ドル（約2億8500万円））

★4＝5回目のワールドチャンピオンに輝いた翌年1919年、オーナーが野球よりも演劇に熱心だったため、その資金獲得の目的として、当時二刀流としても活躍していたバンビーノことベーブ・ルースをニュー

イ・パークでレッドソックスが勝つと、この曲が流れます。

『Dirty Water』と『Sweet Caroline』

その『Tessie』ですが、レッドソックスが勝利した瞬間に流れるわけではなく、2番目に流れます。では最初に流れる曲は？　それは1997年から使用されている『Dirty Water』。ガレージ・ロック・バンド、ザ・スタンデルズが1965年にリリースした、彼ら最大のヒット曲。この曲の作者兼プロデューサーであるエド・カッブが、当時付き合っていた彼女が通っていた大学のあるボストンを訪れた際、「チャールズ川★8はお世辞にも綺麗とは言えないし、街にはスリやコソ泥がいて、女子大生（ガールフレンドのこと）には門限がある」と嘆きつつも「それでも俺はボストンのことを愛しているぜ、最高の街だぜ」と歌う、皮肉交じりのボストン賛歌です。レッドソックスがフェンウェイ・パークで勝利し、ワールドシリーズ制覇に輝いた瞬間にこの曲が流れたのは2013年の1回だけ。その時の胴上げ投手は、そう、皆さんご存知、あの上原浩治★9でした。

そしてもう1曲、レッドソックス、そしてフェンウェイ・パークに欠かせない曲があります。MLBファンにはお馴染み『Sweet Caroline』。ニー

ヨーク・ヤンキースにトレード。それ以降ヤンキースは呪いが解かれる2004年までにワールドシリーズ制覇26回。レッドソックスは何度もワールドシリーズ制覇に手が届くところまで来たものの、呪われているとしか言いようのない悲劇的な敗戦を喫し続けた。

★5＝パンク・ロックの姿勢とケルト系民族の伝統音楽を融合させた音楽性を持つ。ザ・ポーグスがその祖とされる（筆者は高校時代にカヴァーバンドの経験あり）。日本ではアイリッシュ・パンクとも呼ばれる。

★6＝1996年結成。彼らの代表曲のひとつ『For Boston』は日本の野球ファンにも馴染みのあるナンバーで、千葉ロッテマリーン

ル・ダイアモンドが1969年にリリースし100万枚以上のセールスを記録したこの曲は、第35代大統領ジョン・F・ケネディの娘、そして2013年から4年間、駐日アメリカ合衆国大使を務めたキャロライン・ケネディがモデル★10とされています。1997年頃からフェンウェイ・パークで流れ始め、2002年からは毎試合8回表終了時に流れるのが定番となっています。2013年9月2日、ボクはフェンウェイ・パークを訪れているのですが、この曲を聴いたサビの「♪Sweet Caroline」のあとに観客が続けて「Woah oh oh」、そして「♪Good times never seemed so good」に続けて「So Good! So Good! So Good!」と連呼する光景を目の当たりにした時は、思わず感極まってしまいましたよね……。2010年の開幕試合、また2013年4月15日にボストンマラソン爆弾テロ事件がおきた5日後の4月20日の計2回、フェンウェイ・パークでダイアモンド自身が大勢の観客と共に大合唱しています。レッドソックスの他にもNFLカロライナ・パンサーズ、ピッツバーグ大学フットボールチームの応援歌として親しまれ、また数多くのアーティストにカヴァーされています。フランク・シナトラ、エルヴィス・プレスリー、フリオ・イグレシアス★11、意外なところでは南沙織、加山雄三などなど。そして最近ではラグビーの試合会

ズの応援団が、2003年デリック・メイ、04〜06年マット・フランコの応援歌としてこの曲を使用し、現在では高校野球の定番応援歌となっています。

★7＝同一カードで連勝すること。

★8＝1965年当時は水質汚染が深刻化し、その年にチャールズ川分水協会が創立され恒久的に川の浄化を行う様になった。ボストンの名物、牡蠣の殻を浄化に利用しているとのこと。

★9＝2013年は救援投手として史上初となる100奪三振到達。救援投手としてMLB記録となるWHIP（投球回あたり与四球・被安打数合計）0.57、リーグ優勝決定シリ

場でも頻繁に流れていて、2019年に開催されたラグビーワールドカップの会場でハーフタイムに何度も流れ[★12]、日本人以外のラグビーファン（とボク）が大合唱していたのも印象的でした。

2　ニューヨーク・ヤンキース

対するニューヨーク・ヤンキースは……

ボルティモア・オリオールズ（もちろん現存するチームとは別）として1901年に創設され、1903年ニューヨークに移転しハイランダーズと名乗ったものの、ボストン「アメリカンズ」に対する形で、アメリカ北東部に住む白人、またアメリカ人全体に対する俗称を意味する愛称の方が広まり、1913年にはそれが正式名となったニューヨーク・ヤンキース。1919年まではア・リーグ2位を2度が最高成績で、17年間で勝率5割以上は5回のみ、8チーム中5位以下10回、最下位2回という、どちらかというとお荷物チームとして扱われていました。1920年にベーブ・

ーズMVPという素晴らしい成績を残した。日本人として初めてワールドシリーズでのセーブ、胴上げ投手、またワールドシリーズ史上初の「走塁妨害によるサヨナラ負け」「牽制刺によるゲームセット」を記録。

★10＝2007年、彼女の50歳の誕生日パーティーで歌う時に初めて明かしたとのこと。

★11＝「世界の恋人」の異名をとるスペイン出身のポピュラー歌手。レアル・マドリードのユースチームでゴールキーパーとしてプレー、トップチームに昇格直後に交通事故で瀕死の重傷を負い、歌手に転向。全世界でのレコード・CD累計売上3億枚以上。NBAマイアミ・ヒートの共同オーナー

ルースが入団していきなりシーズン54本塁打を記録すると、2年目の1921年には初優勝、ファンも一気に増え、1923年には俗に「ルースの建てた家★13」と称される、球団初のホームスタジアムであるヤンキー・スタジアムが完成★14。1920年代には6度のリーグ優勝、3度の世界一に輝き、第1期黄金時代を迎えます。その当時の監督ミラー・ハギンス★15は「野球選手とは詩人や画家や歌手のようなものだ。彼らは作られるのではなく誕生するものなのだ」との発言を残しています。つまり野球は芸術である、という認識を持った監督が、地元のライバルで緻密な野球、いわゆるスモールボールが特徴のニューヨーク・ジャイアンツに対抗し、ルースを始め1925年にデビューしたルー・ゲーリッグ★16、トニー・ラゼリ★17といった通称「殺人打線（Murderers' Row）」によるホームランの連発、いわゆるビッグボールで、勝利と共に魅せる野球でファンも獲得していき、球界の盟主へとチームを押し上げた形になりました。その後も本当に数多くの名選手達を輩出し（追って音楽のエピソードと共にご紹介します）、ワールドシリーズ優勝27回、リーグ優勝40回、また永久欠番の数も史上最多。現在に至るまで、球界の盟主として君臨していることは誰しもが認めるところでしょう。

に名を連ねている。

★12＝ウェールズ出身のロック・バンド、マニック・ストリート・プリーチャーズはこのラグビー・ワールドカップに照準を合わせて日本ツアーを組み、試合観戦も楽しんだ。2019年9月29日、ヴォーカルのジェームズ・ディーン・ブラッドフィールドは母国ウェールズ対オーストラリアの試合前の場外ステージに飛び入りで立ち『Sweet Caroline』を熱唱し、集まったファンが大合唱したというエピソードも。

★13＝1899年にトーマス・エジソンが設立したセメント会社によって建てられた。実際には「エジソンが建てた家」。

ヤンキースとシナトラ、とディマジオとモンロー

ヤンキー・スタジアムでの定番ナンバーと言えば、まずは試合終了と共に流れる『New York, New York』。１９７７年に公開された同名の映画の為に書かれ、オリジナルはライザ・ミネリ[★18]が歌いました。１９７９年、フランク・シナトラがカヴァーし、翌１９８０年からこの曲が使用されています。もともと、ヤンキースが勝った試合後にはシナトラver.が、負けた試合後にはライザ・ミネリver.が流れていたのですが、ミネリから「自分の方を勝った時に流すか、さもなくば流さないで！」との猛抗議があり、２００１年以降は勝っても負けてもシナトラver.を流すようになりました。

シナトラといえば映画『私を野球につれてって』にも出演していると前述しましたが、実はヤンキースを代表する名選手、ジョー・ディマジオとも少なからぬ因縁がありました。それはあのマリリン・モンロー[★19]を巡って。１９５４年1月にディマジオとモンローは結婚したものの、1年持たず離婚。シナトラは2番目の妻エイヴァ・ガードナーと結婚中の１９５４年にモンローと知り合い、１９５７年にエイヴァと離婚した後に二人は交際をスタートさせ数ヶ月続いた、とシナトラの伝記本に記されています。モンローが１９６２年に薬物の過剰摂取によって36歳の若さで悲劇的な死を遂

★14＝それまではニューヨーク・ジャイアンツの本拠地ポロ・グラウンズを間借りしていた。地主のジャイアンツよりヤンキースの方が観客動員の数字が良かったこともあり、半ば追い出される形でハーレム川を挟んだ対岸に建設。その距離は、直線距離だとわずか1キロしか離れていなかった。

★15＝1878〜1929。選手としてレッズ、カージナルスでプレーしリーグ最多四球4度。監督としてヤンキースを指揮しア・リーグを6度、ワールドシリーズ3度制覇。64年殿堂入り。

★16＝1923〜39年ヤンキース。MLB史上最高のスーパースターのひとり。25年5月31日から39年5月2日にかけて記録した

げる1年前、シナトラはモンローにプロポーズ。その頃モンローはディマジオと寄りを戻していた為にこの申し出を断ったことや、モンローの葬儀にはディマジオとの確執があった為にシナトラは出席することが許されなかった、というエピソードも……。

『Y.M.C.A.』と『God Bless America』

ヤンキー・スタジアムでの定番ナンバーは他にもう2曲、7回が始まる前と7回表終了後に流れます。7回表が始まる前に流れるのは、グラウンド整備中に流れるヴィレッジ・ピープル★20『Y.M.C.A.』。グラウンドキーパーたちが踊りながらレーキブラシを引き、サビで観客と一緒に「Y」「M」「C」「A」のポーズを取るイベントは、デレク・ジーターがレギュラーに定着し第6期黄金期に入る1996年頃からスタート。2008年、旧ヤンキー・スタジアム最後の年に開催されたオールスターでは、ヴィレッジ・ピープル本人達が登場し、スタジアムで観客が大合唱したのも印象的でした。

もう1曲は『God Bless America』。アーヴィング・バーリン★21作詞作曲により1918年に発表されたこの曲は、アメリカ軍主催の舞台向けに作ら

2130試合連続出場は、95年にカル・リプケンJr.に破られるまで長くMLB記録として残り、「アイアン・ホース」の異名を贈られた。筋萎縮性側索硬化症（ALS）、通称「ゲーリッグ病」に罹り現役引退、41年6月2日に37歳で没。39年殿堂入り。2021年からMLBでは命日を「ルー・ゲーリッグ・デー」とし、ALS患者の支援活動を行っている。

★17＝1926〜37年にヤンキースでプレーし打率3割以上5シーズン、100打点以上7シーズン。39年まで現役。46年、42歳で死去。91年殿堂入り。

★18＝1963年ブロードウェイでデビュー、72年公開の映画『キャバレー』で翌

れたものの、雰囲気に合わずお蔵入り。それから20年後、第二次世界大戦が始まる直前の1938年、オーストリアを併合し勢いづいたナチスドイツに、ユダヤ人として憤りを感じていたバーリンは、この曲を愛国歌として広める時が来たと感じます。第一次世界大戦が終結した記念日であるその年の11月11日、人気歌手のケイト・スミスがラジオで歌ったことがきっかけで全米中に広まり、楽譜が飛ぶように売れ、この売上金を元にバーリンはガールスカウト・ボーイスカウトの為に基金を設立し、曲は更に浸透していきました。スミスはその後もこの曲を歌い続け、1982年にはアメリカ合衆国における文民向けの最高位の勲章「大統領自由勲章」が時の大統領、ロナルド・レーガン★22から授与されました。

　2001年9月11日のアメリカ同時多発テロ事件から1週間後の9月17日、MLBが試合を再開して以降、全米中で『God Bless America』が流れ始めていた影響もあったのか、MLB全てのスタジアムでセブンス・イニング・ストレッチの際に『私を野球に連れてって』に代わってこの曲が流れ、それはシーズン終了まで続きました。この曲はもちろん大事だけれども、野球を楽しみに、そして『私を野球に連れてって』を歌うことで夢見心地になれるはずなのに、いつまでも『God Bless America』をセブンス・

73年アカデミー賞主演女優賞獲得。母は40〜50年代のハリウッドを代表する大スター、ジュディ・ガーランド。

★19＝1926〜62。わずか10年ほどの花形役者だったが、彼女の映画は2億ドルの収入を得た。54年2月、ディマジオとの新婚旅行で日本を訪れたが、滞在中に関係が悪化し翌年離婚。ディマジオが99年3月8日に84歳で逝去する数日前、友人に語った最後の言葉は「死んだらマリリンのところに行ける」。

★20＝ゲイの象徴的グループを作る目的で1977年結成。『Go West』『Macho Man』などのヒット曲を放つ。幾度ものメンバーチェンジを行いながら現在も活

イニング・ストレッチで流すのは、あの悪夢を試合ごとに思い出してしまう……それは良くない……ということを当時のコミッショナーだったバド・セリグ[★23]は考え、全球団に「『God Bless America』を流すのは、メモリアル・デー[★24]や独立記念日などに限定する様に」とのお達しを出しました。多くのスタジアムでは元に戻ったものの、アメリカを代表するチームを自負し、またアメリカ人の俗称を名乗るヤンキースは、何よりホームタウンが大きな被害を受けた「９・11」を忘れないこと、そして球界の盟主としての矜持を保つためなのか、現在もセブンス・イニング・ストレッチで『私を野球に連れてって』を流す前に必ずケイト・スミスver.の『God Bless America』を流しています。

3　ニューヨーク・メッツ

ニューヨークのもうひとつのチーム、愛すべきメッツ

常勝ヤンキースに対し、１９６２年ナ・リーグの球団拡張で誕生した

動中。

★21＝１８８８～１９８９。世界的には『White Christmas』の作者として有名。かのジョージ・ガーシュウィンをして「アメリカのシューベルト」と言わしめた。

★22＝１９１１～２００４。第40代アメリカ合衆国大統領。元映画俳優としても有名だが、シカゴ・カブスのラジオ実況を担当していた時代もあった（１９３２～37）。

★23＝第9代MLBコミッショナー（１９９８～２０１５）。１９７５～92年までミルウォーキー・ブリュワーズのオーナー。MLBコミッショナー史上初のオーナー出身者。２０１７年殿堂入り。

ニューヨークのもうひとつのチームが、ニューヨーク・メッツ。かつてニューヨークに籍を置いていたニューヨーク・ジャイアンツのブラックとオレンジ、そしてブルックリン・ドジャースのブルーをチームカラーに使用し、帽子のNYマークもジャイアンツのものを採用するハイブリッド仕様。チーム名は19世紀の終わり頃にニューヨークに存在したメトロポリタンズ[★25]というチームの愛称を引用しています。

どこのチームも創設当初は大苦戦するのが常、とはいうものの、創設初年度だった1962年のメッツは見事な負けっぷりを披露してしまいました。何と40勝120敗、勝率・250という凄まじい成績……平均レベルのバッターの打率かよ……！　ヤンキースの監督として実働12年でワールドシリーズ優勝7回を記録した名将ケーシー・ステンゲル[★26]は、1960年に半ば解任される形で辞任したあと、1962年からメッツの監督に就任しました。けれども初年度は他チームのプロテクトから外れた選手を寄せ集めたチーム構成だったため、さすがにどうすることも出来ず、お手上げ状態でした。ただ「ファンの皆様、私の素晴らしいメッツを観に来て下さい。時々はセミプロの様なプレーをすることがありますよ！」「メッツにはヤンキースにはないものが全てある。心温まる愛すべきチームカラー、

★24＝戦没将兵追悼記念日。毎年5月最終月曜日。前日の日曜日には1911年から始まったアメリカを代表するカーレース「インディ500」が開催されている。

★25＝1883〜87年にニューヨークを本拠としていたプロ野球チーム。87年に後のブルックリン・ドジャースに吸収合併される形で買収された。

★26＝1912〜25年に計5球団で外野手としてプレーし1219安打。監督として4球団で実働25年、通算1905勝1842敗。特に49〜60年のヤンキースで1149勝623敗、勝率・623、10回のリーグ優勝、7回のワールドシリーズ制覇（うち49〜53年は5連覇）を果たした名伯楽。

意外性、そしてヘマ。それでもみんなが拍手を送る」などと弱さをアピールしたところ、ファンはその弱いメッツを愛するようになり、観客も増え、1965年から何と11年連続でヤンキースよりも多くの年間観客動員★27を集めることになるのです。

伝説的なプレーがバンド名に

伝説的なヘマといえば、何といっても1962年の序盤。センターを守る後の殿堂入りプレーヤー、リッチー・アッシュバーン★28は、浅いフライを追う度に肝を冷やしていました。若くて元気ハツラツ、でも技術は今ひとつのベネズエラ出身、ショートのエリオ・チャコン★29にしばしば衝突されたからです。彼はチャコンを呼んで、昔からのならわしで、センターが追いつけるフライは合図を出して捕っていいのだ、と説明したものの、衝突やニアミス、落球は相変わらず。アッシュバーンは、そうか、チャコンは英語をあまり理解出来ないから、英語で声をかけても通じないのだ、と結論し、2ヶ国語の出来るチームメイト、ジョー・クリストファーのところへ行って相談し、スペイン語で「オレが取る！」という意味の言葉を教えてもらいます。次の試合の前にクラブハウスでアッシュバーンはチャコンに

66年殿堂入り。背番号37はヤンキースとメッツで永久欠番。

★27＝1962～2021年まで（20年を除く）の年間観客動員数で比較すると、ヤンキースの38勝、メッツの21勝。

★28＝1948～62年、主にフィリーズなど3球団で実働15年、通算2574安打。55・58年に首位打者、51・53年に最多安打。また俊足を生かした広い守備範囲の持ち主だった。95年殿堂入り。背番号1はフィリーズ永久欠番。

★29＝1960～61年はレッズ、62年はメッツ。228試合出場、通算打率・232。以降はマイナーで71年までプレー。

その言葉をいうと「シー！　シー！」と笑顔で頷き、理解した模様。その日の試合、早速センターに浅いフライが打ち上がり、アッシュバーンは俊足で前進し、チャコンが猛然とバック。アッシュバーンはその魔法の言葉「ヨ・ラ・テンゴ！（¡Yo la tengo!）」を叫ぶと、チャコンは急ブレーキをかけて止まり、どうぞと機嫌よく譲るジェスチャーをします。これで大丈夫と落下点に入ったアッシュバーンは次の瞬間、レフトを守っていたフランク・トーマスに突き倒され、フライを落球……。フランク・トーマスは起き上がったアッシュバーンに「イエロータンゴってなんだよ？」と……。

　このエピソードをバンド名にしたのが、オルタナティブ・ロック[★30]の草分けと称されるヨ・ラ・テンゴ。世界で初めてベースボールの試合が行われた街として知られるニュージャージー州ホーボーケンで1984年結成。メンバー全員、特にギターのアイラ・カプランは50年以上の〝ダイ・ハード〟なメッツファンで、史上一番好きなメッツの選手は、チーム史上初のワールドシリーズ制覇を果たし〝ミラクル・メッツ[★31]〟と称された1969年のシーズンに、劇的なホームランやファインプレーをみせたロン・スウォボーダ[★32]、とのこと。

MLB実働3年だが61年ワールドシリーズ出場、第2戦で勝利のきっかけとなる安打を放った。

★30＝1970年代後半にロンドンで巻き起こったパンク・ムーブメントの流れを汲む、当時の主流であった商業主義的な音楽に反対し、音楽的・思想的に原点回帰を志向するカウンター的音楽の総称。

★31＝1962年の球団発足から68年までの7年間でナ・リーグ10球団中最下位5度、9位2度だったお荷物チームが69年に快進撃。シーズン100勝をあげリーグ優勝を果たし、オリオールズを4勝1敗で下しワールドシリーズも制覇。優勝パレード当日の天気予報はニューヨークの天気を

メッツと音楽の親密な関係

メッツの現在の本拠地は2009年完成のシティ・フィールド[★33]。それまで使用されていたシェイ・スタジアム[★34]の老朽化に伴い、新しく建設されました。ただ、音楽史において、このシェイ・スタジアムは非常に重要な場所だったのです。1964年に開業して間もない1965年8月15日、世界で初めて野球場でコンサートが行われた場所なのです。そのコンサートを行ったのは、そう、あのザ・ビートルズ。ですがこの話はのちほど……。

シェイ・スタジアムはその後もレッド・ツェッペリン、ザ・フー（その日の前座はザ・クラッシュ）、ザ・ローリング・ストーンズ、サイモン&ガーファンクル、エルトン・ジョン、エリック・クラプトン、ボブ・ディランなどなど、名だたるアーティストのライブが開催されました。その中でも最も有名なのは、2008年7月、シェイ・スタジアムでの最後のコンサートを開催した、生粋のニューヨーカーであるビリー・ジョエル。代表曲『Piano Man』のイントロから、彼は意表を突くように『私を野球に連れてって』を演奏。観客ももちろん大合唱、といった音楽と野球の美しい融合もありつつ、アンコールではまさかのポール・マッカートニー登場。

「晴れ、ところにより紙吹雪」と祝した。

★32＝1965～73年、主にメッツなど3球団で外野手としてプレー。実働9年、928試合624安打、打率・242。快進撃を続けた69年終盤は劇的なホームランを何本も放ちチームはリーグ初優勝。またワールドシリーズ第4戦で逆転を防いだ大ファインプレーとシリーズ打率・400はメッツファンの語り草になっている。

★33＝本来は2012年夏季オリンピックの会場として建設が予定されていたが、開催地投票でニューヨークが落選、シェイ・スタジアムの老朽化もあり、メッツの本拠地に方向転換した。

ポールはシェイ・スタジアムの（音楽イベントにおける）オープニングとエンディングを飾った形となりました。ビリー・ジョエルは２０１５年、シティ・フィールドで行われた史上初のワールドシリーズ第3戦（＝メッツのホーム初戦）でも国会斉唱に登場。またシティ・フィールドで定番となっている、8回表終了後に彼の代表曲『Piano Man』が流れるタイミングで再びビジョンに映り観客席は大盛り上がり。更なるビリー・ジョエルに関するエピソードは、またのちほど。

シティ・フィールドではもう2曲、定番のナンバーがあります。ひとつはセブンス・イニング・ストレッチで流れるルー・モンテというイタリア系シンガーが歌うイタリア民謡カンツォーネのスタンダード、『Lazy Mary』。メッツがずっとホームにしている

★34＝１９６４年開場、メッツ誕生に尽力した弁護士、ウィリアム・シェイに敬意を払う形で命名された。老朽化に伴い閉場。２００８年にメッツは「ＳＨＥＡ」を永久欠番扱いに。

エリアは民族的多様性に富んでいるクイーンズということもあるのでしょう、全編イタリア語の歌詞ですが、観客は特に気にせずみんな楽しそうに踊るのが定番。そしてもう1曲はメッツが勝利したときに流れる『New York Groove』。ニューヨークをホームタウンとする世界的なロックバンド、キッスのギタリスト、エース・フレーリーがソロ名義でリリースした曲は、NFLのジャイアンツ、NHLのレンジャース、MLBのシティFCが勝利したときにも流れる、ニューヨークのプロスポーツ界ではお馴染みのナンバー。ヤンキースがアメリカの、そして世界のニューヨークというイメージなのに対し、メッツはニューヨークのローカルな部分に根差したチームということが、スタジアムで流れる音楽からも感じ取ることが出来ます。

4 ドジャースとジャイアンツ

一緒にGo Westしたライバル ドジャースとジャイアンツ

1846年6月19日[★35]、ニュージャージー州ホーボーケンという街において、史上初のベースボールの試合が開催されました。対戦したのは共にニューヨークのチーム。南北戦争（1861～65年）を機にアメリカ国内に伝播したベースボール、その都はやはりニューヨークと言っても過言ではありません。

1869年に最初のプロ野球チームが誕生して以降、数多くのチームが生まれては消滅していきました。その中で、ニューヨークでは1882年に創立し、元々のチーム名から「背の高い選手が多い」との理由で名前を変えたジャイアンツ[★36]と、かつては独立した都市だったブルックリンで1883年に創設され、行き交う路面電車が多く「路面電車を避ける（dodge）人たち」と呼ばれていたブルックリンの住人にちなみ名付けられたドジャース[★37]が、同じナ・リーグ、かつニューヨークを本拠とするチーム

★35＝日本では明治天皇の前の天皇、孝明天皇が即位した年。黒船来航7年前。

★36＝当初はニューヨークの別名にちなみ「ゴッサムズ（Gothams）」でした。

★37＝ドジャース（Dodgers）となる前に名乗ったチーム名は何と9つ。

同士として、長きに渡って宿敵と言える関係で激しい争いを繰り広げていきます。

　１９０３年、もうひとつのチームがニューヨークに移転してきます。後にそのチームはヤンキースと名乗り、１９２０年のベーブ・ルース入団を皮切りに、実力・人気ともに球界の盟主へとのし上がっていき、古参のジャイアンツとドジャースの存在を脅かしていきます。そして１９５８年、当時のドジャースのオーナー、ウォルター・オマリーの呼びかけに、ジャイアンツのオーナーであるホーレス・Ｃ・ストーンハムが応じ、ＭＬＢ未開の地であった西海岸、ロスアンジェルスとサンフランシスコに両チームとも移転することになりました。その後もライバル関係は続き、現在でもジャイアンツ対ドジャースは、ヤンキース対レッドソックスにひけを取らない、ナ・リーグを代表するライバル対決とされています。

サンフランシスコといえば……想い出のあの曲

　１９５８年、サンフランシスコに移転してきたジャイアンツは、１９６０年に完成したキャンドルスティック・パークを本拠地とします。ロック史にも必ず出てくるこのスタジアムは市内中心部からやや離れた埋め立て地に建てられ、屋外ながら暖房システムの整ったスタジアムとして開場するはずだったものの、施工ミスによって使えず、発生しやすい霧と海風によって年中寒い球場として不人気でした。２０００年3月31日、ジャイアンツは地方自治体の援助無し[★38]で自前の新しい本拠地、パシフィック・ベル・パークを建設します。ネーミングライツの関係で現在はオラクル・パークとして使用されているこの球場、市内中心部に程近く、海の側すぐにある関係で借景も抜群、またライト方向に飛ぶホームランは海に飛び込む〝スプラッシュ・ヒット[★39]〟になる風光明媚な立地。その一方で綿密に風向きなどを調査して寒さを回避し観戦しやすいボールパークとして人気を集め、街の新たな名所として市民に愛されています。そこでベースボールを観ること自体が思い出、いや想い出になるような場所です。……なぜ、いちいち〝想い出〟と書き直したかって？　このオラクル・パークでは２０００年の開場当初から、ジャイアンツが勝つと『I Left My Heart In San Francisco』、邦題『想い出のサンフランシスコ』が流れるから……。

１９６２年1月、トニー・ベネット[★40]がリリースしたシングルのB面としてリリースされたこの曲は、A面の曲を差し置いてほぼ1年間チャートインし、その年のグラミー賞で最優秀レコード賞、最優秀男性ソロ・ヴォー

★38＝住民投票の結果、税金投入が認められなかったので、逆にチームの自由度が増したとも言われている。

★39＝ホームからライトポールまで３０９フィート（約94メートル）と短い為、フェンスが高く（約７・６メートル）、潮風も相まってホームランは出にくい。ホームランボールを待って船に乗って待っているファンたちも球場の名物。

★40＝１９２６年ニューヨーク・クイーンズ生まれ。

カル賞を受賞してしまいます。現在はサンフランシスコ市公式の賛歌として認定されているこの曲、もちろんジャイアンツも愛用しています。

はじめてこのボールパークで開催された２００２年ワールドシリーズ第3戦、２０１０年ワールドシリーズ第1戦、また２０１２年ワールドシリーズを制覇したあとに行われたパレードにて、トニー・ベネット自身がこの曲を大観衆の前で披露しています。ベネットは「この曲のおかげで、世界中どこに行っても働いて歌うことが可能になった。この曲のお陰で私は生きていくことが出来たのだ」と語っています。２０１０・２０１２・２０１４年、と２０１０年代に3度の世界一に輝いたジャイアンツ、２０２２年4月の時点では95歳でご健在のトニー・ベネット。ご本人を再びワールドシリーズに招いて生歌を披露してもらうことは、果たして可能でしょうか……。

8回の表終了時、どっちがかかるかな?

オラクル・パークでの音楽ネタといえば、8回表終了時にかかる曲のことも忘れてはいけません。１９７３年にサンフランシスコで結成されたロックバンド、ジャーニーのナンバーが、8回表終了時の時点で勝っているときには『Lights』、同点及び負けているときには『Don’t Stop Believin’』、と状況によって違う曲が場内に流れます。２０１０年のワールドシリーズでは、シーズンチケットホルダーでもあるジャーニーのヴォーカル、スティーブ・ペリーが画面に映し出されて当て振りで熱唱。以降ビッグゲームのたびに彼が曲に合わせて熱唱するのが恒例となりました。

特に『Don’t Stop Believin’』は、ライバル球団であるドジャースからペリーが取り戻したと言っても過言ではありません。２００８年、アリゾナ・ダイヤモンドバックスと激しい首位争いをしていたドジャースの本拠地ドジャー・スタジアムで8回表終了時にこの曲を流し始めたところ、チームは地区優勝。翌年も引き続き流していたところ、たまたまドジャー・スタジアムで試合を観戦していたジャイアンツの大ファンであるペリーがその様子を目の当たりにし、非常に悔しがったというエピソードに起因しているとも言われています。

ドジャー・スタジアム誕生、その裏に

１９５８年、ジャイアンツと同じく西海岸ロスアンジェルスに移転してきたドジャースは、１９６２年に自前の本拠地、ドジャー・スタジアムを

建設します。かつての名オーナー、ピーター・オマリーの「ボールパークとは、男がガールフレンドを連れてデートに行きたくなるような、楽しく美しい場所でなければならない」との号令のもと建設され、MLBでは珍しい左右対称の構造に楽しい演出、行き届いた掃除、気の利いた場内オルガン[★41]演奏なども相まって「ドジャース永遠のホーム」とも呼ばれ、MLBの中ではいつのまにか3番目に古いボールパークとして、半世紀以上に渡って愛され続けています。

　ただ、その裏には犠牲になった人々もいました。ドジャー・スタジアムが建設された場所はかつてチャベス渓谷と呼ばれ、メキシコ人コミュニティが存在していました。そこをロサンゼルス市が半ば強引に買い取り、ドジャースはそれを譲り受け、1800世帯以上のメキシコ系住民が追い出され、ドジャー・スタジアムを建設した、という史実も残っています。1960年代から活躍する世界各国のルーツ・ミュージック探求者、ライ・クーダー[★42]は2005年、その渓谷の名前を冠した『Chávez Ravine』というアルバムを発表。収録された『3rd Base, Dodger Stadium』という曲では、ドジャー・スタジアムで働く男が「3塁ベースあたりが俺の家、2塁ベースあたりで婆ちゃんがロッキンチェアに佇んでいたのさ」と語りま

★41＝現在はオルガンだけでなくシンセサイザーやサンプラーも使用。ちなみに埼玉西武ライオンズの本拠地メットライフドームでは「ドジャー・スタジアムで使用されているものと同じもの」を現在も使用中。詳細は後述。

★42＝1947年ロスアンジェルス生まれ。アメリカを中心とした世界各国のルーツ・ミュージックの探求者。映画『パリ、テキサス』『ブエナ・ビスタ・ソシアル・クラブ』などの音楽も彼の仕事。

す。１９６２年に開場して以降、ロスアンジェルスという多民族都市でありながら、メキシコ系の観客はほぼ来ない状態が続いていました。ですが１９８１年にその状況は一変します。メキシコ出身の大投手、フェルナンド・バレンズエラ★43の登場により、メキシコ系の人々は、同胞を応援するため、かつてのチャベス渓谷に再び足を踏み入れることになったのです。

ドジャースが勝った！　でもその曲の誕生秘話って……

ドジャースがドジャー・スタジアムで勝利するときに流れるナンバーは、１９６０年代から活動し、名野球映画『ナチュラル』を始め、『レナードの朝』『トイ・ストーリー』など映画音楽制作でも有名なシンガーソングライター、ランディ・ニューマンの『I Love L.A.』。１９８３年にリリースされたアルバム『Trouble In Paradise』にオープニング収録されたこのナンバーは、彼が曲作りでスランプに陥っていたとき、たまたま移動の飛行機で乗り合わせたイーグルスのドン・ヘンリーから「ＬＡのパブリック・イメージである快楽主義をシニカルに、ちょっと小馬鹿にした曲を書くのが良いのではないか」とアドバイスされ、作り上げたとのこと。ちょうどオリンピックを翌年に控えていたこともあり、タイトルそのままにナイキ

★43＝メキシコ出身。ドジャースの新人として１９８１年にＭＬＢ最長の開幕８連勝、新人王とサイ・ヤング賞をダブル受賞。彼の熱狂的なファンは「フェルナンド・マニア」と呼ばれ、後にそれは野茂英雄の登場時に「ノモ・マニア」として引き継がれた。通算１７３勝はメキシコ出身投手の中で最多。

がＣＭソングとして採用しました。それが世界中で流され、言葉の意味がまともに解釈されてしまい、作者の思惑とは違った結果になってしまったのです。けれどもこの曲はやはりドジャー・スタジアムの雰囲気とマッチし、楽しく美しい、そして勝利という最高の演出にピッタリのサウンドトラックとして、ドジャースファンに愛され続けています。

5 シアトル・マリナーズ

Walk Up Song の歴史はシアトルから

ボーイング、ビル・ゲイツ、アマゾン、スターバックス、ジミ・ヘンドリクスが生まれ、ブルース・リー★44とイチローが移り住み、グランジ・ロック★45が花開いた西海岸北部最大の街、シアトル。アメリカ有数のリベラル都市で、移民に寛容で、芸術が豊かな街をホームにするマリナーズは１９７７年に誕生。歴史の新しい球団でありながら、ケン・グリフィーJr.★46、ランディ・ジョンソン★47、エドガー・マルティネス★48、（アレックス・ロドリゲ

★44＝サンフランシスコ生まれ・香港育ち。18歳の時にわずか所持金１００ドルで単身渡米、シアトルのチャイナタウンでアルバイトしながらシアトルの名門ワシントン大学哲学科に入学。後に俳優に。１９７３年、32歳で他界、シアトルにお墓があります。

ス）[★49]、イチローといった殿堂入り選手やそれに相応しい成績を残した選手を生み出しました。また日本人選手も数多くプレーし、2021年は菊池雄星投手が先発ローテーションの一角を担いました。

「レイニー・シティ（雨の街）」とも称されるシアトルにはドーム球場が必須ということで、球団創設当初から1976年に開場したばかりの多目的ドーム施設であるキングドームを、NFLシーホークス、NBAスーパーソニックス[★50]と共用していました。

1990年頃、キングドームの音響施設が最新設備に変わると、それまで生演奏だった球場のオルガンに代わり、録音物、いわゆるレコードやCDの音源を流し始めるようになった、とマリナーズ副社長ケヴィン・マルティネスはMLB公式情報サイト「Cut4」に語っています。“Mr. Mariner”の愛称で親しまれたアルヴィン・デイヴィス[★51]が打席に立つ際にはポール・サイモンの大ヒット曲『You Can Call Me Al』を、“Bone（骨）”との異名を取った熱血漢ジェイ・ビューナー[★52]にはジョージ・サラグッドの代表曲『Bad To The Bone』を、ケン・グリフィーJr.には彼が愛聴したノーティ・バイ・ネイチャー『Hip Hop Hooray』を、といった具合で、打席に

1993年にはMLB全球団の中で初めて全ての選手に曲をあて、打席に

★45＝1989年頃からニルヴァーナ、パール・ジャムといったシアトル出身のバンドを中心に興ったオルタナティブ・ロックのひとつ。

★46＝1989〜2010年、主にマリナーズとレッズでプレー。通算630本塁打、90年代のMLBで最も人気のあった選手で、彼のスウィングは「MLB史上最も美しいバッティングフォーム」と称された。同時代に球界に蔓延した薬物とも最後まで無縁。2016年殿堂入り（満票に3票足らず）。

★47＝1988〜2009年の実働22年で303勝、歴代2位の通算4875奪三振、左腕歴代最多のサイ・ヤング賞5度受賞。愛称は「Big Unit」。趣味はド

立つ際に流し始めたとのこと。つまり選手ごとの「Walk Up Song（＝登場曲）」の歴史はキングドームから始まった、マリナーズが始めた、ということになります。すぐに他のチームも続き、現在では全球団、ロースター入りしている全選手が何らかの「Walk Up Song」を背に受け、打席に、マウンドに立っています。つまり音楽が選手達、そして観客を鼓舞する演出ソースとして重要な役割を担っている、とも言えましょう。

勝利を「火」で演出

１９９９年７月15日、老朽化したキングドームに代わり、世界２番目の開閉式屋根付き天然芝の球場が完成します。現在はT-モバイル・パーク★53という名前の、この球場での定番ナンバーは２曲あります。まずはシアトルが生んだ最初にして最大のロックスター、ジミ・ヘンドリクスのナンバー『Fire』。マリナーズが勝ったときに「君の火（情熱）の隣にいさせてくれよ」という歌詞と共に外野席上部から花火が上がり、その日のクライマックスを迎えます。性的な趣の強いアッパーな曲ですが、実際はジミが当時のバンドメンバー、ノエル・レディング★54の実家で暖炉の火にあたろうとしたところ、その家の飼い犬に阻まれた、という素朴な実話から作られ

ラムとカメラ。レッド・ツェッペリンの大ファンで、来日の際は東京・西新宿の中古レコード店に出没し海賊版ＣＤを買い漁る。15年殿堂入り。

★48＝１９８７〜２００４年、マリナーズ一筋。ＭＬＢ史上、初めての本格的な指名打者専門の選手と称されている。04年からＭＬＢ最優秀指名打者賞は「エドガー・マルティネス賞」と改名。19年殿堂入り。

★49＝１９９４〜２１０６年、通算６９６本塁打は歴代４位。なぜカッコ付きかというと、どうしても薬物問題で色々と取り沙汰され、14年に１６２試合出場停止処分を受けている為、殿堂入りは難しいかと……。引退後は解説者になり、選手

たとのこと。2018年6月22日には、1969年にジミが伝説的なライブを行ったウッドストックと、マリナーズが誕生する前に1年だけシアトルのチームとして同じく1969年にプレーしたシアトル・パイロッツ（現ミルウォーキー・ブリュワーズ）に引っ掛けて、パイロッツのユニフォームを着たジミのボブルヘッドが来場者に配布されたそうです。

隣の州出身バンドのヒット曲でダンスタイム

さてT-モバイル・パークでお馴染みのナンバーがもう1曲あります。それは1963年にビルボード2週連続2位という大ヒットを記録し、数多くのアーティストにカヴァー[★55]されているガレージ・ロックの元祖『Louie Louie』。リチャード・ベリー[★56]という黒人シンガーが作詞作曲し、ザ・キングスメンという白人のロックバンドによってヒットしたこの曲は、1990年代前半から、つまり前の本拠地キングドームの時代から、7回表終了後の『私を野球に連れてって』のあとに流れ、観客席はダンスタイムに。シアトルの隣の州の町ポートランド出身のバンドの大ヒットナンバーということで、長年この曲が流れているそうです。でも、ここ数年噂されているエクスパンション[★57]（＝球団拡張）の候補にポートランドの名前

時代の嫌われっぷりとは打って変わって大人気に。

★50＝1967〜2008年、シアトルのチームとして活動。1978〜79年にNBAファイナル優勝。2008年にオクラホマシティに移転、現在はオクラホマシティ・サンダーとして活動。

★51＝1982〜92年、主にマリナーズでプレー。92年には近鉄バファローズでプレーし、その年限りで引退。80年代中盤、低迷していたマリナーズで4番を打つ人気者だった。

★52＝1987〜2001年、主にマリナーズでプレー。95年から3年連続40本塁打以上を放つスキンヘッドのチームリーダー。

もあり、もしポートランドに新球団が誕生してしまったら、どうなるのでしょうかね……。

6　ロスアンジェルス・エンジェルス

初代オーナーはカントリー歌手と俳優の二刀流

ロスアンジェルスにあるもうひとつのチーム、ロスアンジェルス・エンジェルス。１９６１年、アメリカン・リーグの球団拡張により創設された比較的歴史の新しいこのチームは、２０１８年に大谷翔平選手が入団して以降、日本の野球ファンからも一気に注目され、また２０２１年の「歴史をことごとく塗り替えていく」彼の大活躍は皆さんも興奮と共に目の当たりにされたことでしょう。

初代オーナーは南カリフォルニアで複数のＴＶ・ラジオ局を経営していたジーン・オートリーという実業家。この人、若い時分にオクラホマ州で通信士として働いていた頃、夜勤などで退屈なときにギター片手に歌を

★53＝開場当初はセーフコ・フィールドという名前だった。ネーミングライツの関係で２０１８年契約終了。T-モバイル社が同年12月から25年間のネーミングライツを取得。

★54＝ジミがデビュー時に組んでいたバンド、The Jimi Hendrix Experienceのベース。２００３年57歳没。

★55＝意外なところでは２００６年に女優デミ・ムーアがカヴァー。

★56＝オリジナルは１９５７年４月リリース。

★57＝現時点での最後は１９９８年。ちなみにポートランドでは既に球団結成を目指す団体が設立され活動中。

歌って時間を潰していたのですが、ある時お客さん[★58]がそれを見て「ラジオ局にでも売り込んだらどう?」とアドバイスし、それをきっかけにニューヨークへ向かいカントリー歌手としてデビュー。『赤鼻のトナカイ』『ユー・アー・マイ・サンシャイン』など数々ヒット曲を飛ばし、自身のテレビシリーズ『ジーン・オートリー・ショー』にも6年に渡り出演、「The Singing Cowboy（歌うカウボーイ）」とのニックネームで知られ、歌手と俳優の二刀流としてアメリカ国民に愛されたアイコンだったのです。1982年にオーナー職を引退する際には、チームから永久欠番として背番号26[★59]を授かりました。その後も逝去する前年、1997年にウォルト・ディズニー社に経営権を譲るまで経営に携わりました。

エンジェル・スタジアムといえば……?

エンジェルスのホーム球場、エンジェル・スタジアム・オブ・アナハイムは1966年創設。球場のニックネームにもなっている巨大なオブジェ「The Big A」が駐車場でファンを出迎えてくれ、また左中間スタンドにエンジェルスの選手がホームランを打つと火柱をあげて噴火する火山もお馴染みです。そしてこの球場で一番の名物といえば「Rally Monkey」、訳し

★58＝そのお客さん、実は俳優・コラムニストとして知られたウィル・ロジャース（1879〜1935）だったとのこと。

★59＝2019年までMLBのベンチ入りロースターは25名（現在は26名）。背番号26は「ロースター26人目の選手」という意味。

て反撃の猿。6回以降、エンジェルスが同点か4点以内で負けている時に、スコアボードのビジョンに「Rally Time」というボードを持った猿が飛び跳ねる映像が映し出されます。2000年6月6日、対サンフランシスコ・ジャイアンツの7回表終了時、ジム・キャリー[★60]がペットを探す探偵を演じた映画『エース・ベンチュラ』（1994）に出てくる猿が飛び跳ねる映像を映像係が面白半分で流したところ、1対4で負けていたエンジェルスが7回裏に2点返して1点差に詰め寄ります。それを見ていた球団スタッフから「あの映像、お客さんにメチャクチャ受けていたから、もう一回流せ！」と、アンコールを受けてしまいます。4対5で迎えた9回裏が始まる前にもう一度流し、その後エンジェルスは2点取ってまさかの逆転サヨナラ勝ち。それ以降、エンジェル・スタジアムでは定番となっていきました。

2002年、この「Rally Monkey」は全米に浸透し始めます。エンジェルスは7回以降に逆転勝ちした試合が何と18。そしてその勢いが頂点に達したのが球団史上初めて進出したワールドシリーズ[★61]でのことでした。対するは「Rally Monkey」初登場の時と同じ相手、ジャイアンツ。2勝3敗で迎えた第6戦、負ければ敗退となる試合で7回表終了、0対5。いよいよ後

★60＝ミルウォーキー・ブリュワーズのリリーフ投手、ブレント・スーター（MLB史上32人目のハーバード大出身、現在まで通算34名）はジム・キャリーの物真似の名手として知られ、ジム・キャリー本人からもSNSでベタ褒めされていました。

★61＝対戦相手のジャイアンツには新庄剛志が所属、日本人として初のワールドシリーズ出場選手となった（3試合出場、6打数1安打3三振1犠打）。

がなくなった7回裏、エンジェルスがチャンスを迎えると、外野のビジョンには「Rally Monkey」が登場、場内は一気にヒートアップ、7回裏と8回裏に3点ずつ取って6対5と逆転勝利。第7戦も勝利し、チーム史上初のワールドチャンピオンに輝きました。以降、グッズも作られ、現在はスタジアム定番のお土産になっています。

その「Rally Monkey」登場時に流れるのが、ロスアンジェルスを拠点とするハウス・オブ・ペイン★62の代表曲『Jump Around』（1992）。1991年結成、白人ヒップホップ・グループの草分けとして知られています。この曲は他にも、デトロイト・タイガースの本拠地コメリカ・パークではホームラン・ソングとして使われています。また2010年にジャイアン

★62＝グループ名はイギリスの小説家H・G・ウェルズ『モロー博士の島』（1896）に由来。

ツが56年振りにワールドシリーズを制覇したときのクローザー、ブライアン・ウィルソン[★63]のWalk Up Songとしても知られ、MLB以外のプロスポーツ、大学スポーツでの定番ソングとしても知られています。

流れ続ける曲、変わってしまった曲

エンジェル・スタジアムの定番ソングは他にも幾つかあります。試合前には、過去の名場面や名選手のダイジェストでまとめた映像が必ずビジョンに流れます。その映像のBGMとして流れるのが、アメリカのロックバンド、トレインの『Calling All Angels』（2003）。エンジェルスにとっては前年のワールドチャンピオンのダイジェスト映像を流すにはうってつけのタイトルのこのナンバー、リリースされてからすぐに採用されました。2010年にはエンジェル・スタジアムで開催されたホームラン・ダービーの開催前に、トレインが場内で生演奏をして場内を盛り上げたこともあり、現在は非公式ながらチームの応援歌として認識されています。

またエンジェルスの選手がホームランを打つと流れるホームラン・ソングは、1980年代後半から活動を続けるパンクバンド、ペニー・ワイズ[★64]

★63＝2006〜12年ジャイアンツ、13〜14年ドジャース。決め球のスライダーを駆使しオールスター3回、セーブ王1回。髭がトレードマークのクローザー。

★64＝バンド名の由来はスティーブン・キングの小説『IT』（1986）に登場するピエロの怪物から。90年テレビ映画化。

の『Bro Hymn』（１９９１）。大谷翔平選手がホームランを量産した２０２１年、この曲を何となく耳にしたファンの方々もいらっしゃることでしょう。本拠地を共にアナハイムに置くＮＨＬアナハイム・ダックス[★65]のゴールソングとしても知られ、現在ではＮＨＬのみならずＮＦＬ、ヨーロッパや北米のプロサッカーの試合でも得点時に流れる定番ソングとして知られています。

そしてもう1曲ご紹介したいのが、１９６８年の大ヒットナンバー、ザ・ファウンデーションズ『Build Me Up Buttercup』。主に大学フットボールの試合時[★66]に頻繁に流れるこのナンバー、現オーナーのアート・モレノの大好きな曲という理由により、２０１０年から長らくこの曲がセブンス・イニング・ストレッチのあとに流れていました。ですが熱心なファンから「歌詞の内容が試合と全く関係ない[★67]から替えろ！」と抗議運動がおこり、その影響からなのか、２０１７年9月16日から別の曲（その日は『Y.M.C.A』）に差し替えられ、現在はスタンダード・ナンバーがランダムで流されているそうです。

★65＝１９９3年、ウォルト・ディズニー社により創設。ディズニー製作のアイスホッケー映画『飛べないアヒル』にちなみ創設時のチーム名は「マイティダックス・オブ・アナハイム」。２００６年に現チーム名に。

★66＝有名なところだとウィスコンシン大学やボストンカレッジなど。

★67＝報われない恋について歌う男の嘆き節、といったところでしょうか。

INNING 3

Walk Up Song
～選手の入場テーマ～

さてこのイニングでは、今では日本でも当たり前のようにスタジアムで流れている、選手の登場曲「Walk Up Song」について、その始まりから現在に至るまでの変遷を探っていきましょう。

1　生みの親は革命的なオルガニストだった

Walk Up Song登場前はどうだったの？

いまでこそＭＬＢはもちろんのこと、日本のプロ野球でもお馴染みになったWalk Up Song、いわゆる登場曲。始まったのは１９９０年代に入ってからで、意外にも歴史がまだ新しいものだということが判りました。ではそれ以前はどうだったのでしょうか？

１９０３年のRoyal Rootersが大声で歌った『Tessie』から始まったベースボールと音楽の関係は、応援用の吹奏楽団を雇っていたチームが幾つかあった時期を経て、１９４１年4月26日、シカゴ・カブスの本拠地リグレー・フィールドに、とある楽器が設置されて変わりました。それはオルガン。カブスの当時のオーナー、フィリップ・K・リグレー[★1]が正面スタンドの後ろにパイプオルガンを設置し、１万８０００人以上の観客がオルガン奏者レイ・ネルソンの演奏に熱狂した、という記録が残っています。ただ、この初演時には大きな制約があったとのこと。試合開始の14時半までには音を止めなければならなかった、と現地紙シカゴ・トリビューンに書かれていたそうです。試合がラジオでも生中継される予定だった、ということは、オルガン演奏も流れてしまう……カブスは音楽出版社から自分たちの曲をオンエアする許可を得ていなかったため、ラジオ中継開始前には演奏を止めなくてはなりませんでした。その後、４月下旬から２週間の遠征を経てチームがシカゴに帰って来ると、理由は定かではないのですが、何故かオルガンは消えていました。けれどもその試みを気に入ったブルックリン・ドジャースの球団経営者ラリー・マクフェイル[★2]は、翌年エベッツ・フィールドにオルガンを導入します。ニューヨークにはスポーツにおけるオルガン演奏で定評のある人物、プロのアイスホッケーやバスケットボールの試合で演奏を経験したグラディス・グーディングがいたので彼女に声をかけます。彼女はドジャースがロスアンジェルスに移る１９５８年までの16年間に渡って、ニューヨークで行われるスポーツの試合での演奏

★１＝１８９２年創業、チューインガムでお馴染みの食品加工会社の2代目社長。初代の父が亡くなった１９３２年から3代目となる息子にその座を譲る61年までカブスのオーナーだった。最終年には固定的な監督を置かず、ファーム組織の監督７〜８人で監督役を回した。

★２＝１９３４〜36年シンシナティ・レッズ、38〜42年ブルックリン・ドジャース、45〜47年ニューヨーク・ヤンキースの経営に携わった。78年殿堂入り。息子のリー・マクフェイルは後にアメリカン・リーグ会長を務め、98年に親子で殿堂入り。

における第一人者であり続けました。

Walk Up Songはオルガン奏者によって生まれた

しかしながら、オルガン演奏は１９４１年の登場以降、そこまで普及せず、本格的に始まったのは１９６０年代から、といわれています。ドジャースはロスアンジェルスに移転して、自前の球場であるドジャー・スタジアムが１９６２年にオープンした際にオルガンを再導入します。ドジャースに替わってニューヨークを本拠地としたメッツは１９６４年にオープンしたシェイ・スタジアムにオルガンを設置。それに負けじと翌年にヤンキースが当時最先端だったドローバー[★3]が20本ある豪華なオルガンを導入し、有名なオルガン・プレーヤーも雇い、その腕前を披露させました。カブスも１９６７年にようやくオルガンを再登場させ、現在も試合の一部として欠かせない役割を担っています。シカゴのもうひとつのチーム、ホワイトソックスは１９６０年にオルガンを導入して以来、現在まで中断せずに最も長くオルガン演奏の伝統を守っています。とはいえ、当時はどの球場でもオルガン奏者が演奏するのは、試合前のアメリカ国歌、『私を野球に連れてって』、クラシックな応援コール「Charge!!」、あとはスタン

★3＝オルガンの音量や倍音の量を決める装置。

ダード曲がイニング間に演奏される程度だったそうです。

1970年、ホワイトソックスのオルガン奏者が23歳の女性に替わります。シカゴ生まれのナンシー・ファウストは熱心な野球ファンではなかったものの、スポーツイベントでのオルガン演奏に興味を持ち、仕事を求めてホワイトソックスに手紙を送ったところ、当時のチーム広報担当だったスチュ・ホルコム★4に「私はあなたの演奏をとあるパーティーで既に聴いたことがある。働いて欲しいと思っている」との返事をもらい一発採用されました。当時の本拠地コミスキー・パークに設置されていたオルガンブースはセンター後方にありました。そこで彼女は試合状況を把握する為にラジオを買い、アナウンサーの言葉を聴くことにしました。「Pop Up（ポップ・フライを打つ）」、

★4＝第二次大戦前後の時期にマイアミ大学、パデュー大学などでアメリカンフットボールやバスケットボールのヘッドコーチを務めた人物。1971～73年はシカゴ・ホワイトソックスのGMを務めた。

「Got to the showers（シャワーを浴びに行く＝ピッチャーを交代させる）」といった決め台詞の数々に、彼女はすっかりアナウンサーのとりこになってしまいました。そのアナウンサーとは、あのハリー・ケリー。彼女はケリーの言葉にちなんだ曲を演奏するようになっていきます。

彼女がオルガン奏者に就任して2年目のこと。その日の試合は特に長く、ケリーはファンが帰りたがっていると話していました。それが、ファウストに火を点けます。彼女が『Carry Me Back to Old Virginia』[★5]を演奏すると、ケリーはすぐに「オルガン奏者の音を聴いてくれ！」と絶叫。以降、ケリーの言葉をファウストがフォローし、ファウストが演奏してケリーが応える、というやりとりが試合中に続いていくようになりました。3年目からはオルガンブースは実況席に程近いホームプレート後方に移り、やり取りがより密接になっていきます。

彼女はまた、すぐに選手それぞれに特定の曲を演奏すれば良いことに気づきます。ケリーが相手チームのフランク・ハワード[★6]のことを「人には大きすぎるけれども、馬としては小さい」と例えると、ファウストはキャロル・キング『I Feel the Earth Move』[★7]を。味方のスター選手、ディック・アレン[★8]がホームランを放つと、映画『Jesus Christ Superstar』[★9]のテーマ曲を。

★5＝1878年に発表され、1940〜97年にはバージニア州の州歌として制定されていたスタンダードナンバー。

★6＝1958〜73年にドジャース、レンジャースなどでプレー。現役最後の74年は太平洋クラブライオンズに入団したが開幕戦わずか3打席だけの出場にとどまり現役引退。ニックネームは「あしながおじさん」。

★7＝1971年リリース、ビルボード15週連続1位、その後6年（306週）に渡りチャートイン。グラミー賞4冠に輝いた彼女のセカンドアルバム『Tapestry』のオープニングナンバー。

★8＝1963〜77年、フィリーズ、ホワイトソック

物静かで有名だったハロルド・ベインズ★10が打席に入るときには、ザ・ポインター・シスターズ★11『He's So Shy』を。選手のキャラクターにちなんだ曲をファウストが演奏し始めたことが、ＭＬＢにおけるWalk Up Songの元祖とされ、40年以上経った現在に至るまで、試合に不可欠な演出となっていったのです。

史上唯一の「ＭＶＯ」受賞者……!?

ファウストはその後、前の章でお伝えしたとおり、ケリーの代名詞となる『私を野球に連れてって』への伴奏をはじめ、コミスキー・パークの試合進行には欠かせない存在となっていきます。そして現在では他の球場のオルガン奏者、例えば１９８７年から２０１９年まで1試合も欠勤しなかったカブス専属のゲイリー・プレッシー、１９８８年から２０１５年までドジャー・スタジアムでオルガンを弾き続けたナンシー・ビー・ヘフリー、また現役のレッドソックス専属ジョシュ・カンター、ブレーブス専属マシュー・カミンスキーたちの先駆者として語られています。

そんな中で、ファウストに関する最も有名なエピソードは、アメリカのスポーツ雑誌における草分け『スポーツ・イラストレイテッド』から

スなどでプレー。本塁打王2回、打点王1回、72年ＭＶＰ、64年新人王。66年に世界初のドーム球場、アストロドームに敷かれた人工芝に対し「馬が喰わない代物の上でプレー出来るか！」と言い放った。

★9＝ブロードウェイでは１９７１年初演、映画としては73年に公開された、聖書を題材にした、イエス・キリスト最後の7日間を描いたロックオペラ。

★10＝１９８０～２００１年、ホワイトソックスなど計5球団でプレー。オールスター6回、19年殿堂入り。

★11＝三姉妹→途中で四姉妹になるアメリカ黒人コーラスグループ。１９７５年グラミー賞最優秀カントリー

「ＭＶＯ（Most Valuable Organist）」、最優秀オルガン奏者賞を１９７７年に受賞したことでしょう。その年の7月初旬、コミスキー・パークで行われた対ミネソタ・ツインズとの4連戦にて、ホワイトソックスのファンが自然発生的に１９６９年の大ヒットソング、スティームの『Na Na Hey Hey Kiss Him Goodbye』★12の歌詞を「Minnesota, Minnesota, Hey Hey Good Bye」と歌っていたことを受け、同月の別の試合でファウストが相手チームのピッチャーが交代するとき、また相手チームの監督などが退場させられたときにこの曲を演奏してファンを先導、観客席から大合唱が起こるようになってしまったのです。ちょっと嘲笑めいたこのチャントは野球のみならずアメリカの様々なプロスポーツにおいても定番ソングになり、曲自体もリバイバルヒット。ファウストはリリース元であるマーキュリーレコードから何とゴールドディスクが送られるという形でその功績が讃えられ、その年の「ＭＶＯ」に輝いたとのこと。『Na Na Hey Hey〜』は、現在でもホワイトソックスの本拠地、ギャランティード・レート・フィールドで聴けるのはもちろんのこと、様々な国のアーティストにカヴァーされ、またプロスポーツのみならず、例えば大統領就任式などでも前任者に向けて（嘲笑的に）歌われたりしています。

ヴォーカルグループ賞受賞。彼女たちの長兄アーロンはアストロズで3年間、西鉄ライオンズで3年間プレーしたプロ野球選手。

★12＝ニューヨークのマーキュリー・レコード専属のスタジオミュージシャンが組んだ架空のバンドという体のプロジェクト。１９６９年12月6日付ビルボード・シングルNo.1。

★13＝現在のオリックス・バファローズ。２００４年にオリックス・ブルーウェーブが大阪近鉄バファローズを吸収合併。

★14＝日本初の2階建てスタンドと全面天然芝のグラウンドを持つ野球場として１９３７年開場、阪急ブレーブスの本拠地として91年

2　オルガン演奏は日本でも続く

ちなみにオルガン演奏、日本では……？

1960年代から本格的に始まったオルガン演奏による演出ですが、実はほぼ時を同じくして日本のプロ野球にも進出していました。当時の阪急ブレーブス[★13]が本拠地として使用していた西宮球場[★14]では、1960年に電子オルガンを設置[★15]し、応援の演出に使用し始めたそうです。その後、川崎球場[★16]・西武球場（西武ドーム）・横浜スタジアムには日本ビクター製のビクトロン[★17]、後楽園球場&東京ドーム・ナゴヤ球場[★18]にはハモンド社製のハモンドオルガン[★19]、神宮球場には河合楽器製のドリマトーン[★20]、と1970年代後半から楽器メーカー各社が宣伝も兼ねて各球場に競って設置、昭和のプロ野球観戦には欠かせないBGMとして定番となっていました。

しかし1990年代に入り徐々にCDやサンプラーなどに取って代わられ、2000年前後には各球場から姿を消していきました。現在、日本のスタジアムでオルガン演奏を聴くことが出来るのは1ヶ所、西武ドームの

まで使用。その後は競輪とアメリカンフットボールが開催されたが、老朽化と経営難に伴い2002年閉鎖。

★15＝永井良和・橋爪紳也『南海ホークスがあったころ』（紀伊國屋書店）に「『阪急ブレーブス五十年史』に記載」とあり。

★16＝社会人野球向けの野球場を建設する目的で川崎市と企業各社が共同出資し、1952年開場。以降は高橋ユニオンズ（1954〜56）、大洋ホエールズ（1955〜77）、ロッテオリオンズ（1978〜91）が本拠地とした。99年に川崎球場としては閉場、現在は富士通スタジアム川崎として主にアメリカンフットボールの試合などが開催されている。

みです。現在は「ドジャー・スタジアム★21で使用されているものと同じもの」という球団側の要望にできるだけ応える形で2001年発売のローランド社製「AT-90S」。またオルガンの設置場所と実際に音を出す放送室とにかなりの距離があることから、音量を稼ぐ関係でハモンド社製の音源を積み替えて使用、つまりローランド社とハモンド社のハイブリッド・オルガンを使用しているとのこと。コロナ禍で鳴り物応援がない2020～21年のシーズン、3人のオルガニストが試合状況に応じた演奏でライオンズを応援するこの状況でこそ、オルガン演奏による演出の大事さが身に、いや耳に沁みわたったのではないでしょうか。

3 音響技術の発達による更なる変貌

選手自身が選び始めた

ホワイトソックスの本拠地、当時のコミスキー・パーク専属のオルガン奏者ナンシー・ファウストによってその習慣が始まったWalk Up Songです

★17＝1958年、国産初の全真空管式電子オルガンとして発売。91年製造終了。ビクトロン含む日本ビクターの楽器部門は2001年にローランド社に買収された。

★18＝中日スタヂアムとして1948年開場、51年8月19日、現在の中日対巨人の試合中に内野指定席上段から火災発生（タバコの吸い殻が紙屑に引火）、球場や周辺の民家4戸・工場3棟全焼。52年再建、73年にナゴヤ球場と改名、96年まで中日の本拠地として使用された。現在は中日二軍の本拠地として使用。

★19＝1934年ローレンス・ハモンドによって発明。日本で販売される様になった当初は、メンソレータム

が、1990年代から様子が変わり始めます。音響技術の発達により、PAシステムを使ってスタジアム全体に録音物、つまりCDなどの音源が流れ始めました。その先駆は1990年、先述したとおりシアトル・マリナーズの当時の本拠地、キングドームからでした。1993年にはMLB全球団の中で初めて全ての選手に曲をあて、打席に立つ際に流し始めたとのこと。

他のチームもマリナーズに続きました。1990年代前半にロスアンジェルス・エンジェルスに在籍していた選手が複数、こう語っています。

チリ・デービス★22

「頼んでもないのにジョージ・クリントン★23の『Atomic Dog』が流れてたんだよな」

ゲイリー・ディサーシナ★24

「ワイフから『何で打席に入る時にビリー・スクワイアーの『The Stroke★25』がかかってんの?』と聞かれたんだけど、俺は理由を知らなかったから、後に大好きなラッシュ★26『Limelight』に変えてもらったよ」

でお馴染みの近江兄弟社が「創業者がオルガン奏者だった」ことから販売代理店となっていた。現在は鈴木楽器が販売。

★20＝1979年 発売、2016年製造終了。00年まで神宮球場での場内演出に使用されていた。

★21＝現在は7代目、ディーター・ルールが2016年からオルガン演奏を担当。

★22＝1981～99年にジャイアンツ、エンジェルス、ツインズなどでプレー。ジャマイカ出身選手としては史上2人目のメジャーリーガー。91年に最優秀指名打者賞受賞、オールスター3度選出。

★23＝1960年代前半に

このゲイリー・ディサーシナが自分の好きな曲に変えてもらったことが、ＭＬＢ史上初めて、選手自身が選んだWalk Up Songになるそうです。その流れはとどまることを知らず、１９９４年、遂には1打席ごとに違う曲を選ぶレニー・ダイクストラ[★27]のような選手まで出てきました。

Walk Up Songを広めたのは、あのスーパースター

Walk Up SongがオルガンからＣＤに変わり、自ら曲を選ぶ選手が出てき始めて間もない１９９５年6月2日、一人のルーキーが本拠地ヤンキーススタジアムでデビューします。まだまだ選手がWalk Up Songを選ぶことが珍しかったであろうこの当時、太々しくも初打席から「この曲を流して欲しい」とリクエストした選手がいます。ルーキーが本拠地デビュー戦で自分が選んだ曲をバックに打席に立つなんて……クソ生意気にも程がある！と誰もが思ったことでしょう。その選手の名は、デレク・ジーター[★28]。選んだ曲も１９９５年2月にリリースしたデビュー曲が全米No.1を記録した、いわば同じルーキーのR&Bシンガー、モンテル・ジョーダンの『This Is How We Do It』。タイトルの通り「これがオレのやることだ」と宣言したかのように、自分で曲を選び、気分を高め、打席で結果を出す。このエピ

誕生したファンク・ミュージックを継承し、シンセサイザーなども取り込んだ「Pファンク」の創始者として、現在のアメリカ音楽シーンに多大なる影響を与えた人物。

★24＝１９８９〜２０００年、エンジェルス一筋。95年オールスター出場。２０１８年から現在までメッツ三塁コーチ。

★25＝スポーツメーカー、コンバースの御曹司でもあった彼は１９８０年にソロデビュー。代表曲のひとつであるこの曲は81年全米シングル最高17位を記録。もうひとつの代表曲『The Big Beat』のドラムブレイクは後にジェイ・Z、アリシア・キーズなど様々なアーティストにサンプリングされた。

ソードがキッカケで、MLB全体で選手ごとにCDを使ってWalk Up Songを流すということが浸透していったと言われています。ちなみにジーターの本拠地ヤンキースタジアムでの現役最終戦、黒田博樹[★29]が先発しイチロー[★30]もスタメンに名を連ねた2014年9月25日の対オリオールズ戦[★31]では、ヤンキースの全てのバッターが、ジーターが過去に使用したWalk Up Songを割り当てて打席に立つという演出もありました。パフ・ダディにエミネム、ノトーリアス・B.I.G.に50セント……。ジーターと同時代にヒットした1990年代後半〜2000年代のヒップホップやR&Bのナンバーが次から次へと流れ、ジーターが活躍した年月を音楽でも感じる事が出来たと言われています。

　とはいえ、ここまで挙げてきたのは全てバッターのみ……。ピッチャーはどうだったのでしょうか？

★26＝1974年デビュー、カナダの国民的バンドであり北米におけるプログレッシブ・ロックの先駆者として知られる。続きはのちほど……。

★27＝1985〜89年メッツ、89〜96年フィリーズでプレー。小柄ながら闘志溢れるプレー、86年メッツ世界一、93年フィリーズのナ・リーグ優勝に貢献。過度のウェイトトレーニングにより故障も多かった。最多安打2回、オールスター3度選出。

★28＝1995〜2014年、ヤンキース一筋。第11代キャプテンを務め、ワールドシリーズ優勝5回。打撃タイトルとは無縁だったが通算3465安打、数々の賞を受賞。20年野球殿堂

4 映画から本物へ

ピッチャーのWalk Up Songは映画から始まった

ピッチャーのWalk Up Song誕生については、歴史がはっきりしています。初めてピッチャー用にWalk Up Songがスタジアムに流れたのは1998年7月25日、サンディエゴ・パドレスのクローザー、トレバー・ホフマン★32が、当時の本拠地クアルコム・スタジアムで9回に登板する際だったそうです。曲はAC／DCの代表曲『Hells Bells』。ホフマン自身も大好きなこの曲を流すことをパドレスのスタッフが思いつき、トレバー・タイム（Trevor Time）と呼ばれるホフマンが登板する最終回に、冒頭の鐘の音が流れると勝利を確信したファンが大いに湧くようになりました。現在でもMLBを代表するWalk Up Songのひとつとして知られています。2006年3月に前年までホフマンとチームメイトだった大塚晶則★33が、パドレスの本拠ペトコ・パークで開催された第1回ワールド・ベースボール・クラシック（WBC）決勝でクローザーとして登板した際、ホフマンに直接許可を取っ

入り。背番号2は永久欠番。17年にマーリンズ共同オーナー兼最高経営責任者に就任したが、22年2月に辞職。

★29＝2007〜11年ドジャース、12〜14年ヤンキース。MLB通算79勝79敗、防御率3・45。この試合がMLB最後のマウンドだった。

★30＝2012年7月23日〜14年までヤンキース。黒田と同じくこれがヤンキースの選手として最後の試合出場。この日のイチローのWalk Up SongはDigital Underground『The Humpty Dance』。

★31＝黒田は8回2失点と好投、勝利投手の権利を持って降板するも9回表に後続が同点にされ攻撃が回っ

て『Hells Bells』を入場曲として使用し、それに気づいた地元ファンが大喝采、日本代表を初優勝に導いた、というエピソードも残っています。

　ではなぜ、パドレスのスタッフはクローザー用に曲を流すことを思いついたのでしょう？　それはなんと映画が影響していたのです。１９８９年公開、当時は弱小球団としてお馴染みだったクリーブランド・インディアンズを舞台とした映画『メジャーリーグ』の主人公のひとり、チャーリー・シーン★34演じるクローザー、リック・ボーンが登板する時に流れた『Wild Thing』という曲がヒントでした。恐喝や窃盗を犯して服役、出所したばかりのマイナーリーガーで、背番号99のごとく99マイル（＝約１５９キロ）の速球を投げるものの恐ろしくノーコン。しかしふとしたキッカケでド近眼と判り眼鏡をかけたのを機に大変身、チームを優勝まで導く、というキャラのニックネームが、曲名と同じワイルド・シングでした。当時は日米で全盛だったブルペンカーに乗らず、外野にあるブルペンから一人で歩いてマウンドに向かう、という演出も非常に印象的でしたよね……。その映画の中のキャラ、リック・ボーンを蘇らせた、つまり「ウソから出たまこと」の様なクローザーが、２０２０年、なんと同じクリーブランド・インディアンズに出現したのです。２０１９年に背番号70でデ

てきた9回裏1死二塁、ジーターは現役最終打席でライト前へのサヨナラヒット。劇的すぎる最後劇。

★32＝１９９３年マーリンズでデビュー。2ヶ月半でパドレス移籍、以降はクローザーとして２００８年まで在籍、09〜10年はブリュワーズでプレーし引退。決め球チェンジアップを駆使し現役18年で通算６０１セーブを記録。18年野球殿堂入り。背番号51はパドレス永久欠番。

★33＝２００４〜05年パドレス、06〜07年レンジャーズ。4年間で２３６登板、13勝15敗39セーブ。04年はリーグ最多ホールド34を記録。06年第1回WBCでは胴上げ投手。

ビューしたジェームズ・カリンチャックは、２０２０年から背番号を99に変更、クローザーではなく主にセットアップの役割でしたが、『Wild Thing』を背にマウンドへ向かい、チームをポストシーズンに導きました。どことなくチャーリー・シーンとも容姿が似ていなくもない風貌のカリンチャック、21年シーズンは最速99マイルの速球と落差の大きいパワーカーブの2球種を駆使しクローザーの地位を任され、チームに貢献しています。

ホフマンに対抗して生まれた『Enter Sandman』

クローザーのWalk Up Songといえば、あのレジェンドのあの曲も忘れちゃいけません。ヤンキース一筋19年、通算セーブ数６５２は史上1位、そして史上唯一の得票率１００％でアメリカ野球殿堂入りを果たした"Mo"ことマリアノ・リベラ[★35]も、長年に渡り彼の代名詞的なWalk Up Songを背に、ヤンキースタジアムのブルペンからマウンドに向かっていました。それは世界的に最も成功を収めたヘヴィ・メタル・バンド、メタリカの代表曲『Enter Sandman』。ですがリベラ自身は選曲に一切関わっておらず、それどころか「教えてもらうまで、曲を聴いたことがなかったんだよね」とのこと。１９９８年のワールドシリーズで、対戦相手パドレスのクロー

★34＝高校時代にはプロからスカウトされたことがある程の腕前で、撮影時は役作りの為にステロイドを服用し最速１３７キロの速球を投げていた。

★35＝１９９５〜２０１３年ヤンキース一筋。パナマ出身。全投球の8割を占める魔球カッターでゴロアウトを量産しバットを次々にへし折ることから「電動ノコギリ」とも言われた。MLB史上最後の背番号42を背負った選手。もちろんリベラとしても、同じナンバーは永久欠番。

ザー、ホフマンが『Hells Bells』と共に熱狂的に味方ファンに迎えられているのを観たヤンキー・スタジアムのスタッフが、うちも負けてはいられん！とこの曲を選んだところ、ファンにもウケが良くそのまま定着し、引退するまでずっと流れていました。2013年9月22日に開催された「マリアノ・リベラ・デー」では、なんとメタリカ本人達が試合前にこの曲を演奏、その中を本人がいつも通りブルペンから登場しマウンドに向かい、セレモニーに駆けつけた元チームメイト達と抱擁する、という演出もありました。90年代後半～2000年代を代表するクローザーふたりは、Walk Up Songでもお互いを（本人の意向とは関係ない史実もありながらも）意識していったのです。

5 オルガン復権とトマホーク・チョップ ～アトランタ・ブレーブス～

わずか8球場にまで減ったオルガン演奏演出の逆襲

2021年のMLBシーズンはシーズン前半の劣勢を跳ね返し、オールスターを挟んで44勝ずつ[★36]挙げたアトランタ・ブレーブスが、開幕から44週目のワールドシリーズ第6戦でヒューストン・アストロズを下し、26年振りの世界一に輝きました。シーズン開幕前に鬼籍に入ったチームのレジェンド、背番号44のハンク・アーロンがまるで天国からかけた魔法のような形で幕を閉じました。そのブレーブスの本拠地トゥルーイスト・パークでは、お馴染みの応援として知られる、手を斧の様に振り下ろし、太鼓の音に合わせて観客が「♪オ〜、オ〜オ〜」と歌う通称「トマホーク・チョップ」の他に、実はオルガン演奏も隠れた名物になってきているのです。

　1988年にわずか18歳で採用された、ブレーブス専属としては2代目、そしてMLB史上初の黒人オルガン奏者だった女性、キャロライン・ローズ・キング[★37]が引退した2005年の時点で、オルガン演奏を試合の演出に使っていた球団はわずが8チームに減っていました。しかしブレーブスは「オルガンは野球ファンにとって欠かせないもの」と粘り強く後任を探し、2009年に3代目として採用されたのがシカゴ生まれのジャズ・オルガニスト、マシュー・カミンスキー。5歳でオルガンを習い始め、ジョージア州立大で音楽の修士号を取得し、ジャズやラテン、また彼のルーツであるポーランドの民謡、ポルカを演奏するバンドではアコーディオンを担当

★36＝オールスターを挟み44勝45敗、44勝28敗。

★37＝1970年生まれ。フルトン・カウンティ・スタジアム、97年からは移転したターナー・フィールドでオルガン演奏を担当。家族との時間を優先するため引退。

しているそう。

最初は悪戦苦闘していたものの、当時はちょうどＳＮＳが浸透し始めていた時代でもあり、ファンからのリクエストを参考に、イニングの合間にその曲のYouTubeをみて断片的に覚え、即興演奏をしたのだとか。例えばライバルチーム、フィリーズのスラッガー、ライアン・ハワード[★38]の打席では、ファンから「ドラマ『The Office』[★39]のテーマ曲を弾いてみて。わかった？」とツイートされ、意味が理解出来なかった彼はネットで検索してみると、どうやらドラマに「ライアン・ハワード」という登場人物がいることが判り、演奏したところ「また演奏してくれよ！」とブレーブスファンからの反響が大きかったそう。そうやってファンと交流しながらレパートリーを増やし、自身のTwitterアカウントのフォロワーも増え、いつのまにか試合での演奏レパートリーは１０００を超え、最近では「何を演奏しているのかクイズ」をTwitterで出題し、ファンに曲と選手の関連性を知ってもらうという意味も含めた交流を積極的に行っています。「試合中には瞬間的に反応しなければならない状況が多々あるんだけど、ジャズ・ミュージシャンはその場その場で対応することに長けているので、この仕事にはあっているね。ＤＪだとその場で使える曲を探さなければならないけど、

★38＝２００４〜16年の13年間フィリーズ一筋。05年新人王、06年ナ・リーグＭＶＰ、本塁打王2回、打点王3回。08年にはフィリーズ28年振りの世界一に貢献。

★39＝２００１〜03年イギリスで放送、05〜13年アメリカでリメイク版が放送。21世紀で最も成功したコメディドラマのひとつ。日本でもNetflixやhuluなどで一部が配信されている。

ボクなら自発的に演奏出来るしね」「ボクがオルガン奏者だというと、多くの人は教会で演奏しているだけだと思うよね。でもオルガンはとってもヒップな楽器なのさ。あらゆるジャンルの曲にオルガンは入っているからね。スポーツの世界でオルガンを普及させる為に、ボクは少し貢献出来ているのかも知れないね」と話す彼は、「ここ10年、いや20年くらいのポップ・ソングは、ボクの音楽知識の中でもっとも欠けているんだよ。でも妻と子供達からデュア・リパ[★40]やザ・ウィークエンド[★41]について教えてもらったりしているよ。」とのこと。

2021年ワールドシリーズではどんな曲を演奏？

カミンスキーの特徴といえば、何といっても相手チームのバッターやピッチャーにちなんだWalk Up Songを演奏することで、相手チームをイジること。ライアン・ハワードをだけでなく、長髪で長い髭を蓄えたジェイソン・ワース[★42]にThe Doobie Brothers『Jesus Is Just Alright』を演奏したところ、当時のブレーブス捕手ブライアン・マッキャン[★43]に向かって「オレの為にあの曲を弾いてくれてるなんて信じられないよ！」と馬鹿ウケしたことを伝えたそう。

★40＝イギリスのモデル兼シンガーソングライター。ミレニアル世代を代表するUKポップのアイコン。両親はコソボ出身のアルバニア人で、デュアはアルバニア語で「愛」。

★41＝トロント出身のシンガーソングライター。両親はエチオピアから移住した移民。グラミー賞3回受賞

★42＝2002年ブルージェイズでデビュー、04～05年ドジャース、07～10年フ

２０２１年のワールドシリーズでも、彼の選曲がニュースになっていました。ヒューストン・アストロズの選手に対し、こんなナンバーを演奏していたそうです。

ホセ・アルトゥーベ（José Altuve）
童謡『I'm A Little Teapot』→恐らく彼が小さいから……

マイケル・ブラントリー（Michael Brantley）
Michael Jackson『Thriller』→マイケル繋がりですね

ヨーダン・アルバレス（Yordan Álvarez）
Peter, Paul & Mary『River of Jordan』→「Yordan」と「Jordan」でしょう

カイル・タッカー（Kyle Tucker）
Marshall Tucker Band『Can't You See』→Tucker 繋がり

ユリ・グリエル（Yuli Gurriel）
The Four Seasons『Big Girls Don't Cry』→「Gri」と「Girl」？　グリエル大きいし！

カルロス・コレア（Carlos Correa）
Chick Corea『Spain』→名前と、彼の出身プエルトリコの公用語スペ

ィリーズ、11～17年ナショナルズ。オールスター出場1回（09年）。長髪に長い髭が特徴、MLBの選手が映画『スター・ウォーズ』を演じるならという企画でチューバッカを拝命。

★43＝2005～13・19年ブレーブス、14～16年ヤンキース、17～18年アストロズ。10年オールスターMVPを獲得（7回選出）。攻撃型捕手、人格面での評価も高かった。

イン語にちなみ?

アレックス・ブレグマン（Alex Bregman）
The Beatles『I Am the Walrus』→歌詞の「Eggman」と「Bregman」を強引に

ルイス・ガルシア（Luis Garcia）
アメリカの子守歌『Rock A Bye Baby』→彼の投球フォームは通称「ゆりかご投法」

「トマホーク・チョップ」に関するあれこれ

ブレーブスと聞いて誰もが連想する曲が、先に触れた「トマホーク・チョップ」。１９１２年に就任したオーナー、ジェームズ・ギャフニーが所属していた民主党会派の通称にちなみ、チーム名をブレーブスと変更。アメリカ人にとってネイティブ・アメリカンを想起させるこの名前、ユニフォームやロゴも彼らをモチーフにしたものを採用しました。その中のひとつ、トマホークはネイティブ・アメリカンの言葉で「切る道具」を意味する片手斧のことを指します。チームが黄金期を迎え始めた１９９１年にキャロライン・ローズ・キングが「ブレーブスに合うから」と、このフレーズを演奏し始め、★44 チームが勝ち進んでいくと同時に一気にファンに浸透していったそう。しかしすぐさまネイティブ・アメリカン団体から「我々を見下している」と批判され、禁止を求められたものの、球団は「統一と家族の誇らしい表現」と述べるにとどまり、２０１７年に球団は一度演奏を中止すると公言しましたが、２０２１年シーズン時点では続いていました。当時、政治的な影響を理解していなかったキングは、抗議していたネイティブ・アメリカンの首長に声をかけたところ、「あなたがもし辞めても、球団は別の誰かを連れてきて演奏させるだけだから、気にするな」と返答されたそうです。

ではこの曲、どこで生まれたのでしょうか？　一般的にはフロリダ州立大学のフットボールチーム、セミノールズを応援する際に１９８３年頃から歌い始めた、との記録が残っていて、キングもこれを引用したそうです。ちなみにセミノールズ（Seminoles）とはフロリダ州やジョージア州に居住していたネイティブ・アメリカンのこと。

しかし、どうやらそれにも元ネタがあったそうです。それは１９４９年から１年ほど放送され、１９６１年には日本テレビ系列でも放送された『パウワウ坊や（The Adventures of Pow Wow）』のテーマ曲『Pow Wow the

★44＝元々は試合中の重要なプレーの際に、当時スタンドで連発していたウェーブを止める為にこのメロディーを演奏したとも言われている。

Indian Boy』。YouTubeで視聴出来ますので、是非聴いてみてください。そっくりです。

この「トマホーク・チョップ」に対し、２０２１年ワールドシリーズのタイミングでアメリカの各メディアでの批判が再燃しました。ＣＮＮの「この応援スタイルはレイシスト的であり、非人道的である」、スポーツ・イラストレイテッドの「ＭＬＢはなぜ、いまだにアトランタでチーム公認の差別を続けさせているのか」といったメディアの意見や、「人種差別と戦ったハンク・アーロンの栄誉を讃えながら、トマホーク・チョップを許すのはダブル・スタンダード」といった大物野球記者の意見などもありました。１９１５年から名乗ってきたインディアンズの名を２０２２年からガーディアンズに変更するなど、ＭＬＢではネイティブ・アメリカンに配慮した動きもありますが、ブレーブスは球団名もトマホーク・チョップも継続の方針。ロブ・マンフレッドＭＬＢコミッショナーは２０２１年ワールドシリーズ期間中に「ブレーブスという球団名は、ネイティブ・アメリカンに配慮し変更された他のチーム名とは違う。全米には30球団あり、地域差がある。ブレーブスは、地元のネイティブ・アメリカンのコミュニティとよく連携し、サポートを受けている」と擁護する発言を残しました。

★45＝期日前投票の身元確認を厳格化、並びに投票箱の設置数を制限、また投票所で並ぶ有権者に水や食べ物を配る行為を禁止する法案が２０２１年3月25日に可決。共和党のケンプ・ジョージア州知事は「選挙の公平さと安全性を高める為の措置」と説明するも、身分証明書類を持つ人が比較的

MLB最古の球団であり、1912年から現在のチーム名を名乗り始め、ミルウォーキーを経てアトランタに移転してきて55年経ったブレーブス。2021年は本来ならばオールスターを開催する予定だったのに、人種差別を招くと批判が噴出していたジョージア州の選挙関連法改正★45を受け、MLB側がアトランタでの開催を中止しデンバーに変更するといった出来事もありました。時代や世論の影響に翻弄される、ある意味、非常にアメリカらしいチームなのかもしれません。

6 日本人選手のWalk Up Song

SUKIYAKIから始まった

1964年の〝マッシー・ムラカミ〟こと村上雅則を経て1995年に野茂英雄がデビューして以降、60人以上の日本人メジャーリーガーが誕生★46しました。野茂がデビュー3戦目、ホームではデビュー戦となった1995年5月12日の対カージナルス戦★47から、ドジャー・スタジアムで登

少ない黒人への影響が大きく、州都アトランタなど黒人有権者が多い地区で頻繁に発生する長蛇の列に対しての水や食べ物の配布禁止は間接的に黒人有権者を標的にした措置と受け止められ、公民権団体を始めバイデン大統領も即座に抗議。どちらかというと保守的で知られているMLB機構も「我々はアメリカ人が投票権を持つことを支持しており、投票の制限に反対する」とこの法案に対し反対を表明した。

★46＝日本出身という括りだと73人（2022年4月現在）。デイブ・ロバーツ現ドジャース監督も含まれます。

★47＝野茂は先発し4回無安打3失点（1自責点）5奪三振4四球で勝敗なし。

板する度に、アメリカでは『ＳＵＫＩＹＡＫＩ』[★48]の名前で親しまれていた坂本九『上を向いて歩こう』がオルガン演奏されていました。オルガン奏者のナンシー・ビー・ヘフリー曰く「日本から異国に来た彼を励ますことを私なりに考え、私が知っていた日本の曲で一番有名な曲を演奏した」とのこと。それ以降、ドジャース時代はこの曲が流れていました。

　それから合計９名の日本人選手が所属したドジャースですが、いつのまにか『上を向いて歩こう』はレパートリーから消えてしまいました。しかし２０１７年、ボクが親しくさせて頂いているミュージシャン、そしてＤＡＺＮでもＭＬＢ中継の解説を務められたことのある成瀬英樹[★49]さんが、ドジャー・スタジアムで試合の取材をされた際、現在のオルガン奏者ディーター・ルール[★50]に「野茂のテーマ曲だった『ＳＵＫＩＹＡＫＩ』を復活させてくれないか」と頼んだところ、早速その翌日に前田健太の打席時に演奏され、またその年はダルビッシュ有の打席時にも演奏されました。いやぁ、ここでもＭＬＢと音楽のちょっと良い話。２０２２年シーズンはいまのところ日本人所属選手がゼロの模様ですが、またドジャー・スタジアムで流れて欲しいものですよね……。

★48＝１９６３年６月15日付から３週連続で全米シングル１位。何故タイトルが『ＳＵＫＩＹＡＫＩ』になったのかは皆さん各自お調べ頂ければ幸いです！

★49＝シンガーソングライター・作曲家。１９９７年にロックバンドＦＯＵＲＴＲＩＰＳでデビュー。解散後は作曲家としての活動の幅を広げ、ＡＫＢ48に楽曲提供した『君はメロディー』がオリコン１位に。〝ダイ・ハード〟なマリナーズのファンで、２０２１年10月に20年振りのポストシーズン進出がかかったエンジェルスとの３連戦を現地シア

Walk Up Songは本人が決めるの？

千葉ロッテマリーンズの名セットアッパー、そして２００８年から２年間ロイヤルズでプレーした藪田安彦★51さんに、ボクがＭＣを務めるＪＳＰＯＲＴＳで放送中のテレビ番組『ＭＬＢ ＭＵＳＩＣ』のスタッフ経由で、Walk Up Songについて色々とお伺いする機会を設けて頂いたことがあります。藪田さんによると、その当時ロイヤルズでは希望の曲があれば流してくれて、曲の使いどころも指定出来た、とのこと。千葉ロッテ時代には映画『インディ・ジョーンズ』シリーズのテーマ曲を使用していた藪田さんですが、当時から「ちょっと緊張感に欠けるから、曲を変えた方が良いかもしれないね～」とチームメイトの外国人選手たちからアドバイスを受けていたそうで、メジャー挑戦時は日本人メジャーリーガーの先輩、大塚晶則さんが使用していたＡＣ／ＤＣ『ＴＮＴ』を本人から許可を得て使用していました。理由のひとつが、英語の歌詞が判らず、闇雲に選んでしまって、相手を煽るような歌詞だったりすると怒りを買うことになるから、とのこと。もし特に指定がなければ、音響スタッフが決めてくれるそうです。

トルで観戦、最終戦では大谷翔平選手による第46号先頭打者ホームランを複雑な心境で見届けた。

★50＝２０１６年からドジャー・スタジアムのオルガン演奏を担当。ＮＨＬ、ＮＢＡ、また夏季オリンピックではバスケットボール会場、冬季オリンピックではアイスホッケー会場のオルガン演奏も担当したことがある。

★51＝１９９６～２００７、２０１０～13千葉ロッテ、08～09ロイヤルズ。セットアッパーとして05年、10年と２度の日本一に貢献。06年第１回ＷＢＣでは４試合に登板し日本の世界一に貢献。

MOBYのWalk Up Songちょっと良い話・その1

2018年6月、日本の野球情報サイト「Full-Count」から「MOBYさん、MLBの記者体験、やってみませんか?」という、盆と正月が一緒に来てもまだ足りないような有り難いオファーがあり、エンジェル・スタジアム、チェイス・フィールド、ペトコ・パークでの計4試合を4泊6日という強行スケジュールで訪れる、という非常に貴重な経験をさせて頂きました。大谷翔平選手は基本的に共同記者会見の対応のみ、また当時パドレスに所属していた牧田和久投手はマイナーに降格していたので取材出来ず。その中で唯一直接取材できたのが、当時アリゾナ・ダイヤモンドバックスでセットアッパーとして連続無失点登板[★52]を続けていた平野佳寿投手でした。その際、ボクがバンドのドラマーであることを伝えると、平野投手は「ボク、ヒップホップが大好きで、オリックス時代から使用していたKREVAさんの『中盤戦』という曲を、アリゾナでも流してもらっているんですよね〜」と……。そうだった! しかもその曲、KREVA feat. Mummy-D! Mummy-Dさんの所属するRHYMESTERとSCOOBIE DO、何度も共演している仲! 近い!

そのことをMummy-DさんにLINEすると「え? 信じらんない!

★52＝入団1年目の2018年5月6日から7月3日まで26試合連続無失点登板を記録。日本人投手の最高記録は上原浩治投手の27（2013年）。

ＭＬＢとか想像もつかないんですけど！　光栄極まりないです！　平野投手にありがとうとお伝え下さい！　ＫＲＥＶＡ氏にも伝えておきます」との即レス！　それを平野投手に見せたところ「こちらこそありがとうございます！　光栄です」と満面の笑みでスマホの画面を眺めていらっしゃいましたよね……。

MOBYのWalk Up Songちょっと良い話・その2

２０２０年、コロナ禍でＭＬＢ開幕が延びに延び、開幕したのが7月23日。この年、埼玉西武ライオンズからシンシナティ・レッズに入団した秋山翔吾選手はチーム開幕戦の7月24日、ホームのグレート・アメリカン・ボール・パークでの試合で6回に代打として初出場を果たします。その時、大音量で流れてきたのは、ライオンズ時代からずっと使用してきたWalk Up SongのＴＨＥ ＢＬＵＥ ＨＥＡＲＴＳ『人にやさしく』。しかも秋山選手はその初打席でセンター前にタイムリーヒットを放ち初打席初安打初打点をマークしました。

（今は無き）レナウンのＣＭ曲だった『人にやさしく』は、初めて聴いた小学校6年の時からボクも大好きで、のちにヴォーカルの甲本ヒロトさんとはＳＨＥＥＮＡ ＆ ＴＨＥ ＲＯＫＫＥＴＳのイベントでご一緒した際に非常に気さくに接して頂き、有り難くも朝までご一緒したことがありまして。これはヒロトさんに伝えなきゃ、とすぐにメール。すると即座に「ＭＯＢＹくん楽しい情報をありがとう！」とヒロトさんらしいオネストなお返事を頂きました。そのことをテレビ番組などでご一緒させて頂いているＡＫＩ猪瀬さんに話したところ、すぐさま秋山翔吾選手に伝えてくれたとのことで、またここでもミュージシャンでありＭＬＢコメンテーターも務めている、私ＭＯＢＹによる、勝手なマッチングをさせて頂きましたよね……！

語感が似てるから

秋山選手と同年の２０２０年からＭＬＢでプレーしている筒香嘉智選手。２０２０年はレイズでワールドシリーズに進出するも、レギュラーを奪取することが出来ず、翌２０２１年のシーズン途中にはドジャースを経てパイレーツに移籍します。そのパイレーツでは、それまで溜まっていた鬱憤を晴らすかの如く快打連発、８月29日の対カージナルス戦では逆転サヨナラ３ランを放つなど大活躍、２０２２年の契約も勝ち取りました。日本でも割と珍しい苗字の筒香選手ですが、英語圏の人にとってはどこか聞いたことのある語感。それはレイズでのデビュー時から反映され、パイレーツに移籍してからは現地の実況アナウンサーによって日本でもお馴染みとなったのです。

それはフィル・コリンズが１９８５年にリリースし全米No.1ヒットを記録した『Sussudio』。サビで「ス、ス、スーディオ」と歌われるこのナンバー、フィル・コリンズ本人曰く「特に意味はなく、ふと口に出た」言葉なんだそう。筒香選手の２０２０年デビュー当時からファンや関係者の間で「なんか似てんじゃね？」と話題になり、実際２０２０年の開幕時には筒香選手のWalk Up Songとして『Sussudio』が使われました。先ほどご紹介したドジャースタジアムのオルガン奏者ディーター・ルールも、筒香選手がドジャースでの初出場となった２０２１年5月18日の打席時に『Sussudio』を演奏しています。

そしてパイレーツに来てから筒香選手がホームランを放つ度に、パイレーツ専属実況のグレッグ・ブラウン★53が連呼する「Tsu Tsu Tsugyo」は、日本でもＭＬＢファンの間で話題になりました。２０２２年以降も沢山「Tsu Tsu Tsugyo」を聴きたいですし、ボクも実況で使えたらと思っており

★53＝１９９４年からパイレーツの実況を担当。チームが幾度となく再建期に入っている為、２０２１年の時点ではＭＬＢ全球団での現役チーム専属実況アナウンサーの中で一番勝率が悪いそう……。

ます！　でもカブス戦ではお手柔らかに……。

7　大谷翔平とWalk Up Song

頑なだったり、柔軟だったり、いじられたり

２０１３年にＮＰＢでプロデビューしてから、大谷翔平選手は打席時と登板時で別の曲をWalk Up Songとして使用しています。２０１３年、２０１４年と1年ごとに曲を替えていたのですが、２０１５年からＭＬＢデビューイヤーとなった２０１８年までは打席時、登板時と同じ曲が使われていました。登板時に流れるAfrojack『Do Or Die』は２０２１年シーズンも変更することなく使用されています。打席時に関しては、アメリカのテレビドラマ『ゲーム・オブ・スローンズ』のテーマ曲や、通訳の水原一平さんの選曲でＬＡにゆかりのあるラッパー、２パックのナンバーを使用するなど、割と色々な曲を使用している模様です。また２０１８年のオープン戦では、チームメイトによる〝いじり〟で打席時にきゃりーぱ

みゅぱみゅ『ファッションモンスター』が流れ、大谷選手は口元を緩ませつつもヒットを放った、ということもありました。

その曲を気に入った、当時のチームメイトだったリリーバー、ノエ・ラミレスは、2019年6月5日に同曲を登板時にWalk Up Songとして起用し、2回1/3を1安打無失点、5つの三振を奪う好投を見せました。「翔平と一平に教えてもらって、いつか使おうと思っていた」とご満悦だったノエは、お父さんがかつてバンドのドラマーだったこと、自身もレゲエを中心に音楽が大好きだということを、とボクが直接取材をした際に語っていました。

世界で唯一、エンジェル・スタジアムだけで流れていた

２０２１年、大谷翔平選手の打席時のWalk Up Songは、開幕戦から一貫してＡＬＩの『Lost In Paradise feat. AKLO』が流れていました。往年のファンク・ミュージックのエッセンスと現在進行形のヴァイブスが絶妙にペアリングされた、人気アニメ『呪術廻戦』のエンディングテーマでもあるこの曲は、彼自身によってセレクトされたそうです。大谷選手がエンジェル・スタジアムで放った26本のホームランが生まれる直前に毎回流れていたこの曲の作者、ＡＬＩのリーダーを務めるヴォーカルのＬＥＯさんに、お話を伺うことが出来たので、ご紹介致します。

『Lost In Paradise feat. AKLO』が使用され始めたことは、ＬＥＯさん本人もスポーツ新聞の記事で知り、正に天にも昇る気持ちになり、同時に家族や友人から連絡が殺到し、ことの重大さも理解していったそうです。しかし、それから1週間が経った4月８日、当時在籍していたＡＬＩのメンバーがおこした不祥事により、バンド活動は無期限活動停止の事態に陥ります。日本国内ではＣＤなどの出荷と発売が停止され、音源や映像のデジタル配信も停止となってしまいました。そんな中でも大谷選手は曲を使い続けてくれ、エンジェル・スタジアムのみで自分たちの曲がかかっていることは、

自分自身にとって生きる希望であり救いだった、大谷選手は一生の恩人である、と語ってくれました。LEOさんの一番好きなMLB選手はもちろん大谷翔平、まだ本人とはコンタクトを取ったことがないので、是非直接スタジアムを訪れ、感謝のメッセージを掲げて見てもらいたいそうです。

2021年11月に活動再開を発表したALIは、現在精力的に活動中。2022年3月の時点ではまだ未発表の、ALIが大谷翔平へ捧げた新曲『SHOW TIME』は、LEOさん曰くバンド史上最高のFUNKナンバー、しかもプリンス（Inning 8に出てきます）直系とのこと。大谷選手が歩む生き方、そして日々の積み重ねが、自分にとって夢を叶えるための指針であると語るLEOさんは、逆境もチャンスも音楽で打ちのめしてやる！という意志をこの曲に込めているそうです。この『SHOW TIME』、是が非でも大谷選手に聴いてもらいたいし、そして何らかの形で使用して欲しい、とボクも願っております！

ちなみにLEOさんがもしMLBの試合で打席に立つとしたら、どの曲で登場したいですか？と尋ねたところ、偉大なるアメリカの黒人女性ジャズシンガー、ニーナ・シモンが1965年に発表したナンバー『Feeling Good』をセレクトしてくれました。元々は1964年に発表された、1960年代のイギリスが舞台となるミュージカル『ドーランドの叫び、観客の匂い』の挿入歌で、〝ザ・ニグロ〟、つまり黒人と呼ばれる名前のない主人公が、白人たちを相手に、とあるゲームで勝利した瞬間に披露される曲です。

「夜が明け、陽が昇って朝になり、新しい人生が始まる。気分は最高！」という歌詞は、劇中で黒人や貧乏人が勝つものではなかったゲームに勝ち、時代的にも虐げられていた黒人が、束の間ながらもある種の解放を感じたことを表現している、とされています。ニーナ・シモンがカヴァーしたヴァージョンは名演中の名演として知られ、車のCMにも使われたり、ジェイ・Zとカニエ・ウェストの共演による楽曲、あるいはフロー・ライダーなどによってサンプリングされたり（3人とも追ってご紹介します）、数多くのアーティストによってカヴァーされています。LEOさん、そしてALIが活動自粛中に感じていたこととリンクしていたのかも知れませんよね。

ニーナ・シモンとベースボール

ちなみにニーナ・シモンにもベースボール・ソングはあるのかな～？と調べたところ、1曲ありました！1993年に発表された、彼女のキャリア最後のスタジオ録音アルバム『A Single Woman』の、２００８年にデラックス盤に収録された楽曲の中に入っていました。その曲『Baseball Boogie』は、ニーナ・シモンにとっては大先輩、１９３０年代から活躍する黒人女性R&Bシンガーのメイベル・スコットによって、１９５０年に発表されたナンバー。歌詞の内容は、１９４７年にデビューした、近代メジャーリーグにおける初めてのアフロ・アメリカンのメジャーリーガー、ジャッキー・ロビンソンのことを歌ったナンバーです。オリジナルver.は、映画『Baseball』のサウンドトラックに収録されています。ジャッキー・ロビンソンについては、このあと何度も登場するので、お楽しみに。

大谷翔平の歴代 Walk Up Song

打席時

2013年

ドリームメイカー／TRIPLANE

2014年

キットカナウ／miwa

2015年～2019年

Wrapped Up／Olly Murs

2018年・得点圏にランナーがいる打席で使用

Showtime／Lil Wayne

2019年に一時使用

Game of Thrones - Theme／London Music Works

2020年

To Live and Die in L.A.／2Pac（1・3・5打席目）
Battle Scars feat. Lupe Fiasco／Guy Sebastian（2・4打席目）

2021年

Lost In Paradise feat. AKLO／ALI

2022年

The Greatest Show／The Greatest Showman

登板時

2013

The Power of Love／Huey Lewis & The News

2014

Party Maker／Perfume

2015～2021

Do or Die／Afrojack VS. Thirty Seconds to Mars

INNING

4

ベースボールと音楽の二刀流

２０２１年シーズン終了時点で通算2万２５６３人のメジャーリーガーが誕生しました。ではその中で、歌手やミュージシャンとしても活躍した、つまり野球と音楽の二刀流選手はいたのでしょうか？　日本では１９７０年代から80年代にかけて、レコードデビューした選手が数多くいましたが、アメリカではどうだったのでしょう？

1 元祖・ベースボールと音楽の二刀流

大谷翔平選手が二刀流、いわゆる“Two-Way Player”として満票でア・リーグMVPを獲得した２０２１年シーズンは、１９１９年のベーブ・ルース以来、二刀流という概念が復権した年でもありました。ここではちょっと視点を変え、ＭＬＢと音楽の二刀流について探っていくことにしましょう。

ＭＬＢ、そして音楽の舞台において両方で文句なしに活躍した選手といえば、現在最も有名なのが元ニューヨーク・ヤンキースのバーニー・ウィリアムズでしょう。彼についてはのちほどお話しするとして、ではそれ以

★1＝OB・OGが超豪華！エタ・ジェームス、ロイ・エアーズ、バリー・ホワイト、ジョニー〝ギター〟ワトソン、デクスター・ゴードン、ドン・チェリーなど（全てミュージシャン）。

★2＝「Only You」（1955）が全米R&Bチャート7週連続1位、「The Great Pretend-

前にはいたのでしょうか？　ボクはこの本を書きすすめていくうちに、その人の存在を知ったのです。

その人、アーサー・リー・メイは１９３４年アラバマ州生まれＬＡ育ちの、アフロ・アメリカン。通っていたジェファーソン高校[★1]ではコーラスグループを組み、そこで生まれたコーラススタイルは後に「ジェフ・ハイ・サウンド（Jeff High Sound）」と称され、その中にはプラターズ[★2]、ザ・コースターズ[★3]、ペンギンズ[★4]といった全米でヒット曲を放ったグループのメンバーになった仲間もいたそうです。凄すぎる……。メイ自身は「みんな友達で一緒に歌ったり曲作りを手伝ったりしていた。楽しむことで精一杯だったから、自分たちが音楽の歴史を作っていることに気づかなかったんだ」と晩年語っていたそうです。

er」（1955）が全米ポップチャートで1位を記録したコーラスグループの草分け。90年ロックの殿堂入り。

★3＝『Young Blood』（1957）はビートルズに、「Poison Ivy」（1959）はザ・ローリング・ストーンズになど、彼らのナンバーは数多くの白人ロックバンドにカヴァーされた。1987年ロックの殿堂入り。アーサー・リー・メイ曰く「野球をやっていなかったら、このグループに加入していただろうね」。

★4＝映画『バック・トゥ・ザ・フューチャー』（1985）でも使われた彼らの代表曲「Earth Angel」（1954）は全米ポップチャートで最高8位、R&Bチャートで3週連続No.1を記録した。

彼は高校時代に野球でも俊足巧打の選手として活躍し、ミルウォーキー・ブレーブスのスカウトに見出され1954年プロ入り、1959年にはMLBで外野手としてデビュー、5球団を渡り歩き計13年間プレー、通算1288試合出場、1109安打、94本塁打、419打点、打率・274という成績を残しました。

一方、彼は野球の世界にプロ入りする直前、1953年にアーサー・リー・メイ&ザ・クラウンズのリードシンガーとして、リトル・リチャード[★5]やラリー・ウィリアムズ[★6]などを輩出したブラック・ミュージック専門のレコード会社「Specialty Records」[★7]と契約し、1955～56年には自身最大のヒット『Gloria』など、LAエリアでローカルヒットを数曲飛ばし、その影響で野球のオフシーズンには全米のみならず海外ツアーにも出掛けたそうです。またマイナー時代には、遠征に出掛けると試合後に出来るだけ各地のナイトクラブに足を運び（当時マイナーの球場はナイター設備が少なく、試合はデイゲーム中心で夜に空き時間が多かったそう）、様々なライブやショーを観ては自身の音楽活動のための参考にしていたそうです。しかし1959年のMLBデビュー以降、さすがに野球と音楽の両方でフルタイムに活動することは不可能になり、「野球を選んで正解だった。当時、音

★5＝「Tutti Frutti」（1955）「Long Tall Sally」（1956）「Lucille」（1957）など数多くのヒット曲をもつロックンロールの草分け。86年ロックの殿堂入り。2020年5月9日に87歳で死去。

★6＝1957年デビュー。ビートルズが「Slow Down」「Bad Boy」「Dizzy Miss Lizzy」と彼の楽曲を3曲もカヴァーしている。

★7＝1946年ロスアンジェルスで創立。ロイド・プライス、リトル・リチャード、ソロデビュー前にサム・クックが率いたソウル・スターラーズ、ドン&デューイなどがリリースした名門レーベル。

★8＝〝クイーン・オブ・ソ

楽の世界では、ヒット曲を作っても誰も儲からなかったからね」「50歳で歌うことは出来ても、50歳で野球をすることは出来ない」と、しばらく野球に専念することに。しかしMLBに定着し始めた1964年以降になると再びレコードをリリースし始めます。その中には、後にアレサ・フランクリン[★8]やウィルソン・ピケット[★9]、更にはザ・ローリング・ストーンズが録音したことで知られる、アラバマ州マッスル・ショールズ・サウンド・スタジオでレコーディングした曲があるとのこと。またシーズン中の遠征先ではサム・クック[★10]やジェームズ・ブラウン[★11]といった大スターと出会い、ジョー・テックス[★12]やジャッキー・ウィルソン[★13]といった人気シンガーたちと同じステージに立ったそうです。メイ自身、音楽活動での最大のハイライトは、その頃にニューヨークのアポロシアター[★14]に出演したことと、ロスアンジェルスでジェリー・バトラー[★15]の前座を務めたことだった、と語っています。選手としても1963～66年と4年連続でシーズン100安打以上を記録し、64年にはシーズン打率・304、またリーグ最多となる44二塁打を放ちました。ハンク・アーロンとはチームメイトとしてプレーし「もし彼がニューヨークでプレーしていたら、最も偉大な選手になっていただろう。ミルウォーキーではそのような報道はされなかった」と語って

ウル〟との異名を持つ女性ソウルシンガーの草分け。1987年には女性アーティストとして初めてロックの殿堂入りを果たした。

★9＝「In The Midnight Hour」「ダンス天国（Land of 1000 Dances）」など数多くのヒット曲を持つ、1960年代に隆盛を極めたサザン・ソウルを代表するシンガー。『8時だョ！全員集合』や『平成教育委員会』など日本のテレビ番組でも彼の曲が使われていた。

★10＝現在のブラック・ミュージック・シーンを開拓した人物、あるいはソウル・ミュージックを発明した人物として知られる大スター。

★11＝問答無用の「ゴッドファーザー・オブ・ソウル」に

います。またワシントン・セネターズ時代にはかつての天才打者テッド・ウィリアムズと監督と選手という関係で一緒にプレーしたものの「監督としてはろくでなしだったよ。彼は誰のことも気にかけなかった」とこき下ろしていたそうです（笑）。

１９７１年に現役を引退してからは野球界から退き、長年アメリカの長距離鉄道会社アムトラックで働いていたそうですが、１９８５年にシンガーとして活動を再開、喉の調子が悪くなる１９９０年代半ばまで精力的に活動したものの、肝臓ガンにより２００２年、67歳でこの世を去りました。

恐らく日本では（特にシンガーとしては）殆ど紹介されたことのないであろうアーサー・リー・メイですが、ボクがたまたま知ったのは、この本のInning ２で触れた、シアトル・マリナーズの本拠地T-モバイル・パークの定番曲『Louie Louie』を調べていたときでした。１９５７年にリチャード・ベリーが録音したオリジナルver.に、何と彼がコーラスで参加していたことが判ったのです。２人はジェファーソン高校の同級生★16で、本当に仲が良かったらしく、メイは「一度も喧嘩をしたことがなかった。リチャードは曲を作るといつもボクに電話を掛けてきて、これは誰かにとって良い

してファンク・ミュージックの創始者。少年院服役中〜出所後は投手として野球をやっていたというエピソードも。

★12＝「Skinny Legs and All」（１９６７）、「Show Me」（１９６８）などのヒット曲で知られる。「ナッシュビルのジェームズ・ブラウン」との異名を取り、２人はライバル関係にあった。

★13＝サム・クックやジェームズ・ブラウンと並ぶソウル・ミュージックのパイオニア。

★14＝ハーレム地区にあるアメリカで最も有名な劇場のひとつ。ブラック・ミュージックの象徴的存在とも言われる。

曲なのか？とたずねてきたものさ」とベリーについて語ったそうです。本当に調べて良かった……！

2　史上最高のＭＬＢギタリスト

１９９１年から２００６年までヤンキース一筋16年、プエルトリコ出身の外野手、バーニー・ウィリアムズ。ヤンキースの第６期黄金時代と呼ばれる１９９０年代後半に不動のセンターとしてワールドシリーズ制覇４度に貢献、ポストシーズン通算80打点はＭＬＢ史上１位。またオールスター出場５回、１９９８年には首位打者のタイトルを獲得、外野手として４年連続４回のゴールドグラブ獲得といった数々の輝かしい功績を残し、背番号51は２０１５年にチームの永久欠番として指定されています。２０１２年にイチローがヤンキースへ移籍してきた際、チームが背番号51を打診したものの、彼への敬意から「とても付けることは出来ない」と固辞し31を選んだ、というエピソードを記憶している方も多いかと思います。

　プエルトリコで生まれ育った彼は、８歳の時に海兵隊員の父親がスペイ

★15＝インプレッションズの初代リード・シンガー。１９９１年ロックの殿堂入り。２代目リードシンガーはカーティス・メイフィールド。

★16＝１９３４年12月11日生まれのメイ、35年４月11日生まれのベリー。

BERNIE WILLIAMS

ンから持ち帰ったフラメンコギターの音色に惚れ込み、既に始めていた野球と同様にのめり込んでいきます。学校の校長先生だった母親からも「音楽とスポーツは両立するもの」と言われ、野球、陸上★17、そしてギターに熱中した少年時代を過ごします。17歳でヤンキースと契約し22歳でメジャーに昇格してからもギターは肌身離さず、クラブハウスや移動中の飛行機の中で演奏していたそうです。「バーニーがギターを弾けばそこはカーネギー・ホール★18になるんだよ（ロジャー・クレメンス★19）」「彼のギターを聴くと和むんだよね～（松井秀喜）」など、チームメイトからしたら、もはや当たり前の光景になっていたそうです。

2003年、バーニーは何とポール・マッカートニーが所有する音楽出

★17＝15歳の時に陸上400メートルの選手として国際大会で4個の金メダルを獲得。

★18＝1891年創設、ニューヨーク7番街57丁目にある、アメリカを代表するコンサートホール。

★19＝1984～07年、レッドソックスやヤンキースなど4球団でプレー。「ロケット」の異名を持ち、サイ・ヤング賞7回、シーズンMVP1回をはじめ数多くのタイトルを受賞。通算300勝&4000奪三振

版社[★20]と契約し、メジャーデビューアルバム『The Journey Within』をリリースします。ジャズやラテン、ブラジル音楽といったジャンルの影響を受けたナンバーを収録し（しかも自作が7曲！）、ポールをして「彼の才能には全くやられたよ！」と言わしめたそう。2006年をもって選手としては事実上の引退後、大学でギターと作曲を1年間学び、2009年にはセカンドアルバム『Moving Forward』をリリース。あのブルース・スプリングスティーンとのコラボ曲もあり、ビルボードのコンテンポラリー・ジャズ・アルバムとして全米最高2位、同シングルチャートで収録曲2曲が1位を記録する快挙。そしてラテン・グラミー賞[★21]の最優秀インストゥルメンタル・アルバムにもノミネートされました。その後もバーシア[★22]と世界ツアーに出掛けたり、音楽誌の表紙を飾ったり、2014年には盟友デレク・ジーターの現役最後の試合、しかも長年のライバルであるレッドソックスのホーム、フェンウェイ・パークでの開催だったにもかかわらずシークレットで登場し、試合前に『私を野球に連れてって』を演奏しジーターに捧げ両チームのファンが大喝采、といった粋な演出にも貢献したり。そして2016年にはマンハッタン音楽院[★23]で音楽学士号を取得しています。

2011年にバーニーが出版した音楽に関する本『Rhythms of the Game』

を記録した4人のうちのひとり。薬物問題の関係で殿堂入りは果たしていない。

★20＝「McCartney Productions Ltd.」通称MPL。ポール自身が創業、映像部門の運営は次女で写真家のメアリー・マッカートニー。

★21＝アメリカにおけるヒスパニック系の人口増加に伴い、2000年にグラミー賞から独立する形で開催。

★22＝ポーランド出身の女性シンガー。代表曲のひとつ『Cruising for Bruising』（1990）はSONYの「VHSビデオデッキ」のCM曲として使用され日本でもヒット。

★23＝主な卒業者にロン・カーター、ハービー・ハンコック、スティーブ・ガッドなど。

では、序文をポール・サイモン（後ほどたっぷり取り上げます）が寄稿しています。一部をご紹介しましょう。

1999年4月23日、ボクはジョー・ディマジオの栄誉を讃える追悼試合の試合前セレモニー[★24]で、彼を描いた『Mrs. Robinson』を、ディマジオが長年守備に就いていたヤンキー・スタジアムのセンターで歌った。その日の出番前に、クラブハウスでその日のセンターとして出場するバーニー・ウィリアムズが、ボクにこう訊いてきたんだ。「こんな緊張する今日のような状況だと、どうやって自分をコントロールするの？」って。ボクはこう返したさ。「キミだって、どうやってこの大観衆のなかで時速95マイルの球をホームラン出来るんだい？」って。答えは一緒だったよ。お互い、その瞬間は、外から自分の内面を見ているような、いわゆる「ゾーン」に入っているんだよね、と。この日、ボクはセンターのポジションから歌うことによって、ミュージシャンが感じるものとは違う、バーニーを始め野球選手たちが感じる別の種類の「ゾーン」を感じる事が出来たよ。そして本当に探してしまったよ、「♪Where have you gone Joe DiMaggio?[★25]」って。

★24＝1999年3月8日に肺がんのため84歳で死去。

★25＝Simon & Garfunkel「Mrs. Robinson」（1968）の一節。

★26＝当時のア・リーグ新記録。2017年にインディアンズ（現ガーディアンズ）が22連勝したことにより塗り替えられた。MLB記録は1916年ニューヨーク（現サンフランシスコ）・ジャイアンツの26連勝。

★27＝マイケル・ルイス著。GMビリー・ビーンがMLBイチの貧乏球団を強

3　他にもいるぞ！　MLBと音楽の二刀流

アーサー・リー・メイ、そしてバーニー・ウィリアムズ、二人の偉大なる「MLB×音楽」の二刀流をご紹介しましたが、他にも音源をリリースした選手は沢山います。そんな中から3人、そして音楽を愛して止まない現役の監督を1人、ご紹介しましょう。

音楽一家から生まれたサイ・ヤング賞投手

2002年に破竹のシーズン20連勝[★26]を記録した『マネー・ボール[★27]』時代真っ只中のアスレティックスで、ティム・ハドソン[★28]、マーク・マルダー[★29]と共にエーストリオ「ビッグ3[★30]」を形成した左腕、バリー・ジート。球速は遅いながらも出どころが判りづらいフォーム、浮き上がるような軌道を描くフォーシーム、芸術的なカーブ、そして抜群のコントロールでフライの山を築くピッチングを駆使し、この年はシーズン23勝の最多勝利のタイトルを獲得し、サイ・ヤング賞も受賞。現役生活15年で通算165勝（143敗）という成績を残しました。

豪チームに作り上げていく方法を論じた書籍。2011年にはブラッド・ピット主演で映画化、6部門でアカデミー賞ノミネート。

★28＝1999～2015年にアスレティックス、ブレーブスなどで実働17年、MLB屈指のグラウンドボーラーとして通算222勝。00年ア・リーグ最多勝。

★29＝2000～08年にアスレティックス、カージナルスで実働8年、通算103勝。01年ア・リーグ最多勝。

★30＝この3人で2000～03年の4年間で198勝。これはチーム勝利数の50.5%を占め、4年連続でポストシーズン進出に貢献。

そんなジートは「音楽は常に初恋相手であり、野球はそのあとに現れたんだ」と発言しているほど音楽好き。それもそのはず、父ジョーは作曲家&編曲家として、母ロベルタはツアーバンドのコーラスとして、１９６０年代にあのナット・キング・コール★31と一緒に仕事をし、同僚だった２人が恋に落ち、彼が生まれたんですから。ショービジネス界で働く両親に育てられたジートは、幼い頃からいつもマイケル・ジャクソン、スティービー・ワンダー、アース・ウィンド・アンド・ファイアーなどを愛聴し、常に音楽に囲まれた環境で育ったと発言しています。南カリフォルニア大学在籍時にドラフト1巡（全体9位）でアスレティックスにドラフトされた１９９９年にギターを弾き始め、翌年には実姉サリーに〝ドラフト〟される形で彼女のバンドでギターを弾くようになり、野球のオフシーズンに２００７年までそのバンドで演奏していたとのこと。２０１５年に野球を引退したあとはカントリー・ミュージックの本場ナッシュビルに拠点を移し、音楽業界の関係者から曲作りやプロデュースのやり方を学び、６曲入りのミニアルバム『No Secrets』を２０１７年にリリース（彼が全て作曲）。ビルボードの新人チャートでは最高18位にランクし、ミュージシャンとしてのキャリアをスタートさせました。

★31＝１９３０年代からジャズピアニストとして活動。「Mona Lisa」「Smile」「L-O-V-E」などのヒット曲を残した。65年に肺がんで45歳の若さで死去。実娘にナタリー・コール。

★32＝『Walk On By』『I'll Never Fall in Love Again』な

更には２０２０年2月から5月までアメリカで放送された人気テレビ音楽番組『The Masked Singer Season 3』にも出演。ディオンヌ・ワーウィック★32やチャカ・カーン★33といった音楽界のレジェンド含む著名人18人が参加した、歌唱力を競うサバイバル形式の音楽バラエティ番組で何とベスト4まで勝ち進む快進撃をみせました。本人は「野球については今では遠い過去。今では音楽こそが自分なんだ」とまで語っています。

ビルボードのチャートならジートよりも上

キューバ人の父とアメリカ人の母の間に生まれ、「チャールズ・ブロンソン★34の様なタフガイになって欲しい」との願いから名付けられたブロンソン・アローヨ。２０００年にパイレーツでＭＬＢデビュー、レッドソックス、レッズなどを渡り歩き実働16年、通算１４８勝１３７敗、２００６年にはオールスター出場、6年連続含む8回の年間２００イニング到達というタフなピッチャーでした。２００４年には、レッドソックスの86年振り世界一に貢献しています。

そのアローヨはギタリストとしての顔も持ち、２００５年にはソロ名義のアルバム『Covering the Bases』をリリース。パール・ジャム★35やフー・

どのヒット曲で知られる黒人女性シンガー。１９８５年にはUSA for AFRICA『We AreThe World』参加。

★33＝『I'm Every Woman』『I Feel for You』などのヒット曲で知られる黒人女性シンガー。

★34＝映画『荒野の七人』（１９６０）、『大脱走』（１９６３）などに出演した俳優。日本では化粧品「マンダム」に出演、顎を撫でながら放った「う〜ん、マンダム」のセリフは大流行した。

★35＝シアトル発、１９９０年代前半に大流行したオルタナティブ・ロックを代表するバンド。ヴォーカルのエディ・ヴェダーに関しては後述。

ファイターズ[★36]などオルタナティブ・ロック系アーティストのナンバーや、レッドソックスではお馴染みのナンバー『Dirty Water』などをカヴァーし、ゲストにはジョニー・デイモン[★37]やケヴィン・ユーキリス[★38]といったチームメイトから、何とあの大作家スティーブン・キング[★39]まで参加しています。ビルボードの新人チャートでは最高2位を記録しました。２０１７年に現役引退後もミュージシャンとして精力的に活動、２０２０年7月には現役選手や元選手、アナウンサーなどの野球関係者２００人を集めたヴァーチャル合唱団を編成し『私を野球に連れてって』をリモート録音、コロナ禍で開幕が遅れたシーズン前に話題を提供しました。

現役選手における最新リリースは？

ホワイトソックスのサード、ヨアン・モンカダはキューバ出身。キューバ人が他国への亡命目的で出国するには不正な手続きを経なければならないことが多い中、モンカダはアルゼンチンとアメリカ合衆国の二重国籍を持つ女性と結婚し、妻との面会を理由にビザを取得して合法的な形でグアテマラに入国し亡命、アメリカにやってきました。マイナー時代には２０１６年にオールスター・フューチャーズ・ゲーム[★40]でＭＶＰ獲得、

★36＝シアトル発、オルタナティブ・ロックを代表するもうひとつのバンド、ニルヴァーナの元ドラマー、デイヴ・グロールを中心に結成したロックバンド。２０２1年にロックの殿堂入り。

★37＝１９９５〜２０１２年、レッドソックス（２００４）とヤンキース（２００９）で2回の世界一に貢献。盗塁王1回。03年には１９００年以降だと史上2人目の1イニング3安打を記録。２００６年はアメリカ代表、13年はタイ代表としてＷＢＣ出場。

★38＝２００４〜13年、主にレッドソックスでプレー。独特な打撃フォーム、また選球眼に優れ出塁率が高く、書籍『マネー・ボール』では

２０１７年以降ＭＬＢに定着し、ホワイトソックスのレギュラーとして活躍しています。そんな彼は「趣味として、いつも家で歌うのが好きでさ。でもある日、キューバ系の男性シンガーの曲を歌ってＳＮＳに公開したら本人から『一緒に歌わないか？』と言ってくれたんだよね」ということで２０２０年11月にシングル『Desastre Personal』★41をリリース。ビルボードのトロピカル・ソング・チャートでは２０２１年1月30日付で25位にランクイン。ＭＬＢ公式サイトもニュースとして取り上げ、モンカダのことを〝フルタイム野球選手兼パートタイム・ラッパー〟という肩書きで紹介しています。本人も「ボクは歌うことより野球の方がちょっとだけ上手いかな」と語り、歌にも自信がある模様。ダンスの上手さもチーム随一との評判で、ミュージック・ビデオでは美女達を歌とダンスで巧みにエスコートしています。さて本業の方といえば、２０２１年シーズンはこの曲をWalk Up Songにしていたモンカダですが、成績は……期待されていた数字に比べると、ちょっと今ひとつ★42な感じでしたよね……。

世界初のロックフェスを生で観たメジャーリーガー

２０２０年からヒューストン・アストロズを指揮しているダスティ・ベ

「四球のギリシャ神」と命名された。14年には楽天でプレーするも21試合の出場にとどまり引退。現在はクラフトビール醸造所を経営し「ホップのギリシャ神」と呼ばれている。

★39＝モダン・ホラー小説の第一人者。ホラー以外にも『ショーシャンクの空に』『スタンド・バイ・ミー』など、映画化された作品が有名。レッドソックスの熱狂的ファン。作品にもしばしばレッドソックスが出てくる。

★40＝１９９９年から開催されている、マイナーリーグの有望選手によってＭＬＢオールスター期間中に行われるエキシビション。

★41＝英語にすると「Disas-

イカー監督は大の音楽好きとして知られています。監督室からはいつも爆音で音楽が流れていて、2015年に出版された自伝『Kiss The Sky』は副題に〝自分の人生を変えた音楽たち〟と付けられ、音楽体験が中心となった自伝、というような形で書かれています。記者会見でも音楽ネタを度々引用していて、毎回まるで音楽講義のようだ、と記者の間では有名になっています。例えば2020年ア・リーグ優勝決定戦で対戦相手のレイズに3連敗を喫した夜に、とある曲を聴いて第4戦に臨んだところ、そこからチームは3連勝と逆王手。結局は最終第7戦で敗れたものの、同年ア・リーグ勝率1位のレイズに大健闘しました。その曲とはB.B.★43、アルバート★44と共にブルース・ギタリストの〝3大キング〟と称されるフレディ・キング★45『Palace of the King』。歌詞に出てくる「I'm going back to Dallas」の近郊にあるテキサス州アーリントンでワールドシリーズが開催★46されることにちなみ、自分たちは必ずダラス(の近所アーリントン)まで行くんだ!と自身を奮い立たせた、と告白しています。また2021年ア・リーグ地区シリーズでは対戦相手のホワイトソックスのリリーフ、ライアン・テペラ★47の「ヒューストン、またやってんじゃねえの!?★48」という内容の発言に対し、ベイカー監督は「オレは今朝、エリック・クラプトンver.の

ter Personal」。訳すと「個人的な災難」という意味だが、本人は「スタンダードなラブソングだよ。あなたがいなければボクは狂ってしまう、とかさ」と語っている。

★42=2021年は144試合、打率・263、14本塁打、61打点、OPS・786。

★43=B.B.キング(1925~2015)。愛器のギブソン社製ギター、通称「ルシール」を鳴らし1950年代から晩年まで活躍した〝キング・オブ・ブルース〟。87年ロックの殿堂入り。

★44=アルバート・キング(1923~92)。左利きだが右利き用のギブソン社製フライングVを逆に持ち、

『Before You Accuse Me』★49を聴いてきたんだけど、その曲の歌い出しをそっくりそのままお返ししてやるよ。“Before you accuse me, take a look at yourself”（こっちのことよりテメエの心配してろ）ってな」と、音楽ネタを引用した粋な切り返しをお見舞いし、見事ホワイトソックスを破り、その後も勝ち進んでワールドシリーズに進出しました。

そんなベイカー監督はカリフォルニア州のロスアンジェルス近郊リバーサイド出身。14歳のときに州都サクラメントに移り、高校卒業までそこで過ごしました。1967年のドラフト26巡でアトランタ・ブレーブスに指名される直前、音楽好きの母親から18歳のお祝いとしてもらったプレゼントが、なんと世界初の本格的野外ロックフェス「モンタレー・ポップ・フェスティバル」★50のチケット！　しかも親友の分とあわせて2人分！　ダスティ少年はその親友と片道200マイル、開催地のサンフランシスコ郊外モンタレーまで車を走らせ、開催された3日間で繰り広げられた伝説的な名演の数々を目の当たりにします。お母さんが大ファンだったルー・ロウルズ★51を始め、サイモン&ガーファンクル、ジャニス・ジョプリン、グレイトフル・デッド、オーティス・レディング、ザ・フーなどなど、18歳のベイカー少年は人種やジャンルの垣根を取り払い、自身の耳と感性をフル

通常なら下から上に弦をあげるチョーキングが彼の場合は上から下へと逆になり、重力の力も伴って、より〝泣かせる〟ことが出来たのでは、という都市伝説も。2013年ロックの殿堂入り。

★45＝1934〜76。エリック・クラプトンが一番影響を受けたギタリストとしても知られている。2012年ロックの殿堂入り。

★46＝コロナ禍の影響により、MLB史上初となる中立地でのワールドシリーズ開催となった。

★47＝2015年ブルージェイズでデビュー。21年はカブスからトレード・デッドラインでホワイトソックスへ移籍。20年シーズンは

に働かせ、ずっと興奮しっぱなしだったと本に記しています。中でも「音楽にハマり続けている人生であることは間違いないけれども、この日の彼の演奏に勝るものは観たことがない」と言わしめたのが、大トリを務めたジミ・ヘンドリクスのステージ。自伝のタイトルの通り「本当に空にキスしたかのようだった」と語っています。それもそのはず、本のタイトル『Kiss The Sky』はこの日演奏した代表曲『Purple Haze』の歌詞の一節ですから。その後もジミのライブを何度も観に行った彼ですが、１９６８年10月11日、シーズン終了後に実家サクラメントに帰っていたタイミングで、ジミがサンフランシスコでライブを行うことを知り、泊まりがけで観に行ったときのことでした。滞在中のモーテルの向かいで何とジミがマリファナを吸っているところを発見します。勇気を持って話しかけに行くと、ジミは吸っていたマリファナを何とベイカーに回してくれた、つまり一緒にマリファナをキメた、というエピソードもこの自伝で語っています。またドジャースで現役だった１９７０年代後半には、ブルース界のレジェンド、ジョン・リー・フッカー★52が大のドジャースファンであることを知り、ベイカー自身も彼の大ファンだったことから、サイン入りユニフォームをわざわざジョン・リーに届けに行き、以降ずっと交流を持っていたなど、

平凡な成績ながらMVP投票で10位に1票獲得したが、これはある記者がトレイ・ターナー（当時ナショナルズ）と間違って投票した為だった。

★**48**＝チーム初のワールドチャンピオンに輝いた２０１７年シーズン、ホームゲームでカメラ映像を使ったチーム全体での大がかりなサイン盗み行為が判明。ジェフ・ルーノウGMとA・J・ヒンチ監督の1年活動停止、20年・21年のドラフト1巡目・2巡目の指名権剥奪などの処分を受けた。

★**49**＝オリジナルはボー・ディドリー（１９５７）。クラプトンver.は『Unplugged』（１９９２）収録。

ミュージシャンとのエピソードは枚挙に暇がないほどです。

そのベイカー監督は指揮した5チームで1987勝を挙げながらも、いまだワールドシリーズ制覇を成し遂げたことがありません。73歳となる2022年シーズンはアストロズと新たに契約を1年延長、早々に2000勝に到達し、悲願のワールドシリーズ制覇を達成することが出来るでしょうか？

★50＝1967年6月16・17・18日に開催され20万人以上の観客を動員。ベイカー監督は1949年6月15日生まれ。

★51＝1933〜2006。1961年デビュー、66年グラミー賞最優秀R&Bヴォーカル賞獲得。高校時代はサム・クックと同級生だった。

★52＝1917〜2001。ブギ・スタイルを確立したとされるブルースマン。映画『ブルース・ブラザース』（1980）にも路上ミュージシャン役で出演。1991年ロックの殿堂入り。

INNING 5

曲や歌詞になった
メジャーリーガー

1　ジャッキー・ロビンソン

ジャッキーは最高にイカしてるぜ！

音を鳴らした選手をご紹介してきましたが、今度は歌詞になった選手たちを探っていくとしましょう。第二次大戦が終わって間もない1947年4月15日、メジャーリーグの歴史、そしてアメリカ合衆国の歴史を変えた出来事がおこります。そう、ジャッキー・ロビンソンの登場です。20世紀以降では初めて、MLB史上初の黒人選手として、ブルックリン・ドジャースでデビューしました。当時ドジャースの会長を務めていたブランチ・リッキー★1が、スカウトの（あの）ジョージ・シスラー★2から推薦を受け、1945年のマイナー契約を経てメジャーリーガーとしてデビューさせたのです。スタジアム内外で待ち受けていた幾多の苦難を乗り越え（彼の伝記本★3は日本でも数冊出版されていますので、是非ご一読を！）、新人王、シーズンMVP1回、首位打者1回、盗塁王2回のタイトルを獲得します。人種の壁を破ったジャッキーがデビューした翌年からは、彼に続く黒人選手達、

★1＝1905～07年の3年間、また14年に2試合だけMLBでプレー。監督として2チームで計10年指揮し通算597勝664敗。42年からドジャース社長に就任。人種差別の撤廃、マイナー組織の改革などに尽力。67年アメリカ野球殿堂入り。

★2＝1915～30年にセントルイス・ブラウンズなどでプレー。2004年にイチロー（262）に抜かれるまで、シーズン257安打のMLB記録を84年間保持し、2度のシーズン4割を記録。愛称は「ゴージャス（或いはジェントルマ

また中南米の選手達も続き、1964年には〝マッシー〟村上雅則★4がアジア人初のメジャーリーガーとしてデビュー★5します。その道標となったジャッキーはドジャース一筋10年の選手生活を全うする形で1957年に現役引退。もちろんアメリカ野球殿堂入りを果たし、1997年には背番号42がMLB全球団で永久欠番に指定されています。また2004年からは彼がデビューした4月15日を毎年「ジャッキー・ロビンソン・デー」として制定し、彼の功績を讃え全ての選手・監督・コーチ・審判が42番のユニフォームを着て試合に出場してます。

　同胞のヒーローが苦難を乗り越え活躍している姿は人種の壁を越え全米を揺るがし、首位打者と盗塁王を獲得しシーズンMVPにも輝いた1949年には、彼のことを歌ったナンバーがリリースされました。しかもリリースしたのは当時を代表するビッグ・バンド、カウント・ベイシー★6・オーケストラ。『Did You See Jackie Robinson Hit That Ball』は「ジャッキーのヒットを観たかい?」「打球はレフトフェンスを越えてったぜ」「観客もみんな大騒ぎさ」「相手チームはタジタジだぜ」「ホームスチールまでするのさ」「最高にクールなやつなのさ」と、彼の躍動する姿を生き生きと歌っています。全米最高13位まで上昇したこのナンバーは、当時ジャッ

ン)・ジョージ」。1939年アメリカ野球殿堂入り。

★3＝近藤隆夫著『ジャッキー・ロビンソン』(汐文社)、波部優子著『背番号42 メジャー・リーグの遺産』(文芸社)が比較的手に入りやすい。

★4＝1964～65年の2年間、南海から野球留学し、マイナーから昇格してジャイアンツでプレー。通算54登板、5勝1敗9セーブ。2年目の65年は一時クローザーも任され、特にライバルチームのドジャースに対し通算防御率0・69と好投した。

★5＝2017年4月26日に南アフリカ出身のギフト・ンゴエペ(パイレーツ)が史上初のアフリカ大陸出身選手としてMLBデビュー。

キーが実際にプレーする姿を観られることが貴重だった時代、そして流行歌がニュースとしても機能していた時代に、白人を相手に同胞ジャッキーが活躍する姿を全米の黒人たちが想い描き、その喜びを分かち合い、多くの人々、特に少年少女たちに希望を与えたことは間違いないでしょう。1994年に公開された長編記録映画『Baseball』のサウンドトラックには、ナット・キング・コールの娘、ナタリー・コールがカヴァーしたヴァージョンが収録されています。

　ジャッキー・ロビンソンが歌詞に出てくる曲は他にも数多くありますが、ここではあと2曲ご紹介しましょう。一つはジョー・テックス『I Believe I'm Gonna Make It』（1966）。ジェームズ・ブラウンのライバルという異名を取った彼が歌い上げるしっとりとしたラブバラードな曲調ですが、実はベトナム戦争に出征している兵士のことを歌ったナンバー。「Foxhole（＝俗にいうタコつぼ）で愛するオマエからの手紙を読んでいる」「オレは信じている、任務をやりとげ、オマエが『まるでジャッキー・ロビンソンみたいね！』と言う前にオマエの元へ帰ることを」と、遠い戦地から愛する恋人を想い、ホームスチールが得意だったジャッキーを例えに、生きて帰ることを願う青年のことを歌っています。

これで世界5大陸全てからメジャーリーガーが誕生したことになった。

★6＝1930年代のスウィング・ジャズ全盛期から79歳で逝去する84年までから常にジャズ界のトップとして活躍したピアノ奏者・バンドリーダー。フランク・シナトラやトニー・ベネット、エラ・フィッツジェラルドなど名だたるシンガーとも共演。

★7＝通称ビギー。麻薬の売人時代からフリースタイルラップを披露し見出されデビュー。デビューアルバム『Ready To Die』はヒップホップにおける屈指の名作として評価が高い。1997年3月9日に銃撃され死亡。まだ24歳だった。

もう1曲はジェイ・Z『Brooklyn Go Hard』（2008）。ブルックリンで生まれ育った彼が、同じくブルックリン生まれで高校時代からの友人でもあり、1997年に早世したノトーリアス・B.I.G.[★7]の伝記映画に提供した楽曲では、ブルックリンのヒーローとしてジャッキーの名を出しつつ、ジェイ・Z[★8]本人がNBAのチームで2005年にネッツ[★9]をブルックリンに移転させる計画に出資していることを例えに「オレも黒いブランチ・リッキーになったんだぜ」とラップしています。

2 ジョー・ディマジオ

史上最も人気のあったメジャーリーガー

史上最高のオールラウンド・プレーヤー、華麗で優雅、ファンに対する誠実な対応の素晴らしさなどから、最も人気のあった選手といわれているジョー・ディマジオ。ベーブ・ルースがヤンキースを去ってから2年後の1936年5月3日にデビュー、いきなりホームランを放ち、この日の試

★8＝ラッパー、ソングライター、プロデューサー。これまで23個のグラミー賞を受賞、アメリカ音楽史上最も裕福なミュージシャンとして知られる。妻はビヨンセ。スポーツ選手マネジメント事務所「Roc Nation」も経営、2021年ナ・リーグ優勝決定戦MVPエディ・ロザリオ（ブレーブス）などが所属。

★9＝1967年にニューヨークで誕生するも77年にニュージャージーへ移転。2012年に今度はブルックリンへ移転する。1957年を最後にロスアンジェルスに移転したドジャース以来、65年ぶりにブルックリンにプロスポーツチームが誕生。現在のチームロゴはジェイ・Zがデザイン。

合を観に来ていたルースを自分の良い後継者が出来たと喜ばせ、試合後に開口一番「ハロー、ジョー！」と声をかけたことから、本名のジョセフではなくジョーが通り名になったそう。ヤンキース一筋13年、[10]シーズンＭＶＰ３回、首位打者２回、本塁打王２回、打点王２回のタイトルを獲得、９度のヤンキース世界一に貢献し、１９５５年にはアメリカ野球殿堂入りを果たしています。

そして何といってもディマジオといえば、１９４１年に樹立した56試合連続安打[11]でしょう。現在も破られていないこの不滅の大記録は、ノーベル物理学賞受賞者エドワード・ミルズ・パーセル[12]の計算によると、あらゆる野球の記録の中で「ＭＬＢ史上最も破られにくい記録」らしいのです。

１９５１年限りで引退したあとも国民的人気は衰えず、前述の通り１９５４年にはマリリン・モンローと国民的スター同士で結婚し、政府主催の公式パーティーに何度も招かれ、ソ連のミハイル・ゴルバチョフ[13]書記長が彼のサインを求めたなどの逸話も残っています。

そんなディマジオですから、文学や映画、そして音楽においても事あるごとに彼の名前が出てきます。有名なところでいえば、アーネスト・ヘミングウェイ[14]の代表作にして１９５４年ノーベル文学賞受賞作『老人と海』

★10＝１９４３～45年の３年間は第二次世界大戦の従軍でプレー出来ず。陸軍航空隊に体育教官として入隊したが、軍生活の殆どをメジャーリーガーやマイナーリーガーとのエキシビション・ゲームに費やすことになり、戦闘任務に就くことを要求するも断られたという。

★11＝５月15日から７月16日までで２２３打数91安打、打率・４０８、15本塁打。７月17日、クリーブランドのミュニシパル・スタジアムには１９４１年シーズン最大の観客６万７４６８人が集まった。インディアンズの三塁手ケン・ケルトナーの好守２つにより大記録が途絶えた。試合後、ディマジオはルーキーのフィル・リズート（同じイタリア系）

では、巨大なカジキと奮闘する主人公の老人が「あの大ディマジオだってかかとを痛めているのに頑張っているのだから、オレも頑張らなきゃ」と勇気の象徴としてディマジオを登場させています。出版されたのが1952年、ヘミングウェイは前年に引退したディマジオの晩年と主人公の老人を重ねていたのかもしれません。またレイモンド・チャンドラー[★15]の同名小説が原作の映画『さらば愛しき女よ』（1975）では、主人公の私立探偵が、原作には無かったディマジオの連続安打記録を気にし続ける描写がわざわざ加えられ、時代設定が1941年であることを意味づけるための演出として使われています。

史上最も歌われたメジャーリーガー

この稀代のスーパースターは、歌詞としても度々登場します。実際にどれだけあるのか、全てを調べることは難しいのですが、恐らく史上最も歌われた、つまり歌詞に名前が使用されたメジャーリーガーの一人であることは間違いないでしょう。その中から幾つかご紹介します（初出年順）。

『Joltin' Joe DiMaggio』Les Brown & His Orchestra（1941）

に20ドル借りてひとり酒場に向かったという。ディマジオは翌7月18日から再び17試合連続安打を記録。

★12＝1912～97。液体中・固体中での核磁気共鳴を単独で発見した功績により52年ノーベル物理学賞受賞。

★13＝1931～。ソビエト連邦最後の最高指導者。ロシア語で再建を意味する「ペレストロイカ」を推進。結果ソ連共産党解体、ソ連を崩壊へと導くことになった。90年ノーベル平和賞受賞。日本ではテレビ番組『徹子の部屋』（2005）、『SMAP×SMAP』（2010）などに出演。

★14＝1899～1961。野球について出てくるヘミ

ジャズ・オーケストラのリーダーとして1938年から活動し、歌手・女優のドリス・デイ[★16]を見出したレス・ブラウンのこのナンバーは、1941年に連続安打記録を更新し続け、そして56で止まってしまったディマジオのことを歌っています。"Joltin' Joe"とは彼の愛称で「衝撃的なジョー」という意味。他にも"Yankee Clipper"（快速艇）という愛称も使われていました。ちなみにこの曲のシンガーはドリス・デイではなくベティ・ブーニー[★17]。映画『Baseball』（1994）サウンドトラックに収録。

『Mrs. Robinson』Simon & Garfunkel（1968）
「ポール・サイモン」の項（→P.200）で後述します。

『A Sight for Sore Eyes』Tom Waits（1977）
「メイズとマントル」の項（→P.140）で後述します。

『Centerfield』John Fogerty（1985）
「ジョン・フォガティ」の項（→P.184）で後述します。

ングウェイ作品は他に『三日のあらし（The Three-Day Blow）』（1925）がある。主人公の2人がカージナルスのファンで、ジャイアンツの監督ジョン・マグローが他球団から名選手を引き抜くのは不正が働いているからだ、と酒を飲みながらクダを巻く。ジャイアンツは1921～22年と2年連続世界一、23～24年もナ・リーグ優勝。

★15＝1888～1959年。ハードボイルド探偵小説を生み出したとされる作家。代表作は『大いなる眠り』『ロング・グッドバイ』など。村上春樹（レッドソックスの大ファン）が彼の長編を多数翻訳している。

★16＝1922～2019年。レス・ブラウン楽団の

『デーゲーム』UNICORN（1989）

彼らの通算3枚目にして代表作のひとつであるアルバム『服部』からのセカンドシングル。シングル盤は「坂上二郎[★18]とユニコーン」名義でリリース。野球選手では唯一「ジョー・ディマジオ」の名前が、この曲の歌詞に出てきます。元々はアニメ『名門！　第三野球部[★19]』の主題歌として依頼されたものの、曲がアップテンポではなかったことと、歌詞に出てくる「缶ビール」という言葉がネックになり、見送られたそう。またレコード会社からの、アルバムからシングルカットをしたいとの要請に対し、4ヶ月前に大ヒットしたシングル『大迷惑』を発売したばかりで、アルバムと同じものをシングルで出しても面白くない、じゃあヴォーカルを変えちまえ！　というアイデアになり、最初に候補になったのがなんと当時阪神タイガースで采配を振るっていた、村山実監督だったそう。しかし「そんな歌を歌っている場合ではない」と即座に断られ、では野球繋がり→野球拳[★20]で坂上二郎さんにお願いしたところ、かなり悩まれながらもOKの返事を頂いたそうです。

作詞・作曲の手島いさむさんは「メジャーリーグの空にボールが飛んでいく」雰囲気の歌詞を書き、みんなが憧れるヒーローとしてジョー・ディ

専属歌手としてデビュー。『センチメンタル・ジャーニー』が大ヒットした後は映画女優として活躍。『ケ・セラ・セラ』（1956）でアカデミー歌曲賞受賞。

★17＝1928〜。後にジュディ・ジョンソンと名を変え、59年までテレビや舞台で歌手として活動。

★18＝1934〜2011。コント55号で60年代後半にお茶の間で一世を風靡。野球に関する話だと、2006年に彼の地元で結成された社会人野球チーム鹿児島ホワイトウェーブの総監督に就任したことでしょうか。前年に相方の萩本欽一が創設した茨城ゴールデンゴールズに対抗する形。背番号はもちろん55。

マジオが浮かんだ、とのこと。具体的な記録は分からないけど、観ていて楽しいと思える人なんじゃないか、ということで、ベタなベーブ・ルースではなく、ディマジオを選んだそうです。絶妙。
　またこの曲のミュージック・ビデオが撮影されたのは改装前の八王子市民球場[★21]で、二郎さんがグラウンド職員役として孤軍奮闘しています。二郎さん、その映像を観る限り、どうやら野球拳だけではなく野球も昔からやっていたのでしょうね。経験者の動きです。

『We Didn't Start the Fire』Billy Joel（1989）
「ビリー・ジョエル」の項（→P.213）で後述します。

『Vogue』Madonna（1990）
〝クイーン・オブ・ポップ〟、〝史上最も成功した女性シンガー〟と称される彼女の最大のヒット曲[★22]で、シングル売上600万枚以上を記録したナンバー。ダンス・ミュージックのひとつであるハウス・ミュージック[★23]の知名度を上げるだけでなく、ミュージック・ビデオでの彼女が披露したダンス「ヴォーギング[★24]」は、ニューヨークのゲイカルチャーで有名だったものを

★19＝『週刊少年マガジン』（1987〜93）に連載されていた、むつ利之原作のマンガ。テレビアニメは1988〜89年放送。

★20＝1924年、伊予鉄道野球部対高商クラブ（高松商業学校OBチーム）の試合後の懇親会で、試合に敗れた伊予鉄道野球部が汚名返上、とチーム全員が即興で踊ったことが起源。69年には日本テレビ『コント55号の裏番組をぶっとばせ！』で野球拳が行われ大ブームに。ただその際、じゃんけんで負けた方が脱衣する、という誤った認識も流布してしまった。2005年、萩本欽一は野球拳四代目家元・澤田剛年に謝罪、一応の和解となった。

★21＝1956年開設、

一躍世界的に広めるきっかけにもなりました。途中のラップ部分で古き良きアメリカ文化を礼賛する意味で数々のレジェンドの名前をマドンナが連呼するのですが、グレタ・ガルボ[★25]、マリリン・モンロー、マレーネ・ディートリッヒ[★26]、の次にジョー・ディマジオの名前が出てきます。合計16人の名前がラップされる中、ディマジオ以外は全て俳優（女性11人、男性4人）。アメリカ文化史におけるディマジオの存在感、ここでも感じ取ることが出来ます。

さてマドンナとMLBに関する一番有名なエピソードといえば、2008年に話題になった、当時ヤンキースだったアレックス・ロドリゲス[★27]との関係でしょうか。両者とも結婚生活を送っていた中でのダブル不倫だったものの、長くは続きませんでした。

『Joe DiMaggio Done It Again』Billy Bragg & Wilco（2000）

イギリスの〝吠える吟遊詩人〟、或いは〝一人クラッシュ〟とも称されるビリー・ブラッグ[★28]と、シカゴ出身の世界的な人気を誇るオルタナティブ・カントリー・バンドのウィルコがコラボし、アメリカのプロテストソング[★29]の源流となったシンガーソングライターとして知られるウディ・ガス

2012年拡張。高校野球西東京大会、東都大学準硬式リーグ戦が行われる。現在はネーミングライツにより「スリーボンドスタジアム八王子」という名前。

★22＝日本でもオリコン・シングル1位を記録。

★23＝1977年にシカゴにオープンしたクラブ「ウェアハウス」が名前の由来。ディスコやフィラデルフィア・ソウルを起源とし、いわゆる「四つ打ち」で曲が構成される。

★24＝2021年「M-1グランプリ」優勝の錦鯉・長谷川雅紀の持ちネタ「のりのりまさのり」はヴォーギングがルーツ、と自身が公言。

★25＝1905〜90。スウ

リー[★30]が遺した、曲の付いていない歌詞を取り上げ、オリジナル楽曲を乗せて発表した1998年発表のアルバム『マーメイド・アベニュー』の第2弾に収録されたナンバー。わずか2分半のこの曲ですが、かかとの痛みから復活したディマジオが、34歳で76試合の出場ながら打率・346、OPS1・055を記録しヤンキースを2年振りの世界一に導いた1949年[★31]に書かれたと伝えられています。ちなみにウィルコはシカゴのバンドですが、ヴォーカルのジェフ・トゥイーディーはシカゴのあるイリノイ州出身ながら、生まれたのはミズーリ州セントルイスまで車でわずか30分のところにある州境の街、ベルビル。2008年8月3日にリグレー・フィールドで行われたカブスの試合（福留孝介[★32]がスタメン出場）で、ゲストとしてウィルコがセブンス・イニング・ストレッチを担当し『私を野球に連れてって』を歌い、ジェフ・トゥイーディーがゲスト解説として放送ブースに登場した際、子供の頃は（カブスのライバルである）カージナルスファンだった、と告白しています。カブスもウィルコも大好きなボクとしては、この映像を初めて観たとき、ちょっと心境複雑になりましたよね……。

ェーデン出身。サイレント映画期〜トーキー映画初期の伝説的スター。人嫌いで有名、生涯独身。1954年アカデミー賞名誉賞受賞も授賞式は欠席。松任谷由実のペンネームは彼女の名前をもじった「呉田軽穂」。

★26＝1901〜92。ベルリン出身。実際に同額の保険金を掛けていた「100万ドルの脚線美」と美貌で世界的にブレイク。1930年代からハリウッドに拠点を移し、1950年代以降は歌手として活動。

★27＝通称A-RODは他にもケイト・ハドソン（2009）、キャメロン・ディアス（2010〜11）、ジェニファー・ロペス（2017〜21）など、様々なセレブとの浮名を流して

『Mr. & Mrs. Smith』SMASH cast（2012）

　スティーブン・スピルバーグ[★33]のアイデアから始まり彼が製作総指揮を務め、2012年から通算2シーズンに渡ってアメリカ3大ネットワークのひとつ、NBC[★34]でオンエアされたドラマ『SMASH』。ニューヨークのブロードウェイを舞台に、ミュージカルの製作における舞台裏を描いた、ショービズを生き抜いていく物語は、日本でもBSでオンエアされました。ドラマの中で演じられるマリリン・モンローを題材にしたミュージカル『ボムシェル』には、もちろんジョー・ディマジオ役も出てきます。ミュージカルでのマリリンの葬儀のシーンで、夫婦として慎ましく過ごしたかったと願う2人がデュエットで歌うバラード。離婚してしまったあとも彼女を終生愛し続けたディマジオの想いを非常に良く汲み取っているのではないかと思います。

『1 For 1, DiMaggio』Vulfpeck（2016）

　2011年結成、アメリカのファンク・バンド、ヴォルフペックが2016年にリリースしたアルバム『The Beautiful Game』に収録。大手レーベルに属さず、しかしながらマディソン・スクエア・ガーデン[★35]を1万

きたことでも有名。

★28＝サッカーに関しては東ロンドンのチーム、ウェストハムのファン。ウェストハムの本拠地ロンドン・スタジアムでは2019年にヨーロッパで初めてのMLB公式戦となるヤンキース対レッドソックスが開催された。

★29＝政治的抗議メッセージを含む歌の総称。

★30＝1912～67。ボブ・ディランを筆頭に、1950年代以降に出現したアメリカのフォークシンガーたちは、例外なく彼の影響を受けている。代表曲は『我が祖国（This Land Is Your Land）』

★31＝ヤンキースはこの年か

4000人フルハウスにした史上初のバンドとして知られています。

この曲はディマジオの56試合連続安打のことを歌っていますが、途中に挟まれるバンドのリーダー、クリーブランド出身のジャック・ストラットンは、ラップ部分でこんなことを言っています。

1998年のワールドシリーズを親父と観てたんだけど、Joe Table がまた打たれたから、大好きなクリーブランド・インディアンズが負けちゃったんだよね。え、あ、あいつ、もうチームには居ないんだっけ。バートロ・コローン[★36]は良いピッチングしたんだけどな〜。で、仕方なくヤンキースを応援しているんだよね。

このラップは色々と史実を端折っていますので、解説を。インディアンズが「負けた」のは、ヤンキースに2勝4敗で敗れた1998年のア・リーグ優勝決定戦。バートロ・コローンは第3戦に先発し1失点完投勝利を挙げています。「Joe Table」とはホセ・メサ[★37]のこと。メサは前年の1997年、ワールドシリーズに進出したインディアンズのクローザーを務めていました。3勝3敗で迎えた第7戦の9回、2対1と1点リード、

ら空前絶後のワールドシリーズ5連覇。

★32＝1999〜2007年中日、08〜11年カブス、11年インディアンズ、12年ホワイトソックス、13〜20年阪神、21〜中日。MLBでは08年オールスター選出。

★33＝言わずと知れたアメリカの映画監督。たまにヤンキー・スタジアムにヤンキースの試合を観戦しに来ていて、『God Bless America』が流れるときには慣例に倣って起立している、とのSNS情報あり。

★34＝同局のMLB中継は1947〜89年、94〜2000年。そして2022年から久し振りに月・水曜に中継を再開する。

あと1回守り切れば1948年以来49年振りの世界一となる状況だったものの、メサはクレイグ・カウンセル[★38]に犠牲ライナーを献上しセーブ機会失敗、結局延長11回に創設5年目のフロリダ・マーリンズに2対3でサヨナラ負けを喫し、2021年シーズンまで世界一になれぬまま、球団名が変更されました。メサは翌年のシーズン途中でジャイアンツに移籍、1998年のア・リーグ優勝決定戦にはいませんでした。このシリーズでのピッチングについて、当時チームメイトだったオマー・ビスケル[★39]は批判的なことを自伝に記し（ビスケル自身もそのシリーズは不調だったにもかかわらず）、それまで親友だったメサがブチ切れ絶交。2006年に直接対決があった際はメサが以前から予告していた通りビスケルの頭部に死球を与えたという忌々しい出来事もおこっています。最終的に1998年のワールド・シリーズはヤンキースがパドレスを4勝0敗とスウィープしました。

……最後はディマジオから随分とかけ離れてしまいましたね……。

　素晴らしい記録の数々、当時のアメリカ人の誰もが彼の活躍と自らを照らし合わせるアイコンとしての存在の大きさ、そして名前自体が時代の象徴でもあるディマジオは、ナショナル・パスタイム（＝国民的娯楽）であるベースボールのアイコンとして、他の様々な文化においても多大な影響

★35＝NBAニューヨーク・ニックス、NHLニューヨーク・レンジャースのホームアリーナ。また格闘技の殿堂でもあり、世界のロックミュージシャンの憧れの地としても知られている。

★36＝1997〜2002年のインディアンズをはじめMLBの計11球団で18年まで投げたドミニカ出身の投手。21年はメキシカン・リーグでプレー。サイ・ヤング賞1回、最多勝1回。愛称は「ビッグ・セクシー」。イチローと同学年の1973年5月生まれ。

★37＝1987、1990〜2007年に計9チームで投げたドミニカ出身の投手。最多セーブ1回、最優秀救援投手1回。

を及ぼしていたということが、ボクもこの項を書くことによって一層理解することが出来ました。ディマジオ、このあとも出てきますので、お楽しみに。

3　メイズとマントル

〝セイ・ヘイ・キッド〟ウィリー・メイズ

ジャッキー・ロビンソン以降だと17人目の黒人選手として１９５１年にジャイアンツでデビューしたウィリー・メイズ。愛称は〝セイ・ヘイ・キッド〟[★40]。本塁打王4回を含む歴代６位の通算６６０本塁打、首位打者１回を含む打率３割以上を10シーズン記録した確実性、盗塁王4回、ゴールドグラブ12回（外野手では史上1位タイ）、ナ・リーグＭＶＰも２回獲得、と走攻守全てにおいて高いレベルを誇りました。ＭＬＢ史上最も才能に優れた「コンプリート・プレーヤー」と称され、史上最高のセンターとも評価されています。１９５２年から2年、朝鮮戦争に従軍したものの、復帰

★38＝１９９５〜２０１１年に内野ならどこでも守れるスーパーサブとして計５球団でプレー。ワールドシリーズ2回制覇。選手として打撃フォームも独特。２０１５年からブリュワーズ監督。

★39＝１９９４〜２０１２年に6球団でプレー。ベネズエラ出身ＭＬＢ選手歴代2位の通算安打記録を持つが、それ以上にショート守備の名手として知られ、ゴールドグラブ11回受賞。

★40＝人の名前を覚えるのが苦手で、いつも人に話しかけるときに「Say hey（おい、あんた）」と呼びかけていたことから、彼がそう呼ばれるようになった。

★41＝ゴム製のボールをホウ

した1954年はチームがワールドシリーズ進出、その第1戦では大飛球を背走してつかんだ通称「ザ・キャッチ」と呼ばれる大ファインプレーを披露し、現在でも伝説的なプレーとして語りつがれています。チームが1958年にニューヨークからサンフランシスコに移転したものの、1972年から2年間はメッツでプレーし1973年引退、1979年にはアメリカ野球殿堂入りを果たしています。その人気から1976年にはジェラルド・フォード、2006年にはジョージ・W・ブッシュ、2009年にはバラク・オバマ、と3人の大統領と面会し、2015年11月にはオバマ大統領から大統領自由勲章を授与されました。

根っからの野球小僧として知られ、結婚する1956年頃までは、スター選手にもかかわらず地元ニューヨークの道端でスティックボール★41を楽しんでいる子供達を見つけると一緒に混ざってプレーしていた、という逸話も残っています。また作者チャールズ・M・シュルツ★42が彼の大ファンだったことから、漫画『ピーナッツ★43』でもメイズの名前が何度も出てきます。また、あのバリー・ボンズ★44の名付け親としても知られています。

キの柄の様な棒で打つ路上スポーツ。主に広場や空き地に恵まれないアメリカの大都市で行われている。

★42＝1922～2000。子供の頃は漫画家の他に世界的なアマチュアゴルファーになるのが夢だった。

★43＝1966年2月9日初出の作品では、チャーリー・ブラウンは単語のスペルテストで「MAZE（迷路・当惑などの意）」を「MAYS」とウィリー・メイズのスペルで答えて失敗してしまう。

★44＝バリーの父、ボビー・ボンズはメイズとチームメイトだった。

〝ザ・ミック〟ミッキー・マントル

オクラホマの田舎町スパビナウ出身、左打ちの祖父と右打ちの父に野球を仕込まれ、根っからのスイッチヒッターとして育ったミッキー・マントルは、1951年にヤンキースでデビュー。ジョー・ディマジオが長年守ってきたセンターを1952年から受け継ぎ、本塁打王4回含む通算536本塁打を記録（スイッチヒッターとして史上1位）、しかもそのうち1回は首位打者と打点王を同時に獲得、つまり三冠王（スイッチヒッターとして史上唯一）を1956年に達成しています。また本塁打の飛距離に関する伝説も数多く、現在アメリカの野球用語で大きなホームランのことを指す「テープ・メジャー・ショット」は、1953年4月17日にワシントンのグリフィス・スタジアムでマントルが放った特大ホームランを実際に巻き尺で測ったことから（約565フィート＝171・8メートル）、そう呼ばれるようになりました。また1960年9月10日にデトロイトのタイガー・スタジアムで放った一発は640フィート（＝195メートル）あったとされ、これは1995年版ギネスブックに〝史上最長本塁打〟として掲載されています。選手生活の晩年は数々の怪我に悩まされ満身創痍の状態となり、1969年シーズンの開幕前に引退、1974年にアメリカ野

★45＝『くたばれ！ヤンキース』（1958）、『Safe at Home!』（1962）、『ミンクの手ざわり』（1962）などの映画に本人役として出演。

★46＝14歳の頃、オークランド・アスレティックスの本拠地オークランド・コロシアムでホットドッグの販売員を務めていた。無観客開催だった2020年にはホットドッグを販売する姿

球殿堂入りを果たします。ただ、現役生活中に見舞われた数多くの怪我による痛みを紛らわす為、そして祖父や父をはじめ多くの家族や親族が若くして亡くなる家系に生まれたことから、自分も長くは生きられないと信じてしまい、過度な飲酒など不摂生な生活を送っていたことも影響したのか、1994年に肝臓がんと診断され、翌1995年8月13日に63歳で亡くなりました。

現役時代はヤンキースのスター選手だったことから映画のカメオ出演★45も数多く、また映画『キャッチ・ミー・イフ・ユー・キャン』（2002）にはトム・ハンクス★46演じる刑事が「ヤンキースの強さはマントルがいるからだ」と言う台詞が出てきます。

同年デビューの二人は色々似ていた

メイズとマントルは共に1931年生まれ、身長178センチ、そして1951年にニューヨークのチームでメジャーデビューしたスター選手、走攻守揃ったセンター、と何かと似ていました。更には引退後に2人ともカジノ経営に絡む企業の仕事を受けたとして、当時のMLBコミッショナーだったボウイ・キューン★47から追放処分を受けたことも共通しています。

の等身大パネルがバックネット裏に設置され、試合中に映っていた。またクリーブランドで演劇を学んでいたころからインディアンズ（22年からガーディアンズ）のファン。

★47＝1926〜2007。第5代MLBコミッショナー（1969〜84）。オーナー、選手会、ファン、いずれに対してもけんか腰の人物として知られ、フリーエージェント制導入をめぐり反対の立場から選手会と激しく対立した。またコーチだったメイズとマントルのカジノ兼業を認めず、賭博に関与したとして資格停止処分にした。一方、ア・リーグDH制、ディビジョン制導入、ワールドシリーズのナイター開催といった功績も。

その後、2人とも1985年3月18日にキューンから変わったMLBコミッショナーのピーター・ユベロス★48から追放を解除され、球界に復帰しています。

人気と実力の証、それは楽曲になること

そんな2人はそれぞれ1曲ずつ、自身がテーマになった楽曲が作られ、カメオ出演するというところまで似ています。他にも2人が歌詞に出てくる曲、そしてミュージック・ビデオに出演する曲とを併せて、時系列にご紹介しましょう。

『Say Hey（The Willie Mays Song）』The Treniers（1954）

双子のクリフとクロードがリード・ヴォーカルを務めるジャンプ・ブルース・バンドがリリースし、メイズ本人も声で出演した、メイズを讃えるナンバー。蒸気機関車のように塁を駆け抜け、スウィングは飛行機のような早さで、誰よりも球を遠くへ飛ばし、アンクル・サム★49に仕えた時にはチームが窮地に追い込まれたけど、帰ってきたらレオ・ドローチャー監督を喜ばせ、まだまだ成長している、といった内容。プロデュースは当時21

★48＝1937〜。第6代MLBコミッショナー（1984〜89）。テレビ放送権料や、MLB関連商品のライセンス料収入を大幅に増やし、MLB全球団を黒字経営に転換させた。就任前は84年ロスアンジェルス五輪の大会組織委員長を務め、赤字続きの五輪を黒字に転換させたが、五輪を商業主義へ向かわせた張本人として批判もされている。

★49＝アメリカ合衆国政府を擬人化したキャラクター、アメリカ自体を指す名前。ここでは米軍のこと。

歳のクインシー・ジョーンズ。映画『Baseball』サウンドトラックに収録。

『I Love Mickey』Mickey Mantle and Teresa Brewer（１９５６）

１９４９年にデビュー、ジャズやポップスを歌っていた女性シンガーのテレサ・ブリュワーが、作詞・作曲も手掛けたマントル賛歌。ブリュワーが“I Love Mickey”と歌うとマントル自身が“Mickey Who?”と返答していく形で曲が進んでいきます。ヤンキー・スタジアムでマントルの活躍を観ていたときにこの曲が生まれ、オファーを受けたマントルも快くレコーディングに参加したそう。リリース当時に発売された楽譜の表紙には、お互いバットを持って笑顔で見つめ合う姿が。ブリュワーは１９６８年のＭＬＢオールスターで国歌斉唱を担当。

『I Shall Be Free』Bob Dylan（１９６３）

「ボブ・ディラン」の項（→P.172）で後述します。

『A Sight for Sore Eyes』Tom Waits（１９７７）

“酔いどれ詩人”という言葉が正にあてはまる、アメリカを代表するシンガーソングライター。この曲のタイトルを直訳すると「珍客」。邦題が『想い出に乾杯』ということで、バーで久し振りに会った昔の友達とのことを歌っています。冒頭で流れるのは、そう日本では『蛍の光』でお馴染み、スコットランド民謡の『Auld Lang Syne』。〝遠い昔〟という意味で、原曲の歌詞は昔懐かしい友達に会って一緒に酒を飲むという内容。つまりこの曲と全く同じシチュエーションなんです。

そして各コーラスのサビで「バーテンさんよ、早くみんなに酒を注いでくれよ。みんなで乾杯するのさ。懐かしい日々とディマジオにも。ドライスデール、マントル、ホワイティ・フォード、それにアンタに乾杯だ」と、往年のメジャーリーガーが出てくるのです。懐かしい友と語る古い想い出の中に、しっかりと根付いているベースボール。選手の名前が出てくると、それがいつごろの話なのか、といった文学性も感じることが出来ますよね。どこにでもありそうな酒場の風景を、酔いどれ詩人はベースを従え、ピアノ弾き語りの一発録りで描写しています。

『Me and Julio Down by the Schoolyard』Paul Simon（１９７２）

１９８８年に公開されたミュージック・ビデオになんとミッキー・マン

トルが出演しています。詳しくは「ポール・サイモン」の項（→P.200）で。

『Centerfield』John Fogerty（1985）

「ジョン・フォガティ」の項（→P.184）で後述します。

『We Didn't Start the Fire』Billy Joel（1989）

「ビリー・ジョエル」の項（→P.213）で後述します。

『Dream of Mickey Mantle』Bleachers（2017）

Bleachersのリーダー、ジャック・アントノフ★50がマントルの名前を初めて知ったのは、1995年8月13日の日曜日に彼が亡くなり（当時アントノフは11歳）、近所の人々が沢山駆けつけたというニュースだったそう。アントノフは同時に「死」を初めて感じ、人や物事は一生続くものではないということをマントルの死から学び、それを曲にした、と自身の動画チャンネルで述べています。

2人の名前が副題になっている曲

何かと共通項の多いメイズとマントルですが、音楽の世界でも共通、い

★50＝クレイトン・カーショウや菊池雄星のWalk Up Songとして知られる『We Are Young』（2012）をヒットさせたバンド、Fun.のギタリストとしても活動。

や共有している案件があります。1960年代からシンガーソングライター・プロデューサーとして活動していたテリー・キャッシュマンが1981年にリリースしたナンバー『Talkin' Baseball』は、副題が「Willie, Mickey and "The Duke"」。つまりメイズ、マントル、そしてデューク・スナイダー[★51]の名前が併記されているのです。スナイダーは1950年代のブルックリン・ドジャース不動の三番センターとして活躍した名選手。つまりこの曲は、マントルとメイズがデビューした1951年から、ジャイアンツとドジャースがそれぞれ西海岸に移転する1957年までの7年間、ニューヨークにあった3球団でそれぞれセンターを守った名選手3人がタイトルになっている、ということになります。

テリー・キャッシュマン、本名デニス・ミノーグは1941年マンハッタン生まれで地元ニューヨーク・ジャイアンツのファンとして育ち、19歳になる年にデトロイト・タイガースと契約し、1960年の1年間だけルーキーリーグ相当のマイナーリーグでプレーしています。とはいえわずか6試合の登板に終わり、1年で野球から音楽に転身しコーラス・グループに加入、その後はフォーク・デュオを結成して通算6枚のアルバムをリリースし、また自分のレコード会社も設立して作曲家やプロデューサーと

★51＝1926〜2011。1947〜62年ドジャース、63年メッツ、64年ジャイアンツ。本塁打王1回・打点王1回。55年ドジャース史上初の世界一に貢献。80年アメリカ野球殿堂入り。背番号4はドジャース永久欠番。

しても活動★52し、ミュージシャンとしての地位を確立していきます。

１９８０年、キャッシュマンはメッツの球団職員として働いていた友人からある写真をプレゼントされます。それは１９７９年にシェイ・スタジアムで開催されたオールド・タイマーズ・ゲームで、センターからホーム方向にメイズ、マントル、スナイダー、そしてディマジオが４人で肩を並べて歩いて行く後ろ姿でした。「この写真を見て、背番号しか見えないけど、ニューヨークの野球の歴史が凝縮されていると思ったんだ。驚異的だ」とのインスピレーションを得た彼はその写真の権利を買い取り、曲を作ろうと思ったのです。

「でもディマジオは１９５１年に引退して、メイズとマントルは１９５１年にデビュー、その他の３人は１９５０年代半ばに活躍したことに気づいたんだ。だから〝ウィリー、ミッキー、デューク〟にしたんだ。３人の偉大なセンターが同時に同じ街で活躍するというのは、３つのチームが存在したニューヨークでしか起こり得なかったしね」とタイトルを決めたその日の夜、夢で「10代の頃に戻った自分が、街角で新聞を片手に男たちが野球選手について議論しているのを聞いている姿」を見たそうで、起きてからわずか20分でこの曲を仕上げた、とのこと。

★52＝最大のヒット曲はSpanky and Our Gangに提供した『Sunday Will Never Be the Same』（１９６７）。ビルボード最高９位。

シンセサイザーによる『私を野球に連れてって』を引用したイントロから始まり、ゆったりとしたテンポで和やかに歌われるこの曲、歌詞には1950年代から1981年までに活躍した選手が沢山出てきます。例えばコミック雑誌をいつも読んでいたヨギ・ベラ、8チームでプレーしたボビー・ボンズ★53は「みんなの為にプレー出来る」と歌われ、1911〜30年にプレーした大投手グローバー・アレキサンダー★54については「1980年代に入ってワシントンで再び投球している」と出てきます。これは1952年に公開された自伝映画『The Winning Team』でアレキサンダー役を演じたのが第40代大統領ロナルド・レーガンだったので、ワシントンで投球している、と歌われているんですね。総勢30人の名選手たちが登場し、最後に〝ウィリー、ミッキー&ザ・デューク〟、そして〝セイ・ヘイ〟と繰り返されます。

この曲がリリースされた1981年5月から間もなく、MLBは未解決のフリーエージェント問題を起因としたストライキに突入します。シンプルに野球を観たいファン心理を上手く汲んだこの曲はスマッシュヒット。ビルボードのイージー・リスニング・チャート最高28位を記録し、野球ファンに浸透していきます。やがてMLBの各チームから、それぞれの

★53＝1946〜2003。1968〜74の年ジャイアンツを経て81年まで計8チームでプレー。73年オールスターMVP。外野手としてゴールドグラブ3回。史上2人目の通算300本塁打&300盗塁達成者。

★54＝1887〜1950年。1911〜17年フィリーズ、18〜26年のカブスを経て30年までプレー。投手三冠3回は歴代1位タイ。通算373勝はMLB歴代3位。38年アメリカ野球殿堂入り。

チームに焦点をあてた別バージョンも作って欲しいと依頼が来て、時代とともに歌詞を更新しているそう。また１９９２年にはアメリカの人気アニメ『シンプソンズ』[★55]から「『Talkin' Softball』という替え歌を作って欲しい」との依頼を受け、大喜びで録音し、その曲は歴代でも人気のあるスケッチ『Homer at the Bat』[★56]に挿入歌として使われました。そして２０１１年7月23日、野球界では破られる為に作られるレコード（＝記録）が、ここでは人々を楽しませる為に作られたレコードとして、この曲とその楽譜が殿堂入りを果たしました。野球選手としてはわずか1シーズン6試合の登板に終わったマイナーリーガーが、別の形でクーパーズタウンに名を連ねることになったのです。

さて、写真には一緒に写っていたディマジオですが、ジャケットからは消えています。この曲がヒットして間もなく、キャッシュマンはディマジオと面会する機会があったそうで、その際ディマジオから「あなたが私を〝抜いた〟人なんですね」と言われ面喰らいます。続けて「いいんだよ、ボクのことを歌った曲は沢山あるからね」と言われたキャッシュマンは「別の曲でディマジオさんのことを歌う予定なんです」と、なんとかその場をやり過ごしました。あくる１９８２年にキャッシュマンはアメリカ野

★55＝１９８９年に放送開始し現在も続くアメリカ史上最長のテレビアニメ。

★56＝１９９２年放送、邦題は『大リーガーがやって来た！』。19世紀の野球史や映画『ナチュラル』（１９８４）を下敷きに、放送当時のスター選手9名が本人役で登場し声優も務めた伝説の回。その9人とはホセ・カンセコ、マイク・ソーシア、ドン・マッティングリー、スティーブ・サックス、ロジャー・クレメンス、ウェイド・ボッグス、ケン・グリフィーJr.、ダリル・ストロベリー、オジー・スミス。

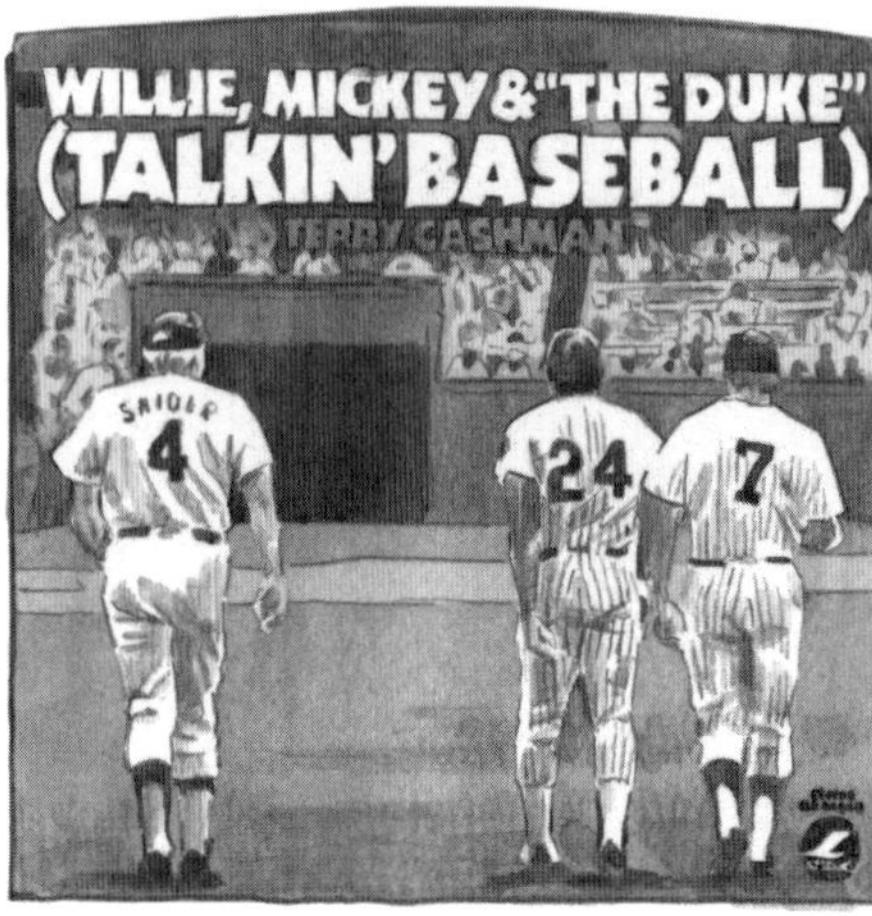

球殿堂入り式典で『Talkin' Baseball』を歌う機会があったのですが（つまり彼はこの曲をクーパーズタウンで2回歌っているんですね）、そのステージで歌ったもう1曲の『Cooperstown』★57を生で聴いたディマジオが、歌い終えてステージから降りてくるキャッシュマンの手を握り「君が何であの曲でボクを〝抜いた〟のか、もう1曲の方を聴いて理由が解ったよ」と褒めてくれ、キャッシュマンは「ディマジオがその会話を覚えていたことに、更に面喰らった

★57＝歌詞に「ルース、カッブ、そしてディマジオ」と何度も出てきます。

よ」とインタビューで語っています。

4 マイク・ピアッツァ

史上最高の打てるキャッチャー

ドジャースを長年率いた名伯楽、トミー・ラソーダ[★58]と自身の父が親友だった縁で、1988年にドラフト62巡1390番目に指名されドジャースに入団したマイク・ピアッツァ。「ラソーダのペット」と罵られながらも実力で這い上がって1992年にメジャーデビューを果たし、1993年には新人王を満票で受賞。それ以降は9年連続打率3割以上、1995年から8年連続30本塁打以上、1996年から5年連続100打点以上を記録し「史上最高の打てるキャッチャー」と称されました。また1995年にドジャースでデビューした野茂英雄とバッテリーを組んだ影響もあったのか、日本企業のCM[★59]、また男性ファッション誌の表紙[★60]を飾るなど、日本の野球ファンにも馴染みが深かったことで知られています。1998年

★58＝1927～2021。選手としては実働3年。1976年から監督としてドジャースを21年率い世界一2回。チームへの忠誠心を表した「オレの体にはドジャーブルーの血が流れている」という言葉はあまりにも有名。97年アメリカ野球殿堂入り。背番号2はドジャース永久欠番。

★59＝重機メーカー、小松製作所のCMに1996～98年頃出演。

★60＝『エスクァイア』1996年5月号。

５月に１週間だけのマーリンズを経てメッツに移籍、開幕戦を東京ドームでプレーした２０００年には、初めてワールドシリーズにも出場しました。現役生活16年で放った通算４２７本塁打のうちキャッチャーとして放ったのは３９６本、これはＭＬＢ最多です。

２０１６年、有資格者となってから4回目の投票でアメリカ野球殿堂入りを果たします。これはＭＬＢ史上ドラフト最下位指名での殿堂入りとなりました。同時に殿堂入りしたケン・グリフィーJr.は１９８７年全体１位指名でプロ入りだったので、好対照な２人の受賞だったわけですね。またＷＢＣイタリア代表にも選手やコーチとして参加、残念ながら中止となった２０２１年大会ではイタリア代表の監督として参加する予定になっていました。その後、開催が決定した２０２３年大会でもイタリア代表監督に就任が内定しています。

初めてWalk Up Songを意識した選手

さて、ピアッツァと音楽といえば、ギターも弾け、ドラムも叩けることで知られていますが、ボクとしては２０００年3月に東京ドームで開催されたＭＬＢ開幕シリーズ、メッツ対カブスに触れないわけにはいきません。

★61＝スカウト時代のトミー・ラソーダに見出され選手として実働10年、監督として１９８５～92年レンジャース、95年千葉ロッテ、96～２００２年メッツ、04～09年千葉ロッテ、12年レッドソックス。00年にメッツでワールドシリーズ進出、05年千葉ロッテで日本一。

★62＝１９８９～２００７年の選手生活のうち、主にカブス（１９９２～04）でプレー。１９９８年にマーク・マグワイアと繰り広げたシーズン最多本塁打争いで66本、98年から3年連続60本塁打以上を記録。本塁打王2回、打点王2回、ナ・リーグＭＶＰ1回、通算６０９本塁打。ただ薬物使用疑惑を拭えず、殿堂入りは果たしていない。

大好きなシカゴ・カブスが東京ドームにやってくる！　しかも開幕戦＝公式戦、そして相手はこれまた当時ボクが大好きだった千葉ロッテマリーンズの元監督ボビー・バレンタイン[★61]率いるニューヨーク・メッツ。なんとか3月30日に行われた第2戦のチケットを手に入れ、東京ドームのレフトスタンドで観戦しました。

超満員のスタンド、カブスには全盛期のサミー・ソーサ[★62]やマーク・グレース[★63]、キャッチャーはジョー・ジラルディ[★64]がいて、セカンドはボクが18年後に直接挨拶することになるエリック・ヤングSr.[★65]が。メッツには盗塁王リッキー・ヘンダーソン[★66]、サードにはロビン・ベンチュラ[★67]、この試合で無失策連続試合記録が止まってしまったショートのレイ・オルドニェス[★68]がいて、マイク・ピアッツァがキャッチャー。そりゃもうカブスに勝って欲しかったけど、まさか自宅の最寄り駅から30分のところでメジャーリーグの公式戦が観られるなんて思ってもみなかったし、とにかく何も見逃すまい、と一挙手一投足を必死になって観ていました。

試合は投手戦で、静かに進んで行ったことを覚えています。実際、5回に両チームが1点ずつ取っただけで延長戦に突入しました。試合中、高校時代に自分の部屋にポスターを貼っていたこともあるリッキー・ヘンダー

★63＝1988〜2000年カブス、01〜03年ダイヤモンドバックス。愛称はアメージング・グレース。一塁手としてゴールドグラブ4回の堅守、勝負強い打撃でシーズン打率3割以上を9回記録。01年にダイヤモンドバックス初の世界一に貢献。

★64＝捕手として実働15年。監督として2006年マーリンズ、08〜17年ヤンキース、20年からフィリーズ。09年ヤンキースのワールドチャンピオン時の監督。

★65＝1992〜2006年、計7球団で内外野守れる俊足巧打の選手としてプレー。盗塁王1回。現在はブレーブス一塁コーチ。筆者は2018年6月、取材したブレーブスのロン・ワ

ソンが打席に立った際、場内からジェームズ・ブラウン『Papa Got A Brand New Bag』が流れてきたことに、一緒に観戦していたコヤマシュウa.k.a.シュウくん（SCOOBIE DO）と同時に気づいたのです。「やべー！ リッキーの登場曲、JBだ！ 凄えセンス良い！」と興奮した記憶があります。それ以降、選手の登場曲も気にしながら試合を観ていたところ、流れてきたんですよ、マイク・ピアッツァが打席に立つところで……ジミヘンが……。

マイク・ピアッツァのWalk Up Songはメッツ時代からジミ・ヘンドリクスの『Voodoo Child（Slight Return）』。もちろんこの試合でも場内に流れたのです。当時はそのことについてもちろん知る由もなかったのですが、一緒に観ていたシュウくんと「うわ〜、ジミヘンもキタ〜！」「やっぱメジャーには音楽センスが良い選手もいるんだな〜」と盛り上がったことを覚えています。試合は延長11回表、後に千葉ロッテマリーンズにやってくるベニー・アグバヤニ[★69]が代打満塁ホームランを放ちメッツが5対1で勝利。負けたにせよカブスの試合が日本で観られたこと、そして公式戦が日本で観られたことも当然ながら嬉しかったですし、選手の登場曲を気にしだしたのも実はこの試合からだったのかも知れません。

シントン三塁コーチに「走塁指導に関しては彼に任せてるよ」と紹介してもらったことがある。

★66＝1979〜2005年、実働25年で1406盗塁の世界記録を筆頭に、シーズン最多130盗塁、通算2295得点、通算盗塁王12回のMLB歴代最高記録を保持。09年アメリカ野球殿堂入り。

★67＝1989〜98年のホワイトソックスを始め2004年まで実働16年。三塁手としてゴールドグラブ6回。250本塁打以上を打ちゴールドグラブを受賞した5人のうちのひとり。

★68＝キューバ出身、1996〜2002年のメッツなど実働9年。抜群の

ピアッツァが曲名になっているナンバー

さてマイク・ピアッツァが歌詞になっている曲を2曲、ご紹介しましょう。ひとつは「マイク・ピアッツァ[★70]の様にキメてやったぜ!」とラップされる、ビースティ・ボーイズの『3 The Hard Way』[★71](2004)。怪我の影響で前年から打撃成績は下降していたのですが、ニューヨーカーにとってピアッツァは強打者として認識されていた事が判ります。ビースティ・ボーイズについてはのちほど。

もう1曲は、スコットランドはグラスゴー出身のインディー・ポップ・バンド、ベル&セバスチャンの『Piazza, New York Catcher』(2003)。フロントマンのスチュアート・マードックは1998～99年頃、友人に連れられ初めてシェイ・スタジアムを訪れた際、プレーしていたピアッツァに目を奪われ、「彼はどこにいても、まるで魔除けのような、そして誰もが追いかけたくなるような人物だった」と語り、その気持ちはやがて曲になります。

マードックは当時、のちに妻となる女性と出会ったばかりで、その女性と1時間後にサンフランシスコのパシフィック・ベル・パーク(現オラクル・パーク)にあるウィリー・メイズ像で待ち合わせをしてメッツの試合

守備能力を誇りゴールドグラブ3回。また遊撃手として連続無失策試合101は当時のMLB記録。記録が途絶えたのはこの試合だった。

★69=1998～2002年はMLB、04～09年は千葉ロッテでプレー。ハワイ出身、背番号はアメリカ合衆国50番目の州である故郷ハワイにちなむ。04年に千葉ロッテに復帰したバレンタイン監督と一緒に入団、05年3には1年振りの日本一に貢献。

★70=この曲がリリースされた2004年当時はメッツに在籍。

★71=「難しいことを試みること」の意。2つのサイコロを振って3のゾロ目を出

を観ること、大好きなピアッツァは毎日出場して打率・３１８★72を稼ぐけど、ある投手★73は自分の信仰を優先し休息日は休んでいたっけ、なんか人生って色々あるよな、など、さまざまなことを思い巡らせていた自分の実話を、歌の主人公に投影しています。

　しかし、この曲で有名になってしまったフレーズは、「ピアッツァ、アンタはストレートなの？　ゲイなの？」という一節。２０２２年現在のコンプライアンスに当てはめるとあまりに酷すぎる一言……時代の移り変わりを感じますね……。実際に２０００年代前半、ピアッツァはゲイなのではないかという噂がタブロイド紙を中心に飛び交いました。マードックはそのことを軽い気持ちで歌詞にしたと後に述べていますが、この一節があまりにタイムリーだったこともあったからか、この曲は彼らの代表曲のひとつとなり、２００７年にはアメリカの映画『ジュノ』の挿入歌としても使用されました。ピアッツァは２００２年にわざわざ記者会見を開いて異性愛者であることを宣言しなければならず、２００５年に『ＰＬＡＹＢＯＹ』誌のモデル、いわゆる〝プレイメイト〟の女性と結婚したことでようやく噂は下火になりました。２０１６年にピアッツァが殿堂入りした際、マードックはこの曲のことでインタビューを受け「ボクの書いたあの一節が人々の

すこと、またバスケットボールで3ポイントシュートを決めること、などに由来。

★72＝１９９３年のシーズン打率が・３１８、このあとの歌詞の内容を踏まえるとドジャース時代のピアッツァのことを指しているのでしょう。

★73＝ある投手とは歴代1位タイの投手三冠3回を記録した、１９６０年代を代表するドジャースの左腕、サンディー・コーファックスのこと。敬虔なユダヤ教徒。

話題になるなんて思いもよらなかったよ。彼はクールな男だから、そんなことは気にしなかっただろうし、自分の名前を知っているヒップスターがいるということを喜んでくれていると思うよ。妻は今もメッツのファンだしね」とのこと。

MLBとLGBTQ＋

アメリカではビル・クリントン大統領が2000年に「6月を同性愛者のプライド月間[★74]」と制定し、オバマ大統領がそれを押し進め「LGBTプライド月間」と宣言、現在では「LGBTQ＋[★75]」となり、アメリカだけでなく世界中に広まっています。6月になると世界中の街でLGBTQ＋の人権獲得運動を象徴するレインボー柄が街に溢れ、ファッションブランドなども独自のレインボー柄グッズを販売しています。

MLBでは幾つかの球団が2000年代半ばからプライド月間を支援し始め、2010年からはMLB機構がLGBTQ＋などの性的少数者に対し支援のメッセージを送る「スピリット・デー」を設け、毎年6月のプライド月間にも積極的に参加しています。チームによっては「LGBTQ＋プライドナイト」と称した試合も開催し、レインボーカラーのチームグッ

★74＝1969年6月28日にニューヨークで（今で言う）LGBTQ＋の当事者たちが初めて警官に真っ向から立ち向かって暴動となった「ストーンウォールの反乱」に起因。

★75＝L＝レズビアン、G＝ゲイ、B＝バイセクシャル、T＝トランスジェンダー、Q＝クエスチョニング（自身の性自認が定まっていない人）とクイア（性的マイノリティを包括して捉える語）、＋＝他の様々なセクシャリティ、を指す。

ズを来場者にプレゼントしたり、引退してからカミングアウトした元審判員の方を始球式に招くといったようなことも行われています。

　また2020年8月19日、カンザスシティで行われたレッズ対ロイヤルズのダブルヘッダー1試合目の7回表（最終回）に入る直前、レッズの専属実況を務めるベテランのアナウンサー、トム・ブレナマンは、もうCMが終わっていたことを知らずに「世界的なおかまの街★76」と口走ってしまいます。この発言の直後にSNSなどで非難が殺到し、レッズの主力選手ジョーイ・ボットー★77も「すぐに解雇しろ」と発言する騒動に発展します。ブレナマンはこのCM後に実況を降ろされ、ダブルヘッダー2試合目の途中でカメラの前で謝罪し退席、即座に無期限停職処分となり、翌月には放送局を辞めました。ブレナマン自身は「多くの人を傷つけた。残りの人生、それを背負って生きていかなければならない」とUSAトゥデイに語っています。この騒動は、MLB、そして各球団が、LGBTQ+に対する差別に断固反対する立場を取り、セクシャル・マイノリティがプライドを持って生きていることについて広く取り上げそれをサポートしている、ということが明確に表れた案件となりました。ボクも全面的に支持しています。

★76 ＝LGBTQ+の人々にとってのアイコン的存在であるジュディ・ガーランド。彼女が主演を務めた映画『オズの魔法使い』（1939）の舞台がカンザス州だったからかと思われますが、カンザスシティはミズーリ州にあり、ブレナマンはここでも間違いを犯しているわけで……。

★77 ＝トロント出身、2007年からレッズ一筋。ナ・リーグMVP1回、シーズン最高出塁率7回。イチローを尊敬し自らを「カナダのイチロー」と呼ぶ。Walk Up Songはシンシナティ出身のアイズレー・ブラザーズ『Work to Do』。

5 ボンズ、リー、イチロー

バリー・ボンズとカニエ・ウェスト

常に薬物使用疑惑がつきまといながらも、数々の歴代最高記録を残したバリー・ボンズ。パイレーツでデビューしシーズンMVPを3回受賞、1993年からはジャイアンツに移籍し名付け親ウィリー・メイズの後輩となり、2001年にはシーズン新記録となる73本のホームランを放ち、2007年にはハンク・アーロンの持つ通算本塁打記録を破り[★78]、結局この年を最後にプレーを辞め、MLB歴代1位の762本塁打で現役生活を終えました。またシーズン長打率・863（凄すぎ）・出塁率・609（狂ってる）・OPS1・422（意味不明）という凄まじい記録も残しています。ただ薬物疑惑がつきまとっていたボンズは、資格を得てから10年目となったラストイヤーの2022年アメリカ野球殿堂投票でも、全米記者協会（BBWAA[★79]）による投票で殿堂入りに必要な得票数[★80]を集めることが出来ず、落選してしまいました。今後殿堂入りするために残された可能性は、過去

★78＝2007年8月7日に記録は達成されたが、アーロンは式典に出席せずVTRでのコメントのみ。アーロンは「名前のスペルすら知らんよ」とボンズに対する嫌悪感を露わにしていたという。

★79＝"The Baseball Writers' Association of America"の略。新聞・雑誌・ウェブサイトなどの野球記者で組織された団体。2022年のアメリカ野球殿堂入りを決める投票には394人が参加。ひとり10人にまで投票することができる。

★80＝投票総数の75％以上を獲得するのが条件。

に漏れた選手や審判、経営者などを対象として選ぶベテランズ委員会による投票で選ばれることのみです。

そんなボンズの名前を曲のタイトルにしたのは、2021年に本名を「Ye」に改名したカニエ・ウェスト。タイトルもズバリ『Barry Bonds』が収録された彼の3枚目のアルバム『Graduation』（2007）はアメリカ国内だけで500万枚を売り上げ、翌年にはグラミー賞にて最優秀ラップアルバム賞など4部門を受賞、世界に名を轟かすラッパーとしての地位を確立させた作品として知られています。この曲はちょうどバリー・ボンズがハンク・アーロンの持つ通算本塁打記録を破らんとしている頃に作られたそうで、（薬物で）身体を増強させて記録を破ろうとしているボンズに、売れ始めた自分を投影して制作された、とカニエは語っています。更にこのアルバムのアートワークを担当したのが村上隆、★81 そして歌詞にも「コンニチワ」など日本語が出てくることで、親日家としても有名なカニエの一面を垣間見ることが出来ます。

ビル・リーとウォーレン・ジヴォン

選手の名前がタイトルになったのは他にもあるのですが、ちょっと渋ど

★81＝1962〜。日本の現代美術家。野球に関するエピソードは……見つかりませんでした！

★82＝Fidel＝フィデル・カストロ'59＝アメリカの影響が強かったバティスタ政権が打倒されたキューバ革命の1959年のこと。

★83＝1931〜2014。現役としてMLB5球団と東映（現在の日本ハム）含むチームで実働13年、監督としても実働13年。またコーチとして数多くの球団で指導に携わった。

★84＝トータルセールス2億枚以上。代表曲「ホテル・カ

ころを1曲ご紹介しましょう。抜群のコントロールを武器に1970年代にレッドソックスの中心選手として活躍し、左腕投手として球団歴代1位の321登板、同じく球団歴代3位となる94勝の記録を持ち、球団殿堂入りを果たしているビル・リー。性格は天真爛漫、ウィットに富んだ発言で報道陣には人気があったものの、その歯に衣着せぬ物言いで首脳陣や経営陣からは煙たがられていました。例えばキャンプでは"Fidel '59"[★82]とプリントされたTシャツを着たり、1975年に進出したワールドシリーズで物議を醸した審判に対し「耳を食いちぎってやる!」と脅して再試合を要求したり、1978年には確執のあったドン・ジマー[★83]監督を「スナネズミ(gerbil)」呼ばわりしてトレードに出されたり、マリファナ使用を「吸っていたんじゃねえ、パンケーキに振りかけていたんだぜ」と認めたり。そんな彼のニックネームは〝スペースマン〟、つまり宇宙人。しかし引退後はMLBの親善大使を通じて野球普及に尽力し、中国やロシア、キューバなどを訪れ、その模様はドキュメンタリー映画『Spaceman: A Baseball Odyssey』(2006)として公開されました。

そんなリーは音楽、特にイーグルス[★84]、リトル・フィート[★85]、ジャクソン・ブラウン[★86]といったウエストコーストのロックが大好きだったそう。そのジャク

リフォルニア」は現在コディ・ベリンジャー(ドジャース)がWalk Up Songとして使用。

★85=ギター&ヴォーカルのローウェル・ジョージ(1945~79)を中心としたLA出身のロックバンド。メンバーチェンジを経て現在も活動中。サザンオールスターズが強く影響を受け、矢野顕子のデビュー作『JAPANESE GIRL』(1976)ではバックバンドとしてレコーディングに参加した。

★86=西ドイツ生まれのLA育ち、アメリカ西海岸を代表するシンガーソングライター。日本好きとしても知られ、平和を願う意味も含め日本ツアーの際には必ず広島公演が入る。

ソン・ブラウンがプロデューサーを務めた、ウォーレン・ジヴォン★87の通算3枚目のアルバム『Excitable Boy』★88（1978）収録の、「キレやすい少年って皆が言うんだ、ヤツは単にすぐ興奮しちゃうガキなんだ」という歌詞がリフレインされるアルバムタイトル曲を、リーは自分自身のテーマ曲としてマントラ★89のように聴き入り、声高に支持していたそうです。それを知ったジヴォンは、ボブ・ディランが自分の曲をカヴァーしてくれたことを知った時と同じくらいの喜びを感じ、またリーの苦悩をメディアを通じて知っていたこともあり、敬意を表する形で彼についての曲を書きおろします。

1980年にリリースされた次作『Bad Luck Streak in Dancing School』に収録されたその曲『Bill Lee』は、ピアノとジヴォンの歌声だけで展開していきます。プレー以外での（首脳陣や経営陣などとの）うんざりするようなやりとりから逃れるためには、ダイヤモンドの真ん中＝マウンドに立って勝利を目指しプレーするしかない、とリーの立場に立った視点から歌われています。そしてリーの性格を「時々言ってはいけないことを言う、例えば……」という歌詞で例え、「例えば……」の後はハーモニカのリフが入り、聴く人の想像に任せる、わずか97秒の非常に簡潔なナンバー。どうやらジヴォンはマウンドをステージに、リーを自分自身に置き換え、音

★87＝1947〜2003。1960年代にデビュー。表舞台から身をひきバックミュージシャンとなるも、76年再デビュー、ボブ・ディランを始めニール・ヤングやブルース・スプリングスティーン、グレイトフル・デッドから慕われカヴァーされた。

★88＝シングルカットされた『Werewolves Of London（ロンドンのオオカミ男）』は彼にとって唯一のトップ40入り（21位）。マリナーズやフィリーズなどで活躍したラウル・イバニェスがWalk Up Songに使用していた。

★89＝真言。密教において仏に対する祈りを象徴的に表現した短い言葉を指す。

楽業界のインチキやフラストレーションを同時に語っていたのかもしれません。ジヴォンはリーをハリウッドの自宅に招待して、完成させたばかりのこの曲を聴かせて意気投合、三日三晩飲み明かしたというエピソードも。２００３年にジヴォンが肺がんにより56歳で死去するまで、２人の友情は続いたそうです。

１９４６年生まれのリーはご存命、２０１８年にはカナダ独立リーグのチームと71歳で一日契約を交わし公式戦にＤＨとして出場（３打数０安打）、さらには２０２２年３月、独立リーグのサバンナ・バナナズが開催したトライアウトに見事合格し、現在はチームの一員としてプレーしています。老いてもなお〝宇宙人〟っぷりを発揮している模様です。

イチローと音楽を巡るあれこれ

「メジャーリーガーと曲名」という括りだと、そうです、イチローを忘れてはいけません。数々の偉業は皆さんご存知でしょうから、ここではイチローと音楽、そして名前が曲名になったナンバーをご紹介しましょう。

まずはＣＭソングから。２００２年にオンエアされた、ペプシコーラのテレビＣＭを覚えている方もいらっしゃるかと思います。１９８０年にストレイ・キャッツでデビュー、〝ネオ・ロカビリー〟のアイコン的存在ブライアン・セッツァーは、イチローの大ファンだったという縁でイチローの活躍を歌詞にした『Pep Pep Pepsi』という楽曲を提供、日本のみならず全米でオンエアされました。この曲は日本では非売品ＣＤとしてトイズファクトリーからメディア向けにリリースされていますが、現在はネットオークションなどでも殆ど見かけません。セッツァーはこの曲を元に、歌詞を変えた『Sexy, Sexy』（２００２）という曲を同年リリースのベスト盤に収録しています。

またＮＰＢ時代[★90]からWalk Up Songにこだわっていたことでも知られ、ＭＬＢでも頻繁に曲を変えていました。マリナーズでデビューした際にはマイケル・ジャクソン『Thriller』で始まり、２００７年は矢沢永吉『止まらないHa～Ha』、２００８年はＭＩＳＩＡ『Royal Chocolate Flush』と石川さゆり『天城越え』[★91]といった日本のアーティストによるナンバーを使用しつつ、それ以降は主にヒップホップを中心としたブラック・ミュージックを選んで、しかも毎年の様に変えていました。またスヌープ・ドッグ[★92]の大ファンとして知られていて、元チームメイトのマイケル・モース[★93]に「イチローが住んでいる豪邸の玄関[★94]は、巨大なスヌープ・ドッグの写真が飾って

★90＝大ベテランのスポーツ実況アナウンサーにしてオリックス・バファローズ職員を務める大前一樹さん曰く「オリックス時代はスタジアムアナウンサーのＤＪ ＫＩＭＵＲＡ氏に自らの音楽観を細かく伝えていた」とのこと。

★91＝２００７年の紅白歌合戦で『津軽海峡・冬景色』を観たイチローが翌08年の尼崎公演に自らチケットを買って訪れ、『天城越え』使用の許可をお願いした。石川さゆりはマーティ・フリードマンと共に登場用の別ヴァージョンを録音しイチローに提供したという。

★92＝１９９２年デビュー、ＬＡ出身のギャングが世界で最も知名度のあるラッパーに。スヌープ・ドッグは

あるんだ」とテレビ番組で紹介されたことも。2019年に東京ドームで行われた開幕シリーズではイチローが立つ全ての打席でWalk Up Songとしてスヌープ・ドッグ『Boom』（2011）が使われていました。

他にも2009年シーズンにはマイアミ出身のラッパー、フロー・ライダー★95の『In The Ayer』（2008）を第1打席に、『Jump』（2009）を第3打席に使用していたところ、それを日本滞在中に知ったフロー・ライダーは大喜び、急遽都内のスタジオに入って緊急レコーディングを敢行し、『Jump – Let's Go Ichiro Remix』（2009）をリリースした、というエピソードも。その後フロー・ライダーがイチローを表敬訪問しCDを届けると、イチローからお礼に直筆サイン入りバットをプレゼントされ、「彼は本物のサムライだ！」と大ファンになってしまったそう。

全米No.1に輝いたバンドのメンバーによるイチロー賛歌

もう1曲、イチローが曲名になったナンバーをご紹介しましょう。

2012年7月23日、11年半プレーしたマリナーズから、たまたま移籍当日にセーフコ・フィールド（当時）での対戦相手だったヤンキースへ（自ら移籍を志願する形で）移り、古巣マリナーズを相手に8番ライトで先発出

イチローのことを「スズキ・スヌープ」と呼ぶ。2016年6月8日にサンディエゴで行われたパドレス対ブレーブスでは始球式に登場し大暴投。

★93＝2005～17年、マリナーズやナショナルズなどでプレー。11年にはナショナルズでシーズン31本塁打を放った。引退後は野球解説者として活動。

★94＝愛知県西春日井郡豊山町にあるイチロー展示ルーム「アイ・ファイン」に飾られている。

★95＝2007年デビュー。デビュー曲『Low』が全米シングル10週連続1位。「サマーソニック2016」出演時には当時マーリンズに所属していたイチローのジ

場、第1打席で移籍後初安打・初盗塁を記録する、という印象的な出来事がありました。熱狂的なマリナーズ・ファンの、とあるバンドのボーカリストは、その試合を現地で目の当たりにし「気分が悪い。もう帰りたい」となってしまったものの、改めてイチローの凄さに感謝しつつ、その試合後に2010年に書き上げたイチローを讃えるナンバーを自分のHPで公開しました。

その曲『Ichiro's Theme』では「頑張れイチロー、三塁を回ってホームに向かう。彼は日出る国から波に乗ってやって来た。ライトをパトロールしてランナーを鋭い球で凍てつかせる。デイブがラジオで〝イチロー、君はアンビリーバブルだよ〟と言っている」と歌われます。波は恐らく日本でプレーしていたオリックス・ブルーウェーブのこと。そしてデイブはマリナーズの実況を長年務め、「My, Oh My!」などの名文句で知られ、2010年に急逝したデイブ・ニーハウス★96のことを指しています。

この曲を作ったのは、1997年にシアトル近郊のワシントン州ベリングハムで結成され、2008年にリリースしたアルバム『Narrow Stairs』が全米No.1に輝いたオルタナティブ・ロックバンド、デス・キャブ・フォー・キューティーのフロントマン、ベン・ギバード。2019年にス

ャージを着用してステージに上がった。

★96 ＝1935～2010年。1957年からスポーツ実況に携わり、球団が創設された77年からマリナーズの専属アナウンサーに就任、通算5284試合を担当した。マリナーズ所属時のアレックス・ロドリゲスに〝A-ROD〟というニックネームを付けたことでも知られている。

ポーツ専門メディア「The Athletic」で公開されたインタビューでは、1976年生まれの彼が1977年に生まれたマリナーズに関して「ボクはこのチームの為に生まれてきたんだ」と発言し、マリナーズと一蓮托生であることを告白しています。それだけに、数々の偉業を成し遂げていき、低迷していたチームをひとり牽引していたイチローの存在は、生粋のマリナーズ・ファンにとっては非常に大きかったことでしょう。

ただギバード曰く、歴代の好きなマリナーズ選手だとイチローは3位だそうで……。ちなみに2位は1983年にマリナーズでデビューし3年間プレー、1986年にはチーム初のキャプテンに任命されたスパイク・オーウェン[★97]、1位は1984年にマリナーズでデビューし新人王を獲得、「ミスター・マリナー」と呼ばれた人気者アルヴィン・デイヴィスだそうです。2016年7月20日にはマリナーズのホームゲームで始球式を務めたギバードですが、その時もアルヴィン・デイヴィスのジャージを着てマウンドに登りました。ボクと同い年のギバード、感覚的には非常にわかります……子供の頃に好きだった選手が一番思い入れがありますから……。このあともイチローと音楽に関するエピソードが出てきますので、お楽しみに。

★97＝1983〜86年マリナーズ、以降95年までスイッチヒッターとして計5球団でプレー。

INNING 6

ロックとMLB

ここからは、音楽のジャンルを大まかに分けつつ、アーティストとＭＬＢ、アーティストと野球についてのエピソードをご紹介していきます。

まずはロックから！

1　ボブ・ディラン

イチローとディラン

２０１９年３月20日・21日、7年振りに日本で開催されたＭＬＢ開幕シリーズ、オークランド・アスレティックス対シアトル・マリナーズ。7年前★1と同じチーム同士の対戦が発表された際、正直「これがメジャーリーガーとして日本でプレーする、イチローの最後の姿かも知れない」と思いました。２０１２年の7月にはヤンキースへ移籍、15年からはマーリンズでプレーし、18年に再びマリナーズに復帰したものの開幕から1ヶ月ほどで事実上の戦力外状態、それでも19年には開幕ロースター入りしてまさかの凱旋。ベンチスタートを想定し、代打で登場して外野のポジションにつ

★1＝２０１２年3月28日・29日。28日の開幕戦でイチローは5打数4安打、延長11回にリードを2点に広げるタイムリーヒットを放った。また川﨑宗則も開幕ロースター入りしたが2試合とも出場無し。

いたら、しかも長年の定位置ライトならラッキーと思い、開幕戦は外野席ライト側のチケットを購入したところ、予想を上回る的中っぷり、まさかの9番ライトでスタメン出場！　守備での一挙手一投足、カバーリングや各バッターに対するポジショニングなどなど、かなり近いところで堪能することが出来ました。そして第2戦、ボクは初めて東京ドームの記者席、といっても人数が多かった為か、常設の記者席ではなく1階三塁側、ダグアウトがある辺りのかなり後方に設けられた臨時の席で観戦することになりました。原稿を書いたり、ネット番組に出演したり、と日頃からお世話になっている野球情報サイト「BASEBALL KING」の臨時記者として取材させて頂くことになったのです。じゃあチケット代も払わず良い席で観たのかよ〜、ずるいよ〜、とお思いでしょうが、そうは問屋が卸さない。この日は一部の記者もS席1万8000円のチケットを購入しなければならず、あとでキッチリ原稿料で相殺されました！　ですが、そんな金額なんか本当に気にならないくらいの、貴重な体験をこれでもかというほどさせてもらいました。試合前の両チームの監督や選手による記者会見、フィールドレベルでの練習見学、とりわけイチローの（これが現役生活最後となった）バッティング練習は、例えば茶の湯だとか、水墨画だとか、龍安寺の石庭だとか、もう何とも無駄のない、崇高な重要文化財を観ているかのようでしたよね……、しかもその距離わずか3〜4メートル……。

そしてボクは近くを通った、（日本の学校制度だと）ボクと〝タメ〟のフェルナンド・ロドニー★2（当時アスレティックス）にちゃっかりインタビューを敢行。「野球が好きで、野球が醸し出す情熱が好きで、そこに集まる人々と家族のようにシーズンを過ごすことが出来る時間が好きなんだ」「日本の野球は全体的にコンパクトで面白く、機会があればいつか日本でもプレーしたいね」「鍋焼きうどんは美味かった！」そして最後にボクの自己紹介をすると「MOBY!! I'm Fernando Rodney! Nice to see you!!」と、わずか2分ほどでしたが、ボクの拙い英語に付き合ってくれるという、またとない体験も出来ました。

さて試合開始。これがＭＬＢデビュー登板となった菊池雄星★3がマリナーズの先発、そしてイチローは昨日に続き9番ライトでスタメン出場。２回裏に三塁ファウルフライで凡退したイチローの第1打席が終わった19時過ぎ、記者席に1枚のA4用紙が回ってきました。そこには「試合後、両チームの代表者による記者会見が終了した後、東京ドームホテルにてイチ

★2＝１９７７年〜。ＭＬＢ通算17年で３２７セーブは史上18位。漁師だった父に敬意をこめて帽子のつばを左斜めに傾けている。試合終了を決めた時の天に弓を引くポーズも有名。２０１３年ＷＢＣではドミニカ代表で優勝&胴上げ投手。19年はイチロー引退翌日からＭＬＢ最年長選手としてプレー、途中ナショナルズに移籍し自身も初となる世界一に貢献。オールスター３回、14年最多セーブ。21年はメキシコでプレーしリーグ優勝に貢献。

★3＝ＭＬＢ史上初、日本でデビューを飾った日本人

ロー選手による記者会見を開催する」との案内、そして同時に各媒体がTwitterで「イチローがこの試合を最後に引退」との第一報を流したのです。その情報が流れていく様子が、観客席のざわめきと共に手に取るように判ったのも非常に印象的でした。そして8回表に回ってきた第4打席はショートゴロで凡退。イチローはいつものようにライトの守備位置に向かい、ピッチャーの投球練習の間にセンターのミッチ・ハニガー★4とキャッチボールをしていたとき、場内に流れていたのは、ボブ・ディランの代表曲『Like a Rolling Stone』でした。「どんな気分だい？　ひとりぼっちで、転がる石みたいになって」という歌詞がちょっと意味深だよな、と思いつつも、まあ敬意を表する意味で選曲したのだろうと思うことに。するとベンチからの

投手。だが本人はNPB通算7年間で東京ドームでの登板はわずか2試合だった（うち1先発）。この日が自身通算2回目の先発登板。

★4＝マリナーズの中心打者。2019年6月6日の試合で自打球により睾丸破裂、そこから2年間出場出来ず21年に復帰し39本塁打・100打点を記録。

指示に気付いたイチローがライトスタンドへ向かって両手を挙げて挨拶、選手交代でベンチへ退くことになったのです。場内全てがスタンディング・オベーションで拍手、マリナーズ側は選手達が列になって迎え、アスレティックス側も次打者マーク・カナ★5がヘルメットを脱いで拍手。イチローはアスレティックス側ダグアウトに敬意の合図をし、マリナーズの選手達、スタッフ、全員に迎えられました。MLB史上本当に特別な4分間だったことは間違いありません。というわけで、イチローが最後に現役選手としてフィールドに立っていた際に流れていた曲は、ボブ・ディランの曲でした。

ディランとマリス

前置きが長くなってしまいましたが、そう、ここではボブ・ディランとベースボールの関係について、幾つかご紹介しましょう。かつて「ベースボールで100マイルの速球を打ってみたい」「自分は音楽で様々な体験をしてきたけど、息子のリトルリーグの試合★6を観ている時ほど興奮したことはない」などと発言したことがあり、彼にとってベースボールが身近な存在だったのは間違いないでしょう。

★5＝29歳のシーズンでレギュラー奪取の遅咲きスラッガー。2021年ア・リーグ最多死球。グルメで有名、この日本開幕シリーズでの東京滞在期間中はラーメン「一蘭」、新宿の純喫茶「らんぶる」、神楽坂の天麩羅「天孝」、銀座「寿司幸」などさまざま食べ歩いたそう。21年オフにメッツへ移籍。

★6＝ツアーやレコーディングの合間を縫い、3人の息子たちのリトルリーグでの野球の試合を全部観に行っていたそう。部屋には音楽賞のトロフィーなどの記念品は全く飾られず、息子のホームランボールを大事に

1941年5月24日、ミネソタ州ダルースで生まれたディランは1947年、6歳の頃にミネソタ州ヒビングに転居。ミネソタ大学を中退して1961年冬、ニューヨークに出てきた彼はグリニッジ・ビレッジのカフェハウスで演奏し腕を磨きます。その年の秋、実はニューヨークでミネソタ州ヒビング出身、つまりディランと同郷の27歳の若者が大記録を打ち立てていました。その若者、ロジャー・マリス[★7]は1957年にクリーブランド・インディアンズでメジャーデビュー、カンザスシティ・アスレティックス[★8]を経て1960年にヤンキースへ移籍。その年は打点・長打率・長打でリーグ1位、本塁打もチームの同僚、そして当時のヤンキースの顔だったミッキー・マントルに1本差に迫る2位39本を放ち、ア・リーグMVPに選ばれました。そして1961年、マントルとともに「MM砲（M&M Boys）」と称えられ本塁打を量産していきます。マントルが54本塁打のキャリアハイを放ったのに対し、マリスはベーブ・ルースが34年間保持してきたシーズン最多本塁打記録を更新する61本を放ちました。しかしマリスはヤンキースにとっては移籍してきた外様であったこと、154試合で60本放ったルースに対しマリスは162試合で61本到達だったとのことから、当時のMLBコミッショナーで、ルースの現役時代に彼のゴース

飾っている、とのエピソードも。

★7＝1934〜85。98年にマーク・マグワイア（70本）とサミー・ソーサ（66本）、2001年にバリー・ボンズ（73本）がマリスの記録を破ったが、3人とも当時は使用禁止ではなかった筋肉増強剤を使用していた事実や疑惑があり、現在でも正当なシーズン本塁打記録はマリスの61本だと信じるファンも多い。マリスが育ったノースダコタ州の議会は05年、マリスの記録が正当な記録であると認めるよう迫る文書をMLB機構に送った。本塁打王1回、打点王2回、MVP2回。背番号9はヤンキースの永久欠番。

★8＝1955〜67年。68

トライターを務めていたフォード・フリックによって「ルースの記録を１５４試合以内で破らない限り両者の記録は併記、マリスは参考記録扱い」という至極保守的なこじつけによる発表をされてしまったのです。それから30年の月日を経た１９９１年、無事にマリスの61本塁打は公式記録に変更されました。

ちょうどその頃、ディランは音楽出版社の人間に「野球選手を題材にした曲を書いたことがあるか？」と聞かれたことがあったそうです。そのことについて後年「その頃は野球をあまり観ていなかったが、マリスがルースの記録を更新したことは知っていたし、それは意味のあることだった。ヒビングにいた時は誰も彼のことは聞いたことがなかったけれども、今では彼のことをよく耳にするようになった。ある意味では、同じ街の出身であることを誇りに思っていたのかも知れない」と語っています。

ディランとベースボール

１９８８年からディランが始めた「ネバー・エンディング・ツアー」は、コロナの影響で一時休止になったものの、２０２１年11月から再開し、現在も続いていています。その終わらないツアーにおいて、２００４年に開催さ

年に現在のオークランドに移転。

れた北米ツアーの3rdレグ、全22本のライブのうち21本は、なんと野球場で開催されたのです。その中にはアメリカ野球殿堂があるニューヨーク州クーパーズタウンにあるダブルデイ・フィールドを始め、エール大学野球部のホームスタジアム、[★9]カル・リプケンJr.の名前を冠した野球場などがあります。本拠にしているのは全てマイナーチームや大学、独立リーグで、どちらかというと地方の、そしてノスタルジーを感じるような野球場ばかり。ディランはこのツアーに際し「このツアーの目標は、ボールを場外にかっ飛ばして、全てのベースを回って、そして無事ホームに帰ることだよ」と語ったそう。

更に２００６年から3年間、全１０１回に渡るラジオ番組『Theme Time Radio Hour』のＤＪを務め、1回ごとに「天気」「母親」などテーマを決め、多岐に渡るジャンルの中からそれに沿った楽曲を選曲していたのですが、放送開始からわずか4回目で選ばれたテーマが「ベースボール」！ その回では自らアカペラで『私を野球に連れてって』を歌い、ベースボールを題材にした曲をはじめ、ジャッキー・ロビンソンやジョー・ディマジオ、ウィリー・メイズやオジー・スミス[★10]のことを歌った曲をオンエア。この放送の録音は、後にクーパーズタウンの野球殿堂図書

★9＝１９４７～48年、エール大学がカレッジ・ワールドシリーズに出場した際、後の第41代アメリカ大統領であるジョージ・H・W・ブッシュは中心選手としてプレー。ブッシュは4年次に主将も務め、２０２１年、彼に敬意を表し、球場名が「Bush Field」に改名された。

★10＝１９７８～81年パドレス、82～96年カージナルス。「オズの魔法使い」との異名を取った名ショート。80年から13年連続ゴールドグラブ、7度のシーズン守備率1位を記録。打っても通算２４６０安打。２００２年殿堂入り。背番号1はカージナルスの永久欠番。

館に永久保存、つまり殿堂入りしているとのこと。

ちなみにその頃のインタビューでディランは、「いまの野球の問題点は、全ての選手がトレードされてしまうこと。お気に入りのチームがあったとしても、気に入っていた選手のうち何人かはいなくなってしまう。好きなチームではなく、好きなユニフォームと言い換えた方がいいのかもね」「そうなると、ボクが好きなのはデトロイト・タイガース」「監督はオジー・ギーエン★11かな」「デレク・ジーターを嫌いな人がいるとは思えないよ。誰もが彼をチームに入れたいんだ」とも発言したそうです。

1曲だけある、ディランのベースボール・ソング

では、ディランが作ったベースボール・ソングはあるのでしょうか？実は1曲だけあるんです。１９７５年に発表されたその曲は『Catfish』。アスレティックスとヤンキースで活躍した殿堂入り投手、キャットフィッシュ・ハンター★12のことを歌ったナンバーです。本名ジェームズ・オーガスタス・ハンターは、趣味がナマズ釣りだったことから、アスレティックスのオーナーだったチャーリー・O・フィンリー★13に「キャットフィッシュ」と名付けられ１９６５年デビュー、68年には完全試合も達成し、72〜74年

★11＝ベネズエラ出身。１９８５〜97年のホワイトソックスを経て２０００年までプレイ。１９８５年新人王。２００４〜11年ホワイトソックス監督。05年には井口資仁が入団、犠打や盗塁などの細かい野球で勝ち進み、１９１７年以来88年振りのワールドシリーズ制覇、通称「ブラックソックスの呪い」を解いた。２０１１年には試合中にTwitterで審判を批判しＭＬＢ史上初の「試合中の外部への情報発信」により2試合の出場停止処分を受けた。

★12＝１９６５〜79年の実働15年で２２４勝１６６敗1S。サイ・ヤング賞1回、最多勝2回、最優秀防御率1回。ワールドシリーズには7回出場して5回世界一

のワールドシリーズ3連覇に貢献したものの、そのオフに自分の名付け親に対し「給料が支払われなかった」と調停委員会に申し立てたところ、球団側の契約違反が発覚。史上初のフリーエージェント選手となり破格の契約を結んでヤンキースへ移籍したことでも知られています。田舎者（＝ハンター）が100万ドルの右腕でもって三振の山を築き、給料未払いでヤンキースに入り派手な格好になり、チームメイトだったレジー・ジャクソン★14をカーブで打ち取る。褒め讃えつつも皮肉を交え、あくまでディラン目線で、ブルージーに気だるく歌われています。

歌詞に名前だけ出てくるもう一人のメジャーリーガー

おっと、ディランのナンバーでもう1曲だけ、選手の名前が歌詞に登場しているのを思い出しました。1963年リリースのセカンドアルバムにして大出世作『The Freewheelin' Bob Dylan』★15に収録されているラストナンバー『I Shall Be Free』。当時の有名人、例えばジョン・F・ケネディやブリジット・バルドー★16、エリザベス・テイラー★17などに交じって、ウィリー・メイズが出てくるのです。本当に名前だけなんですけどね……。この曲はライブで一度も演奏されたことがなく、ディラン研究家からはもっぱら

となり、通算12試合4勝0敗1Sの好成績。87年殿堂入り。ALSにより99年没。背番号27はアスレティックスの永久欠番。

★13＝「ビートルズとMLB」にて詳しく。

★14＝1967～75・87年アスレティックス、76年オリオールズ、77～81年ヤンキース、82～86年エンジェルス。通算563本塁打、1702打点、また2597三振はMLB史上1位。大舞台で無類の強さを発揮、ついたあだ名が「ミスター・オクトーバー」。とりわけ77年のワールドシリーズ第6戦では3打席連続、いずれも初球をホームラン、前日から数えて4打数連続本塁打の快挙を達成しシリーズMVP。ワールドシリーズ

「シャツの裾のように最後に挟み込まれただけ」、つまりアルバムを完成させる為に穴埋めとして収録された曲、といった扱いをされています。ディラン本人もそれを暗に認めているかのごとく、翌１９６４年リリースのアルバム『Another Side of Bob Dylan』★18にはこの曲をアレンジした『I Shall Be Free No.10』が改めて収録されています。

ディランと札幌とNPBとMLB

ボブ・ディランとベースボール、いやボブ・ディランと野球、更にはボブ・ディランとＮＰＢとＭＬＢ、に関するエピソードもご紹介しましょう。

２０１４年3月31日から4月23日までの１ヶ月弱、ディランは東京・札幌・名古屋・福岡・大阪とジャパンツアーに訪れました。4月13日・14日と17年振り2度目となる札幌公演の前日4月12日に、ディランがなんと札幌ドームで行われた北海道日本ハムファイターズ対埼玉西武ライオンズ・第2回戦を観戦したことが、新聞に掲載されたのです！　北海道新聞、通称〝道新〟の石川泰士記者が書いた記事★19が掲載されたのは、その試合から2年後の２０１６年10月15日、ディランにノーベル文学賞が授与されることになった2日後だったそう。札幌滞在中はホテルをほぼ出なかったディ

通算5回出場で打率・３５７、10本塁打を記録。

★15＝彼の代表曲のひとつ『Blowin' in the Wind（風に吹かれて）』など全13曲収録。

★16＝１９３４〜。女優、歌手、動物愛護活動家。20世紀のヨーロッパを代表するセックス・シンボル。愛称はイニシャルとフランス語の「赤ちゃん（bébé）」をかけて「ＢＢ（ベベ）」。

★17＝１９３２〜２０１１。アカデミー主演女優賞2回、世界的に最も有名な大女優のひとり。ロンドン出身。愛称はＮＧを出さずにワンテイクで決めてしまうことから「ワンショット・リズ」。

★18＝通算4枚目。のちに

ランが唯一出掛けたのは、公演初日の前日、自ら事前に希望していた札幌ドームでの野球観戦だったとか。当初は貴賓室に案内されるも「よく見えない」と漏らしたディランは、一般客に交じりバックネット裏の席に向かったとのこと。同行した北海道新聞の事業グループの方によると、ディランはこの日3安打を放った陽岱鋼と、先制のタイムリーヒットを放った中田翔のネームタオルを土産に買って帰ったそう。しかもこの試合の先発は大谷翔平と菊池雄星！　花巻東高校の先輩後輩、そして2021年シーズン前半に当てはめると、エンジェルスとマリナーズのエース格同士のマッチアップ！　先輩の菊池雄星は6回を投げ被安打8、5四死球、3失点、後輩の大谷翔平は5回2／3を投げ被安打6、4四死球、1失点、10奪三振（プロ初の2桁奪三振）。ディランは札幌で既に2021年のア・リーグMVP、そしてベーブ・ルース以来の二刀流選手を札幌で目撃していたのです……！

フォーク・ロック・バンドとしてデビューしたザ・バーズが、このアルバムから4曲もカヴァーしている。

★19＝石川記者から直接この話を聞き、2019年10月に「文春オンライン」にてこのエピソードを紹介してくれたコラムニスト、えのきどいちろうさんに最敬礼。

2 ジョン・フォガティ

史上初のアメリカ野球殿堂入りミュージシャン

2010年6月25日、あるミュージシャンが史上初めて、アメリカ野球殿堂入りを果たしました。彼の名はジョン・フォガティ。1968年にCreedence Clearwater Revival、通称C.C.R.のフロントマンとしてデビューし、4年間という短い活動期間ながらアルバム全米最高1位を2作、シングル全米最高2位のナンバーを5曲（残念ながら1位は無し）を始め、数多くの名曲を生み出しました。70年代前半に隆盛を極めるサザンロック、スワンプロックといったジャンルの先駆けとも評されています。バンド解散後はソロで活動するも、1975年に所属レコード会社の社長との金銭、著作権、契約問題などで訴訟に発展し、その後は10年にも渡って、過去の歌が歌えず、新曲も出せない、という不遇の状態が続くことになってしまいました。

1985年、40歳になったジョンは遂に起死回生の逆転ホームラン！

なナンバーをリリースします。イントロで観客席の応援をイメージした手拍子が鳴り、[★20]「監督、オレを出してくれ。準備は出来ているぜ。センターを守る、表舞台の主役になるのはこのオレなんだ！」と、自分自身の状況を野球に例え、自らの復活を宣言したタイトル曲を収録したアルバム『センターフィールド』は、見事に全米1位を獲得。その後もベースボール・アンセムとして、現在ではアメリカのみならず日本でもお馴染みのナンバーになっています。リリースから25年を経た２０１０年、その功績が讃えられ、アメリカ野球殿堂入りとなったわけです。記念式典ではルイビル・スラッガー社[★21]の刻印が施されたバット型のギターを携え登壇し、その曲を熱唱しま

★20＝ドジャー・スタジアムなど、試合中の効果音としてＭＬＢ各球場で現在も使われています。

★21＝１８８４年創業の老舗バットメーカー。ベーブ・ルースを始め幾多の名打者たちが愛用し、日本でも長嶋茂雄が愛用していたことで知られている。２０１５年にウィルソン社に買収されたが社名は現在もそのまま。

した。

　歌詞には「brown-eyed handsome man」★22「So Say Hey Wille, tell the Cobb★23 and Joe DiMaggio」といった往年の名選手のことや、「Don't say it ain't so」★24といったMLB史上最も有名な決まり文句なんかも出てきたり、至るところに野球に関する事柄が散りばめられています。

　アルバムのジャケットには古いグローブ、そしてアルバムタイトルの「Centerfield」という文字が描かれています。この文字、実は1985年当時のサンフランシスコ・ジャイアンツのロゴのオマージュなんです。フォガティはサンフランシスコ近郊のカリフォルニア州バークレー出身、そして彼の所属していたバンドC.C.R.もサンフランシスコを拠点としていました。彼自身も子供の頃は野球をしていて、その頃からセンターが一番特別な、花形のポジションだ、と発言しています。ではフォガティはジャイアンツ・ファン？　憧れのセンターは当然ウィリー・メイズ？　と思ってしまうところですが、どうやらそうではない模様。ジャイアンツがサンフランシスコに来るのは彼が13歳の年だった1958年。フォガティが幼少期に彼の父、そしてマイナーリーグの試合でバットボーイをしていた兄の影響で野球にハマり始めた頃は、まだ地元にMLBのチー

★22＝チャック・ベリーの曲名を歌詞に用いつつ、ここではジャッキー・ロビンソン（後述）のことを歌っている、とフォガティ自身が後に述べている（ニューヨーク・タイムズ・2010年5月24日付）。

★23＝タイ・カッブ。1905〜26年タイガース。「球聖」と称される史上最高の選手の一人。生涯打率・366は断トツ1位、通算4189安打は史上2位、数多くのタイトルを獲得。だが比類無き闘争心の表れから相手構わず喧嘩を売り、球界最大の嫌われ者でもあった。36年殿堂入り。

★24＝「Say it ain't so. Joe!!（嘘だと言ってよ、ジョー!!）」。1919年におこった八百長事件「ブラックソ

ムが存在せず、地元出身のヒーローでもあるジョー・ディマジオ★25と、彼の所属するヤンキースを応援していた、とも発言しています。フォガティのオフィシャルYouTubeにこの曲のミュージック・ビデオがあるんですが、ＭＬＢに関する資料としても非常に貴重なものなので、是非ご覧下さい。

3 トム・ペティ

レペゼン・フロリダ

岩村明憲、そして筒香嘉智が所属したシーズンにワールドシリーズに進出を果たし★26、また野茂英雄、松井秀喜が所属したことのあるタンパベイ・レイズ。日本のＭＬＢファンの間でも割と認知度の高い（あくまでＭＯＢＹ調べ）このチームですが、さて音楽ネタはあるのだろうかと調べたところ、意外なところでベースボールがきっかけで生まれた全米No.1ヒットが出てきたので、ご紹介しましょう。

フロリダ大学時代に２０１２年ドラフト全体3位でマリナーズから指名

ックス事件」で球界を追放されたシカゴ・ホワイトソックスの名選手、〝シューレス〟ジョー・ジャクソンが裁判所から出てきた際に少年ファンが叫んだ言葉。だがこれは新聞社による捏造だったとされている。

★25＝ディマジオはサンフランシスコ近郊のマーティネズ出身。

★26＝２００８年、20年と2度進出するも、いずれも敗退。

された強打の捕手マイク・ズニーノ[★27]は、翌2013年に早くもメジャーデビューを果たすものの成績が安定せず、19年にはレイズに移籍します。その後も2019年、2020年と物足りない成績でしたが、2021年シーズンはキャリアハイの33本塁打を放ち、フレーミング数値も良く、オールスターに初出場、しかも初打席でホームランも放ちました。

そのズニーノが長年Walk Up Songとして使用している曲が、トム・ペティ[★28]の『I Won't Back Down』(1989)。「俺は折れたりしない。意志を貫くんだ」とこの曲を聴く人々を、そして自らを鼓舞するように歌うトム・ペティは、フロリダ大学があるフロリダ州ゲインズビル出身。同大学でアルバイトをしていた経歴を持つ先輩をリスペクトする意味もあるのか、フロリダ大学のフットボールチーム“Gators”は応援歌としてこの曲を長年使用しています。フロリダ州出身のズニーノが母校に所縁のある曲を選んでいることもグッとくるのですが、実はこの曲が収録されたアルバム『Full Moon Fever』(1989)は、どうやら野球がきっかけで生まれたらしいのです。

キャッチボールをやりたくなって

★27=2013〜18年マリナーズ、19年〜レイズ。

★28=1950〜2017。1994年にソロ名義でグラミー賞受賞。トム・ペティ&ザ・ハートブレイカーズ名義で2002年ロックの殿堂入り。

★29=1947〜。イギリスのバンド、エレクトリック・ライツ・オーケストラ(ELO)のリーダー。80年代後半以降はプロデューサーとして元ビートルズのメンバーを始め数多くのミュージシャンを手掛け、95〜96年にはビートルズ『アンソロジー』プロジェクトのプロデュースも担当。

★30=ザ・ビーチ・ボーイズのリーダー。1988年にセルフタイトルのアルバム

アメリカの音楽雑誌『SPIN』1989年8月号によると、トムは1987年のサンクスギビングデー（この年は11月26日）に何故か無性にキャッチボールをやりたくなり、けれどもグローブが手元に無かったので、近所のドラッグストアまで車を走らせました。するとそこで偶然、ジェフ・リン[★29]と会います。ジェフ・リンが当時ブライアン・ウィルソン[★30]のレコーディングに携わっていたこともあり、トム・ペティは折角だから当時温めていた新曲を聴いて欲しいと頼みます。するとジェフ・リンからは「良い曲だね！ でも、これは君のバンドではなく、ソロで発表した方が良いんじゃないの？」との提案が。デビューからずっとトム・ペティ＆ザ・ハートブレイカーズ[★31]のフロントマンとして活動してきた彼からすれば、全く想像もしていなかった提案でしたが、その場で「じゃあプロデュースしてくれよ！」と依頼し、結局このアルバムは全米3位の大ヒットを記録しました。しかもこのアルバムを制作している途中の段階で、トム・ペティはジョージ・ハリスンから誘いを受けたジェフ・リンと共にトラベリング・ウィルベリーズ[★32]に誘われ参加します。その第1弾シングルとして発売され全米2位を記録した『Handle With Care』（1988）が収録されたアルバム『Vol.1』は、何とグラミー賞まで受賞してしまいます。キャッ

『ブライアン・ウィルソン』をリリースしている。

★31＝1976年デビュー。2014年に発表された実質のラストアルバム『Hypnotic Eye』は同年MLBオールスター中継のサウンドトラックに起用され、同バンド史上最初で最後の全米No.1を記録した。

★32＝1988年、ジョージ・ハリスンが自身のレコーディングの為にロイ・オービソン（代表曲は映画『プリティ・ウーマン』（1990）の主題歌でもある『Oh, Pretty Woman』（1964））。ジェフ・リンを誘い、その流れでトム・ペティ、そしてボブ・ディランに声をかけ5人で覆面バンド（とはいえサングラスを掛けただけだったが）

チボールをしたくなってグローブを買いに行ったら、全米3位とグラミーを手に入れてしまった人生……アメリカって凄いなぁ……。

4 ゲディ・リー（ラッシュ）

ＭＬＢ好きなミュージシャン、世界ランク1位

次にご紹介するのは、恐らく世界で一番ＭＬＢマニアなミュージシャンで間違いないでしょう。カナダが誇る国民的人気バンド、ラッシュ★33のベース・ヴォーカル、ゲディ・リーは、一般市民の想像を遥かに超えた〝ガチ勢〟として知られています。トロント近郊で生まれ育ち、子供の頃はまだカナダにＭＬＢのチームがなかったため、デトロイト・タイガースのファンとして育ちました。彼が20歳になった１９７７年からは、地元トロントに誕生したブルージェイズのファンになっています。また彼がファンだったかどうかは判らないのですが、１９６９年に初めてカナダに誕生したチーム、エクスポズのジャージを着用してモントリオールでのライブで演

を結成。アルバム2枚を遺した。

★33＝１９６８年結成、74年デビュー。プログレッシブ・ロックの先駆者と称される。２０１３年ロックの殿堂入り。

奏している写真も残っています。

このゲディ・リー、そんじょそこらのMLBファンとは訳が違います。1980年代前半から地元トロントの新聞にブルージェイズやMLBに関する論評を寄稿しており、ロジャース・センターのシーズンチケットを購入してバックネット裏で頻繁にスコアをつけながら観戦する姿は日常茶飯事。2020年の無観客シーズンには等身大パネルがバックネット裏に設置され、毎試合見切れていました。更には2013年にはブルージェイズの地元開幕戦で始球式を務め、1993年にボルティモアで開催されたオールスターではカナダ国歌独唱も担当しているセレブリティでもありますが、これはまだまだ序の口で……。

ニグロリーグ博物館とゲディ・リー

極めつきは、なんと自身が所有していた大量のサインボールを、カンザスシティにあるニグロリーグ野球博物館に寄贈しているのです。しかも、元々所有していたものを寄贈したわけではないらしく……。2008年、初めてニグロリーグ博物館を訪れた際に、彼はこう述べています。

あのような場所を訪れたら、自分のバックグラウンドなんて関係なく、感動しないわけがないじゃないか。アメリカは自由の象徴であるはずなのに、アメリカ社会には自由ではない部分があったのだ。遅かったとはいえ、野球は人種差別を撤廃する形を迎えることが出来た。メジャーリーグの殿堂入りを果たしている選手達と等しく、ニグロリーグでプレーした選手を讃えようではないか。それを讃えるのが、ここニグロリーグ野球博物館なのだ。人類の偉業を讃える余地は、常にあるのだ。

初めてニグロリーグ野球博物館を訪れ感動したゲディ・リーは、元々所有していたものではなく、何と博物館を訪れたあとからニグロリーガーたちのサインボールを買い集め、ドーンと２００個近くを博物館に寄贈したのだとか。現在では更に増え、その数は４００個以上なんだそう。ちょっと話の規模がデカ過ぎますよね……。その中にはウィリー・メイズ、ハンク・アーロン、そしてニグロリーグ全盛期のレジェンド、ジョシュ・ギブソン★34やクール・パパ・ベル★35のサインボールまで。更にはニグロリーグで実働６年プレーし、怪我で引退した後はカントリー歌手としてアルバムセー

★34＝１９１１～47。通算で８００本以上の本塁打を記録したとされる伝説的な大打者にして捕手。メジャー球団からも誘いを受けたが、当時のコミッショナー、ケネソー・マウンテン・ランディスに阻止され、失意のうちに35歳の若さで急死。72年殿堂入り。

★35＝１９０３～91。史上最速の俊足選手と称され、非公式ながら33年には２００試合で１７５盗塁を記録したとされる。引退後はルー・ブロック（「ヒップホップとＭＬＢ」の項で登場）に盗塁術を伝授した。74年殿堂入り。

ルス累計７２００万枚を記録、史上初めて黒人としてカントリー音楽の殿堂入りを果たしたチャーリー・プライド★36のサインボールもあるのだとか。伝説の選手たちのものだけでなく、同業の大先輩のサインボールまできちんと入手しているゲディ・リーには、感服するしかありません……。次回のアメリカ旅行でボクが目指すは、まだ未踏のクーパーズタウンと、カンザスシティと、ダイアーズビル★37と……（以下省略）。

5　ジャック・ホワイト

サッカーの話で恐れ入りますが、ＦＩＦＡワールドカップ２０１８年ロシア大会をご覧になった野球ファン、ＭＬＢファンも多かったことでしょう。その大会で両チームの選手がフィールドに入場する際に流れ、スタジアム全体が「オーッオ、オッオッオ、オーオー！」と大合唱していた曲、皆さん覚えていますでしょうか？　この曲、実はＭＬＢとも深く関わりがあるのです。

その曲とはザ・ホワイト・ストライプスの代表曲『Seven Nation Army』

★36＝１９３４〜２０２０年。グラミー賞４回受賞。２０１０年ワールドシリーズ第５戦では国歌斉唱を担当。

★37＝１９８９年公開の映画『フィールド・オブ・ドリームス』に登場する野球場がある、アイオワ州にある人口４０００人の町。２０２１年８月12日にはヤンキースとホワイトソックスによる「フィールド・オブ・ドリームス・ゲーム」が開催された。22年８月11日にはカブス対レッズで再び開催される予定。

（２００３）。デトロイト出身のザ・ホワイト・ストライプスは１９９７年にメグ（ドラムス）とジャック（ギター&ヴォーカル）のホワイト姉弟という設定の２人、実際は夫婦（後に離婚）によって結成されたバンド。ベーシストが存在せず、ロックバンドとしては最少といえる構成で、ミニマムな音でマキシマムなインパクトを鳴らす、言わばロックの〝初期衝動〟を体現したバンドとして、２０１１年に解散するまで6枚のアルバムをリリース、うち3枚がグラミー賞受賞という、ロック史に燦然と輝く功績を残したことで知られています。

ジャックが「Salvation Army（救世軍）」を間違えて覚えていたことから由来した『Seven Nation Army』はベルギーのサッカーチーム、クラブ・ブルッヘＫＶのサポーターたちが２００３年にＵＥＦＡチャンピオンズリーグのグループ予選で強豪ＡＣミラン（イタリア）との対戦の時に歌い出し、アウェイながら1対0で勝利したことからこの曲がチームのアンセムとして定着、それが流れ流れて２００６年ドイツ大会では優勝したイタリア代表の非公式アンセムとなり、サッカーファンの間でお馴染みになりました。このことについてジャックは「イタリア人がこの曲を自分たちの曲として採用したことを光栄に思う。音楽において、人々がメロディーを受け入れ、それが民族音楽のパンテオン（＝神殿）に入ることを許す時ほど美しいことはない」と後に述べています。もちろんアメリカのスポーツ界にも伝播し、大学フットボール、NFL、NBA、NHLなどなど、今ではスポーツには欠かせない定番曲となっています。

言わずもがな、MLBでも定番曲です。「オー」がチームの略称「O's」と掛かるオリオールズ[★38]の本拠地カムデン・ヤーズでは、チャンス時や得点時にこのフレーズを大合唱するのが定番となっています。またマリナーズの本拠地T-モバイル・パークでは勝利まであと1アウトになると、日本の球場でかつての定番だった「あと一人」コールよろしく、スタンドから自然と大合唱がおこります。

実はジャック・ホワイト自身も大の野球ファンで、2014年には地元デトロイトでタイガース戦の始球式で、かつてデトロイトに存在したニグロリーグのチーム、デトロイト・スターズ[★39]のユニフォームを身にまとい、その模様が何とベースボール・カードになっています。また2017年までタイガースに在籍していたイアン・キンズラー[★40]とは公私共に仲が良く、キンズラーは彼の曲をWalk Up Songに使用していました。また2人は「Warstic」社というバットメーカーを共同経営という形で設立し、現在は

★38＝アメリカ国歌斉唱の際も、曲の後半「Oh, say does that star-spangled～」の「Oh」をオリオールズ・ファンは大絶叫するのがマナー。

★39＝1919～31年に存在したチーム。

★40＝2006～18年にレンジャース、タイガース、エンジェルスなどでプレー。セカンドでゴールドグラブ2回受賞、オールスター出場4回、30本塁打30盗塁を2回記録。通算1999安打での引退は1908年のジミー・コリンズ以来2人目。2021年の東京オリンピックではイスラエル代表として出場。

野球用具全般を取り扱い、ジャスティン・アップトン[★41]やニック・カステヤノス[★42]、ケヴィン・ピラー[★43]などのトップ・プレーヤーたちが使用しています。

6　ザ・ストロークス

アメリカの音楽シーンにおいて一番新しいMLB関連曲は?といえば、それは恐らくニューヨーク出身のロックバンド、ザ・ストロークスが2020年4月にリリースした通算6枚目のアルバム『The New Abnormal』に収録されている『Ode to The Mets』になるでしょう。

2001年にデビューしたザ・ストロークスは、1960年代のロックサウンドを現代的かつスタイリッシュに解釈したサウンドが人気を博し、現在では21世紀を代表するロックバンドとして名を馳せています。デビューアルバム『Is This It』は大傑作アルバムと各方面から絶賛され、先に取り上げたザ・ホワイト・ストライプスらと共に〝ガレージ・ロック・リバイバル〟を巻き起こし、当時は瀕死の状態にあったと言われていたロックを救ったと評価されています。

★41＝2005年ドラフト全体1位。07年からダイヤモンドバックスなどでプレーし、17年からはエンジェルスでプレー。18年からは大谷翔平選手とチームメイト。兄のB・J・アップトンは02年ドラフト全体2位。

★42＝2013〜19年タイガース、19年カブス、20〜21年レッズ、22年フィリーズでプレー。19年にはシーズン最多二塁打58を記録。

★43＝2013〜19年ブルージェイズ、21年はメッツでプレー。MLB屈指の外野守備力を誇り、ハデなダイビングキャッチが多いことから、付いたあだ名は「スーパーマン」。

バンドの中心メンバーであるジュリアン・カサブランカスにとってメッツは「青春そのもの」であり、２０１０年には音楽誌『Rolling Stone』に「チームのテーマソングを書きたいんだ。本気だよ」と語っていた程の、筋金入りのメッツファン。その彼らの最新アルバムのラストチューンは『Ode to The Mets』、つまり〝メッツに捧げる歌〟が収録されているのです。

どうやら彼が２０１６年にシティ・フィールドで開催されたナ・リーグのワイルドカード、メッツ対ジャイアンツを観に行き、メッツが0対3で敗れ失意のどん底に陥ったあと、家路の途中の地下鉄のホームでこの曲を書いたようです。この曲の歌詞にはメッツやニューヨーク、そして野球に関する単語は一切出てきません。ですがバンドのドラマー（そしてメッツファンの）ファブリツィオ・モレッティ曰く「例え裏切られ続けようと、ある物事に対し無上の愛を捧げることを決心したことを歌っているんじゃないかな。それがジュリアンにとってはメッツなんだよ」とのこと。メッツが多くの人から愛されている理由の、ある種の模範解答の様な曲なんじゃないか、と感じずにはいられません。

この曲のミュージック・ビデオは、コロナ禍でＭＬＢの開幕が遅れに遅れた２０２０年7月24日、メッツの開幕戦に合わせて公開されました。映像の中には１９６９年のワールドシリーズ優勝にちなんだ「Class of '69」と書かれたバナー、メッツが長年使用しているスローガン「Ya Gotta Believe」[★44]の看板、そしてかつての本拠地シェイ・スタジアムが映り、最後にはフランク・シナトラが歌う『私を野球に連れてって』が流れます。

　カサブランカスは「メッツが本拠地シティ・フィールドで負けた試合後に、この曲を流して欲しい」と冗談で語っていたそう。残念ながらコロナ禍で中止となってしまった２０２０年のフジロックフェスティバルにもヘッドライナーとして出演が予定されていたザ・ストロークス、この曲も演奏されていたかもしれませんよね……。

★44＝１９６９年のメッツ初の世界一に貢献した投手、タグ・マグロウ（１９６５～74年メッツ・75～84年フィリーズ）が73年に開幕から不振だったチームを奮い立たせる為に発したフレーズ。これを合言葉にリーグ優勝、自身もシーズン最後の１ヶ月で４勝11セーブと驚異的な活躍。２００４年に59歳で死去。

INNING 7

シンガーソングライターと MLB

１９７０年前後から、自作自演で活動をするアーティストのことを指し、またジャンルとして浸透していった単語、シンガーソングライター。このイニングでは、シンガーソングライターとして語られることの多いアーティストとＭＬＢとの関係についてご紹介していきます。

1 ポール・サイモン

きっかけは、ある意味ヤンキース

ウッドベース奏者だった父を持つポール少年が音楽に目覚めたのは12歳の時でした。父親がピアノのレッスンを受けさせようとしても興味を持たず、物心がついた頃から彼が大好きだったのは、野球、そしてヤンキース。その日もいつものようにラジオのスイッチをオンにして、ヤンキースの試合が始まるのを、スタジアムに集まる観客の歓声とアナウンサーの興奮した口調をＢＧＭに、スコアブックに選手の名前を記入しながら待とうとしていました。しかし聞こえてきたのは別のラジオ局、しかも彼にとっては退屈な音楽ばかり流す局に合わされていました。ダイヤルに手を伸ばそうとしたとき、DJのコメントが彼の耳をとらえます。「このレコードは全米でヒットの兆しを見せているけど、俺はこんな酷い曲を聴いたことがないね」と。ポール少年は「そんなに酷いのなら、聴いてやろうじゃないか」と耳を傾けたところ、流れてきた曲[★1]に心を撃ち抜かれました。「最高じゃないか！　これはボクの音楽だ。これがボクの本当にやりたいことなんだ！」と、音楽の道を志すことに決めたことを、2007年に第1回ガーシュウィン賞[★2]を受賞した際に、壇上で語っています。ある意味、ミュージシャンとしてのポール・サイモンが誕生したのは、ヤンキースがきっかけだったことは間違いない……のでしょうかね……。

俊足巧打のリードオフマン

13歳の誕生日に父親から買ってもらったアコースティック・ギターの練習に明け暮れ、そして2ブロック隣に住んでいたアート・ガーファンクルとデュオを結成します。当時200ドルしたテープレコーダーを練習で使う目的で購入する為に、ポールは大切にしてきたベースボール・カードのコレクションを売り払ったというエピソードも。その甲斐もあったのか、

★1＝その曲とは1953年にリリースのロックンロール創成期のナンバー、ザ・クロウズ『Gee』。R&Bチャート最高2位、ポップチャート最高14位を記録。のちにザ・ビーチ・ボーイズが（当初未完成→2011年にようやく日の目を見た）アルバム『Smile』にカヴァーを収録。

★2＝米国議会図書館主催。アイラとジョージのガーシュウィン兄弟にちなみ、ポピュラー音楽で世界の文化に大きな影響を与えたミュージシャンに贈られる賞。

高校在学時にアートと結成したデュオでレコードデビューします。同時にポールは高校卒業まで野球にも熱心に取り組んでいました。高校では小柄をよそに3割を超える打率をマークし1番バッターを任され、所属リーグのオールスターにも選ばれたほどの名選手だったとのこと。最終学年時の公式戦では、1点ビハインドで三塁ランナーとして塁上にいたポールが、ピッチャーのワインドアップに気づきホームスチールを敢行、同点のホームを踏む好走塁をみせます。更には最終回に回ってきた次の打席で意表を突くバントヒットで出塁し、後続のバッターが勝ち越し満塁ホームランを放ち、チームを勝利に導く大活躍をみせたそうで、マンハッタンにあるポールのオフィスの壁には、今でもその試合の記事が飾られているのだそう。イギリスの音楽ライター、クリス・チャールズワースが書いたポール・サイモンの全曲解説においても「ポール・サイモンは音楽に次いで野球をこよなく愛しており、彼がいずれスポーツを曲に持ち込むことは自然なことだった」と評され、それは例えば次の曲で日の目を見ます。

どこにも行っちゃいないさ

1967年12月公開の映画『卒業』★3の挿入歌として、登場人物の名前を

★3＝ダスティン・ホフマン主演。サウンドトラックは全米1位を獲得。

タイトルにして歌われたナンバー『ミセス・ロビンソン』は、もともと映画用の短いヴァージョンのみでした。翌1968年2月にフル・コーラスが録音され4月に発売されたアルバム『ブックエンド』に収録、シングルとしても発売され、サイモン&ガーファンクルとして2曲目の全米1位を獲得し、グラミー賞でも2部門を受賞します。

そしてこの曲は音楽とベースボールを繋ぐ代表曲のひとつとして、現代でも語りつがれています。それは曲の終盤、こんな歌詞が出てくるから。

Where have you gone, Joe DiMaggio?
A nation turns its lonely eyes to you.

What's that you say, Mrs. Robinson?
Joltin' Joe has left and gone away.

どこへいってしまったんだい、ジョー・ディマジオ
国民はあなたがいなくなって、寂しげだよ

何言ってんですか、ミセス・ロビンソン
強打のジョーはもういなくなってしまったんですよ

この歌詞で引き合いに出されたジョー・ディマジオは怒り心頭、訴訟まで考えているらしい、との噂をポールは耳にします。曲がリリースされた数年後、ニューヨークのイタリアン・レストランで2人がバッタリ顔を合わせたとき、ポールはディマジオの席へ向かい、例の歌の作者です、と恐る恐る自己紹介したところ、実に温かく応対してくれて、ポールを座らせ、この歌についての話を始めます。

「私には解らないね」ディマジオはポールにこう告げます。「なぜ君が、私がどこへ行ってしまったのかと、あの曲で問いかけたのかだよ。コーヒーのCMに出たばかり[★4]だし、銀行のスポークスマンもしている。どこにも行っちゃいないさ」

ポールはそれにこう答えます。「あの歌詞は文字通りの意味ではありません。私はあなたをこの国のヒーローだと思っていて、今では本物のヒーローが少なくなっている、ということを歌いたかったんです」と正直に話したところ、ディマジオは納得し、お礼の言葉とともに握手を交わし、別

★4＝引退後はコーヒーメーカー「Mr.Coffee」のCMに15年以上出演し、ディマジオ自身も〝ミスター・コーヒー〟と呼ばれていた。

れた、とポールは述懐しています。

ベーブ・ルースやルー・ゲーリックと入れ替わるように出現し、第二次世界大戦を挟むように活躍、ミッキー・マントルと入れ替わるように幕を閉じたディマジオの野球人生。怪我をこらえてプレーし、気品と威厳を感じさせ、かつ私生活は厳重にガードされた彼の存在は、この曲が生まれた時代、すなわち因習や慣例を打破し、幻覚（とドラッグ）に酔い、権威と構造に楯突いた１９６０年代の雰囲気とはまるで正反対でした。野球が、そしてヤンキースが大好きだったポールだからこそ、一人の野球選手の名前を歌詞にすることで、その言葉の持つ時代や雰囲気を歌うことが出来て、かつディマジオにも納得してもらえたのでしょうね。ディマジオが１９９９年に亡くなった際、ポールは「ディマジオはディマジオであるが故に苦しんだに違いない」と述べ、追悼試合でこの曲を鎮魂歌として捧げました。

ただポールは、１９７０年に出演したトーク番組で憧れのミッキー・マントルと一緒に出演した際、マントルに「なんでボクじゃなかったの？」と問われると、「音節があわなかったんだよ」と答えたそう。ディマジオが選ばれた理由、音節だったとは……。

もう1曲あるベースボール・ソング

1970年にアート・ガーファンクルと別々の道を歩むこととなり、1972年にソロデビュー。ソロとしてリリースした3枚目のアルバム『時の流れに』（1975）は、ソロ初のアルバム全米1位とグラミー賞2部門受賞の栄誉に輝きました。そのA面最後に収録された3分に満たない小曲『Night Game』は、野球について歌われたナンバーです。

8回裏、2アウト、スコアは同点、でもピッチャーは打たれてしまった……、と、繊細な旋律でメロディーが綱渡りのように進んで行き、途中で美しいハーモニカ・ソロ★5を挟み、スリーアウトになりシーズンは敗北、降りてきた霜の上に防水シートがかけられた、とシーズンが終了したことを告げ、曲が終わります。

ボクはこの曲の元ネタになった試合があるかも、と調べてみました。

・ポールはヤンキースファン→ヤンキースタジアムで観戦？
・レコーディングで忙しい→テレビ観戦→ロードゲームの可能性も？
・8回裏2死に勝ち越し（＝負け越し）→9回表で試合終了（スリーアウトで終了）
・投手は8回2死まで同点に抑えていたが、逆転された

★5＝ベルギーのハーモニカ奏者、トゥーツ・シールマンス（1922〜2016）による名演。

★6＝1967〜77年にオリオールズ、ヤンキースなど計6球団で実働11年。オリオールズ時代の71年11月2日、県営富山野球場で行われた日米野球第7戦の対巨人戦でノーヒットノーランを達成。

★7＝1988〜2004年、ブルージェイズなど計7球団で実働17年。二塁手としてゴールドグラブ10回。10年アメリカ野球殿堂入りも、21年4月に過去の性的な違法行為に関する調査が入った為、現在MLB不適切リスト入り。

★8＝1964〜78年、エ

・アルバムのレコーディングが1975年2～9月→遅くとも1975年の夏まで
・シーズン終了、冬が近い＝過去のワールドシリーズ最終戦という可能性も？

といった条件で調べたところ「ヤンキースの試合」「シーズン終了」だと8回裏2死に勝ち越し（＝負け越し）という試合はありませんでした。ではシーズン終了を取っ払って調べて見たところ、出てきましたよ、1試合。1974年8月12日、旧ヤンキー・スタジアムが改装中の為、間借りしていたシェイ・スタジアムで行われたヤンキース対アスレティックスです。

ヤンキースの先発はパット・ドブソン★6、そしてアスレティックスの先発は、ボブ・ディランの項でも取り上げたキャットフィッシュ・ハンター。両投手とも先発完投しています。ヤンキースのラインナップには殿堂入り選手ロベルト・アロマー★7のお父さんサンディ・アロマー・シニア★8、マリナーズやカブスで監督を務めたルー・ピネラ★9、1976年の本塁打王グレイグ・ネトルズ★10、そしてキャプテンを務めていたサーマン・マンソン★11など。1980年に巨人にやって来るロイ・ホワイト★12はこの日は出場無し。前年

ンジェルス、ヤンキースなど計6球団で実働15年。オールスター1回。次男ロベルト、そして長男サンディ・アロマーJr.もメジャーリーガー。

★9＝1964～84年、ロイヤルズ、ヤンキースなど計4球団で実働18年。69年新人王。監督として5球団で実働23年、90年レッズで世界一。最優秀監督賞3回。乱闘での大立回り、審判への猛抗議の末にベースを投げ、ホームベースを土で隠すなどの行為で、〝瞬間湯沸かし器〟としてもお馴染みだった。

★10＝1967～88年、ヤンキースなど計6球団で実働22年。本塁打王1回、三塁手としてゴールドグラブ2回。通算390本塁打、

にワールドシリーズ連覇を果たしたアスレティックスには3年後にヤンキースに移籍してくるレジー・ジャクソン、キャプテンのサル・バンドー[13]、1972年のワールドシリーズMVPジーン・テナス[14]など、両チームとも錚々たるメンツです。

試合は1対1の同点で迎えた8回裏、レジー・ジャクソンのヒットなどで2死一・二塁のチャンスを迎えたアスレティックスの5番打者、ジョー・ルディ[15]が三塁へのゴロを放つもグレイグ・ネトルズがエラー、一気に2点を勝ち越したアスレティックスが9回表に1点を許すものの何とか逃げ切ります。ヤンキースの先発、パット・ドブソンは自分の責任ではない2点を許したあとも後続を断ち、試合を一人で投げきりますが敗戦投手に。このドブソンの何ともやりきれない悔しさや歯痒さ、いたたまれない状況だったでしょうね……。

果たしてこの試合がモデルになったのかどうかは知る由もありませんが、MLBは例えばこの様な1974年の試合を始め、全記録が情報サイト「Baseball Reference」で簡単に調べることが出来るのです。とはいえ、ポール・サイモンの曲からこうした調べ方をする人は、ボクくらいでしょうけど……。

2225安打。弟ジムもメジャーリーガーで、75年に南海でプレーした。

★11＝1969〜79年、ヤンキース8代目キャプテン。70年新人王、ア・リーグMVP1回、捕手としてゴールドグラブ3回。大舞台にめっぽう強く、ポストシーズン通算14試合で打率・339、2本塁打。79年8月、自ら操縦していた自家用機が墜落し32歳で死去。背番号15はヤンキースの永久欠番。

★12＝1965〜79年ヤンキース、80〜82年巨人。チャンスや大舞台に強いスイッチヒッターで守備も堅実、紳士的な態度で個性派集団をまとめるチームリーダー的存在だった。81年の巨人の日本一にも貢献。

PAUL SIMON / CARRIE FISHER

元の曲と、結婚と、阪神タイガース

この『Night Game』は、もともと映画『シャンプー』★16（1975）用に作られたインスト曲でした。その映画でデビューし、のちに『スター・ウォーズ』シリーズでレイア姫役を務めたキャリー・フィッシャーとポールは1978年に大人気コメディ番組『サタデー・ナイト・ライブ』で共演した際に恋におち、一度はキャリーが映画『ブルース・ブラザース』で共演したダン・エイクロイド★17になびきかけるも、ポールと寄りを戻し1983年に結婚します。その際、ポールは最初の結婚が上手く行かなかったことを理由に、キャリーと結婚することを渋ってい

★13＝1966～76年アスレティックス、77～81年ブリュワーズ。72～74年のアスレティックス3年連続世界一にはチームリーダーとして活躍。休まないタフな選手としても有名だった。

★14＝1969～83年にアスレティックスなど計4球団で実働15年。抜群の選球眼でシーズン最多四球2回、72年ワールドシリーズでは4本塁打9打点でMVP。

★15＝1967～82年、アスレティックスなど計4球団で実働16年。72～74年のアスレティックス3年連続世界一に貢献。ゴールドグラブ3回。通算200本塁打以下の選手として最多の12満塁本塁打を記録。

★16＝ウォーレン・ベイティ

たのですが、結婚を決断させたのは何とヤンキースだったのです。1983年8月8日、ヤンキー・スタジアムで行われたブルージェイズとのダブルヘッダーを観に行ったポールは、ヤンキースが2試合とも勝利する姿をみて、キャリーとの暮らしに賭けてみる価値があると決心し、8月16日にゴールインします。前年にガーファンクルとのコンビを復活させ世界ツアーで訪れた際に大阪で購入した、ポールお気に入りの阪神タイガースのホーム用キャップを被って、キャリーとニースへハネムーンに出掛けました。けれどキャリーのわがままがポールの許容範囲を超えていき、結局わずか1年で破綻してしまいました。

そしてマントルとも

1988年、ポールはソロになってからのヒット曲を集めたベスト盤『Negotiations and Love Songs』をリリースするにあたり、1972年のナンバー『僕とフリオと校庭で（Me and Julio Down by the Schoolyard）』のプロモーション用ミュージック・ビデオを製作します。ポールはBボーイよろしく馬鹿デカいラジカセを持ち、ここでも阪神タイガースのキャップを被って登場。舞台は彼が生まれ育ったクイーンズの中学校で、校庭では子供達が

ー（1937〜）主演。リー・グラント（1925〜）はこの作品でアカデミー賞助演女優賞を受賞。

★17＝1952年〜。カナダ・オタワ出身。コメディ番組『サタデー・ナイト・ライブ』初代レギュラー。映画『ゴーストバスターズ』（1984）は出演&脚本。

★18＝1885〜98年、アトランタ・ホークスなど計4球団で実働13年。シューズ契約を結んでいたミズノ社のCMにも出演していた。

★19＝1936〜2021。オークランド・レイダースのヘッドコーチとして第11回スーパーボウル制覇（1977）、また解説者としてもお馴染みで、88年以降は彼が監修したテレビゲ

思い思いに遊ぶ姿が。その中でポールはまずはバスケットボールに興じます。中学生の中に交じって登場するのがスパッド・ウェブ★18。170センチの小柄ながら垂直跳び117センチという驚異的なジャンプ力を武器にNBAで活躍した選手へのアシストを見事に供給し、アリウープも決めます。その次はスティックボールのピッチャーをするサウスポーのポールが。中学生達からバッタバッタと空振りを奪っていく中、突如現れた初老の左バッターこそが、ポールの憧れだったミッキー・マントル。ここでポールは自分の曲でマントルと共演を果たすのです。マントルは初球を空振りするものの、2球目を見事にホームラン。マントルがポールの肩に手を回し、ポールを慰めるような形で、この曲のサビを口ずさむ姿が見られます。その後もアメリカン・フットボールをする中学生に対し、校庭の外から黒板を持って熱心に指導するおじさんとして、アメリカン・フットボールの名解説者としてお馴染みのジョン・マッデン★19が出てきます。つまりアメリカを代表するプロスポーツ関連の豪華ゲストが出演する内容となっているのです。ちなみにこの曲とミュージック・ビデオは、どうやら信仰の歴史に関するネタが至るところにちりばめられているの★20だそうですが、話が逸れてくるので、この話はここまでにしましょう。

ームが毎年発売されている。2021年12月28日に85歳で逝去。

★20＝曲名のJulio→ジュリアス・シーザー。ウェブが背面ダンクを決めるシーン→十字架にはりつけにされたキリスト。〝ミッキー〟・マントルがポールの肩を抱く→大天使〝ミカエル〟がキリストを抱くカール・ブロッホの絵『ゲッセマネの祈り』。ジョン・マッデンが持つ黒板に書かれた戦術→モーセが持つ石板に書かれた十戒。阪神タイガースのマーク→十字架、などなど。

ちなみにアート・ガーファンクルは？

２０１０年６月16日、ポールは幼馴染みでもあるアート・ガーファンクルとヤンキー・スタジアムを一緒に訪れ、２人で仲良くヤンキース対フィリーズを観戦している姿が、ＭＬＢ公式動画にアップされています。しかしアートはニューヨーク出身なのにもかかわらず、熱心なフィリーズのファンとして知られています。アート曰く「私は決して多数には従わない。だからクイーンズ出身の子供として、ヤンキースやドジャース、ジャイアンツのファンにはなりたくなかった。８歳の時、エベッツ・フィールドで観たドジャースの対戦相手、赤いピンストライプのユニフォームを身にまとっていたフィリーズに惚れてしまったんだよ」とのこと。だからこの試合、一緒に観に行っているんですね。そういえば彼らは一時期「トム＆ジェリー[★21]」というグループ名を名乗っていました。元ネタのアニメよろしく、ずっと仲良くケンカしているんでしょうね、野球に関しても……。

★21＝１９５７年、高校時代に２人がデビューした時のグループ名は、テレビアニメの『トムとジェリー』からそのまま名付けられた。

2 ビリー・ジョエル

子供の頃はボクシング

ニューヨーク・メッツの項でも登場したビリー・ジョエルは1949年5月9日、ニューヨークはヤンキー・スタジアムが目と鼻の先に位置するサウス・ブロンクス生まれ。間もなく一家は市内のロングアイランド島のど真ん中にあるヒックスビルに引っ越し、そこで育ちました。野球も好きだったビリー少年ですが、本人が一番熱心だったスポーツはボクシングでした。小柄で、幼い頃からピアノを習っていたことを周りの子供達から馬鹿にされ、いじめられることに抵抗するためボクシングも習い始めてからは、いじめっ子たちを蹴散らし、試合でも通算26戦22勝の成績を収めたとのこと。鼻を折られてKO[★22]され「上には上がいる」とボクシングを諦め、音楽一本に絞っていきます。

17歳の頃からバンドで稼ぐようになり（母親のために高校は卒業）、1967年には当時所属していたバンドでデビュー、また別のバンドでア

★22＝鼻の軟骨を骨折したときにボクサー仲間が素人判断で形を整えた為、現在もやや曲がっている。

ルバムを2枚リリースするも全く売れず解散。1971年にソロデビューするも鳴かず飛ばず、結局バーのピアニストとしてドサ回りをしながら1973年にチャンスを得てリリースしたセカンドアルバム『ピアノ・マン』がヒット、その後はニューヨークを、アメリカを、そして世界を代表する〝ピアノ・マン〟としてヒットを連発していきました。1993年にリリースしたアルバム『リヴァー・オブ・ドリームス』を最後に新作を作らないことを発表し、それ以降はライブ活動が中心となり、合間を縫って音楽学校や講演会などで後進の指導に当たる、といった生活を送っています。

ビリーのベースボール・ソングは

1976年9月にマネージャーで妻だったエリザベス[★23]とマネージメント会社「ホームラン」を設立したことで判るように、ビリーも野球が大好き。ヒットを連発していた1970年代後半になると、地元ニューヨークでは顔バレが激しかったので、ビリーは「髭を剃らず、ニンニクをたっぷり食べてからバーに行って人を遠ざけていたし、ヤンキー・スタジアムに行く時はいつもボロボロのキャップとTシャツを身に着けて通ってたのさ」と

★23＝『ピアノ・マン』の歌詞に出てくる〝政治の勉強をしているウェイトレス〟は彼女のこと。1973年に結婚、82年に離婚。

インタビューで語っているように、野球観戦にも足繁く通っていた模様。また1981年の日本ツアー時には、当時巨人でプレーしていた元ヤンキースのロイ・ホワイトに後楽園球場へ会いに行き、お互いにプレゼント交換をした、というエピソードなんかも残っています。

そんなビリーは、ベースボールに関するナンバーも幾つか残しています。まずはグラミー賞2部門受賞、そして1982年に世界初の商業用CDとして発売された通算6枚目のアルバム『52nd Street』（1978）に収録されたナンバー『Zanzibar（ザンジバー）』。ん？　ザンジバル？　と言う単語を聞いてピンときた音楽ファンのあなた、残念ながらフレディ・マーキュリー（クイーン）の出身地であるザンジバル[★24]とは関係ありません（ボクもそう思っていました）。これは地名のザンジバルとバーを引っ掛けた、架空のスポーツバーでの出来事をビリーが歌にした、という状況設定だそう。この曲ではヤンキース、そしてピート・ローズ[★25]が登場します。

この歌の主人公が「（ピート・）ローズが重要な選手ということは解っているのさ。ヤンキースはいつだって新聞の1面を飾ることだって」と、恐らくバーで放送されている野球中継を観ながら語ったあと、「オレのこと？　オレは二塁ベースを奪いたいだけさ。ウェイトレスがサインを出し

★24＝アフリカ大陸の東、インド洋上にある諸島の地域名。1964年にイギリスから独立→ザンジバル革命→アフリカ大陸部のタンガニーカと連合してタンザニア連合共和国が成立。

★25＝1963～78年のレッズを始め計3球団で86年までプレー。通算4256安打を始め出場試合・打席・打数がMLB史上最多。監督在任中に野球賭博に関わり1989年に永久追放。

てくれたら、すかさず〝盗塁〟を決めるぜ。彼女はオレにゴーのサインを出すはずさ。オレにとっては、まだイニングは終わってないのさ」と、野球の表現を使って女性を口説こうとしている様子が歌われています。こんなベタな表現をする様な男性がバーでイキッている、ということが非常に分かりやすく目に浮かびますよね……。ちなみにヤンキースは１９７６年に新装されたヤンキー・スタジアムで第5期黄金時代を迎え、１９７７年からワールドシリーズ連覇、と滅茶苦茶強い時期でした。そしてピート・ローズはシンシナティ・レッズが誇る〝ビッグ・レッド・マシン〟★26の一員としてヒットを量産、１９７８年には37歳ながらもＭＬＢ歴代3位の長さとなる44試合連続安打を記録し、通算３０００本安打を達成する輝かしいシーズンを過ごしていました。

歌詞に試合状況を用いがち

野球に関することが歌われたナンバーは他にもあります。１９８３年リリースのアルバム『ナイロン・カーテン』に収録されたナンバーについて、ビリーは「全て特定の人、あるいは特定の状況について書いた、そうすれば沢山の人々が自分の事のように共感してくれる」と述べています。その

★26＝1970年代に無類の強さを誇ったシンシナティ・レッズの愛称。ワールドシリーズ制覇2回。

第1弾シングルとして発売され、全米20位をマークした『プレッシャー』は、他人から投げかけられる様々な批判に対し「やかましいわ！」とか「いやもうマジそれキツいよな！」といったようなニュアンスで、タイトルでもある“Pressure”という一言で突っ込んでいくナンバー。その中で主人公が「今は9回裏2アウト満塁。[★27]自分を信じて、期待に応えなければいけない状況……キツいよね（Pressure）……」という、極度のプレッシャーが押し寄せてくる状況を野球に例えています。前年にバイク事故で入院していた際に、ベッドを囲っていたナイロンのカーテンを見てそれをアルバムタイトルにしたビリーは、自分の容態の他にも、エリザベスとの離婚、憧れだったジョン・レノンの死、[★28]失業や工業都市の荒廃、[★29]ベトナム戦争に従軍した退役軍人に対する国や国民の冷ややかな対応[★30]などをモチーフに、このアルバムを作り上げています。9回裏2アウト満塁の状況だったのは、サインが出たら二塁を盗む状況から一転した、ビリー自身だったのかも知れませんね。

もう1曲は小学生向けの歴史教材に

1989年リリースのアルバム『ストーム・フロント』の第1弾シング

★27＝曲の中では攻守どちらなのかは説明されていませんが、どっちにしてもプレッシャーを感じます。

★28＝1980年12月8日22時50分、ジョンは住んでいたニューヨークのマンション「ダコタ・ハウス」の入口前でマーク・チャップマンに射殺された。このニュース第一報はNFL中継「マンデーナイト・フットボール」マイアミ・ドルフィンズ対ニューイングランド・ペイトリオッツの試合中に速報として流された。

★29＝ペンシルバニア州にある実際の都市をタイトルにした曲が『アレンタウン』。

★30＝ベトナム戦争での様々な局面を歌詞にした曲が『グッドナイト・サイゴン』。

ルとしてリリースされた『ハートにファイア（We Didn't Start the Fire）』は、彼の誕生年である1949年から1989年に至るまでの世界でおこったあらゆる出来事を歌詞にしたナンバーで、彼自身の3曲目となる全米1位を獲得しました。きっかけはショーン・レノン[★31]との会話だったそう。1989年のある日、レコーディング中のビリーを訪ねてきた当時中学生のショーンは、暗いニュースばかりでひどい時代だ、と憂いていたという。それに対しビリーも「ボクらが若い頃も同じように思っていたのさ」と話したところ、ショーンは「でも1950年代って、いま起きてるようなことはなかったでしょう？」と食い下がります。当時40歳のビリーは「馬鹿言うなよ。朝鮮戦争は？　リトルロック高校差別事件[★32]やハンガリー動乱[★33]は？　こんなことが次々に起こったんだよ」と諭したそうです。そこでビリーは、ショーンへの回答としてこの一件を歌にしようと思いつき、歴史的な争いはいつの時代も発生していて、終わりがないというメッセージを込めた曲を作ったのです。

　世界的な事件や出来事、俳優やミュージシャン、歴史的な人物が出てくる中に（全部で118件）、もちろんMLBに関する単語も出てきます。1949年、曲の冒頭でディマジオが登場し、続いてロイ・キャンパネラ[★34]

★31＝1975〜。父はジョン・レノン、母はオノ・ヨーコ。ミュージシャンとしてソロアルバムを3枚、ミニアルバムを1枚リリース。日本でオンエアされた自動車メーカーのCMにも出演。

★32＝1957年、アーカンソー州の州都にある高校で黒人学生が入学を認められたが、州知事がそれを妨害した人種差別騒動。アメリカ公民権運動における重大事件のひとつ。

★33＝1956年10月23日、ハンガリー国民がソビエト連邦の影響下にあった政府

（１９５３）、ブルックリン・ドジャース（１９５５）、ミッキー・マントル（１９５７）、カリフォルニア・ベースボール（１９５８）といった単語もあります。

　ロイ・キャンパネラはジャッキー・ロビンソンがデビューした翌年の１９４８年にデビュー、50年代のドジャース黄金時代の中心選手として、またＭＬＢ史上最高の捕手のひとりとして語りつがれている名選手。この１９５３年はナ・リーグＭＶＰと打点王のタイトルを獲得した、つまりキャンパネラの年だったんですね。そして１９５５年のドジャースは、それまで5度対戦し敗退してきたヤンキースを6度目で破り、チーム史上初、悲願のワールドシリーズ制覇をした年。それまではファンの間で「Wait 'til next year（次の年こそ）」が決まり文句だっただけに、この１９５５年はドジャースファンにとって「This is Next Year!（次の年がついに来た！）」、非常に大事な年だったことが解ります。

　１９５７年のマントルは7月23日にサイクル安打を達成し、2年連続でア・リーグＭＶＰを受賞した年。そして１９５８年のカリフォルニア・ベースボールは、ドジャースがブルックリンからロスアンジェルスに、ジャイアンツがサンフランシスコにと、共にカリフォルニアに移転した年。

に対して蜂起、ソ連軍に鎮圧された。数千人が殺害され、25万人もの人々が難民となり国外へ亡命。現在この日はハンガリーで祝日に制定されている。

★34＝１９４８～57年ドジャース。37年からニグロリーグでプレー、48年に26歳でＭＬＢデビュー。50年代のドジャース黄金時代の中心選手であり、ＭＬＢ史上最高の捕手のひとりとも称されたが、58年の開幕前に交通事故により下半身麻痺となり引退。69年殿堂入り。背番号39はドジャースの永久欠番。93年死去。

ビリーを含むニューヨーカーにとって非常に暗い出来事だったことは間違いありません。

またこの曲は小学生向けの学習誌『スカラスティック（Scholastic）[★35]』で歴史学習のための教材として使用され、全米中の小学校で歌われたというエピソードも。少年時代に同誌を愛読していたビリーは大喜び、１９９０年にはビリー本人が歌詞に関する解説を追加収録したカセットテープが配布されたそうです。

ヤンキースファン？メッツファン？

ここまで紹介したビリーとＭＬＢのエピソードは、ヤンキースについての話[★36]が多く、メッツについてはあまり出てきませんでしたよね。では実際、どちらのファンなのでしょうか？　生まれた場所のすぐ近く、そして１９９０年にヤンキー・スタジアム史上初のロックコンサートを開催したからヤンキースのファン？　それともシェイ・スタジアムがあったクイーンズの近くで育ち、シェイ・スタジアム最後のロックコンサートを開催したからメッツのファン？

過去のビリーによる発言を辿っていくと、答えが見えてきます。

★35＝アメリカにおける児童書や教材の販売では最大の出版社。

★36＝ヤンキースが歌詞に出てくる曲はもう1曲、『Miami 2017』（１９７６）。

1970年代はヤンキース・ファンだったけど、オーナーのジョージ・スタインブレナーによる横暴なチーム運営にうんざりしていた、と発言しているのです。また1986年にシェイ・スタジアムで開催されたワールドシリーズで国歌斉唱を担当した時には「自分はニューヨークのベースボール・ファンだ」と答えています。他にも1990年に日本で行われたインタビューで、どちらのチームのファンか問われた際には「以前はヤンキースのファンだったけど、選手達はボクが彼らを知る前にチームを去ることが多いから、一概にどっちが好きとは言えないね。ボクはニューヨークのファンだ」と発言、つまり両チームのファンなんですね。

ビリー・ジョエルは他にも、2000年のサブウェイ・シリーズ★37ではヤンキー・スタジアムで、2015年にはシティ・フィールドで、それぞれワールドシリーズで国会斉唱を担当していることから、本人の公言通りニューヨークのチームのファンであり、そしてニューヨーカーにとっての大切なシンガー、というのが正しいのでしょうね。

★37＝ニューヨーク市内に拠点を置くチーム同士によるライバル対決のこと。ニューヨーク市地下鉄、メッツのホームスタジアムに通じる「7系統」とヤンキースのホームスタジアムに通じる「4系統」は、グランド・セントラル-42丁目駅での乗り換え一回で行き来が可能。ワールドシリーズに限って言えば、移転前のヤンキース対ジャイアンツ、ヤンキース対ドジャースももちろんサブウェイ・シリーズとしてカウントされ、過去14回開催されている。

3　ジェームズ・テイラーとカーリー・サイモン

シンガーソングライターといえば

１９７０年前後の数年間、シンガーソングライターと呼ばれる自作自演のミュージシャンたちは、語り手の私的な物語を聞き手それぞれの物語へ昇華させる曲を発表し、音楽シーンの新しい流れを作ります。そしてそれがひとつのジャンルのような大きな勢力となり、現在に至るまでの音楽のあり方に多大な影響を与えています。その中でも最重要アーティストのひとりと言って過言では無いのがジェームズ・テイラー。変革が叫ばれた激動の60年代を潜り抜けたあとの空虚さ漂う１９７０年にリリースしたアルバム『スウィート・ベイビー・ジェームズ』が大ヒット。彼に続くように、キャロル・キング、ジョニ・ミッチェル、ニール・ヤング、ジャクソン・ブラウン、ローラ・ニーロをはじめ、数多くのシンガーソングライターたちがシーンで注目を浴びるようになっていきます。

ワールドシリーズで4回歌って4回優勝

ジェームズ・テイラー（以下ＪＴ）は１９４８年ボストン生まれ。裕福な家庭で育ち、また兄のアレックス、弟のリヴィングストンとヒュー、妹のケイト、更には娘のサリーと息子のベンもそれぞれミュージシャンとしてデビューしていることから、同じくボストン出身の名門一族になぞらえ「音楽界のケネディ家」とも呼ばれています。

ボストン出身ということで、彼はもちろん生粋のレッドソックス・ファン。86年振りの世界一となり〝バンビーノの呪い〟を解いた２００４年ワールドシリーズ第２戦で試合前に国歌斉唱を任されました。それ以降、２００７年（第２戦）、２０１３年（第２戦）、２０１８年（第１戦）とレッドソックスがワールドシリーズに出場する度に必ず国歌斉唱を担当し、チームは全てシリーズを制覇、つまりＪＴが歌えばレッドソックスは必ず世界一、勝利の方程式でもあるわけですね。ＪＴは、フェンウェイで歌う際は「自分の歌やギターの音が5秒くらい遅れて聞こえてくるから、歌っていることに集中しなくちゃいけないんだよね」と音響面での難しさも話す一方、「ニューイングランド人にとって、メープルシロップ、ロブスター、紅葉、ボストン茶会事件★38、そしてレッドソックスは〝血〟の一部なんだ

★38＝１７７３年12月16日に起きた事件。のちに「アメリカ合衆国建国の父」と呼ばれるサミュエル・アダムスを中心に、イギリスの植民地政策に反発した50人程の市民がイギリス東インド会社の船を襲撃、積んであった紅茶を海に投棄した。アメリカ独立革命の象徴的事件のひとつ。

よ」と、独特の表現でレッドソックスへの愛を語っています。

レッドソックス賛歌を収録したら、初の……

１９６８年にビートルズが設立したイギリスのレコード会社、アップル・レコードからデビューしたものの、ビートルズ解散のゴタゴタを含む社内の混乱に巻き込まれアメリカに帰国。１９７０年に再デビューしてからは、アメリカを、そして世界を代表するシンガーソングライターのひとりとして、輝かしいキャリアを積み重ねてきたＪＴ。しかしアルバムが全米No.１になったことはありませんでした。

２０１５年、ＪＴはオリジナルアルバムとしては13年振りの通算16枚目『Before This World』をリリースします。回復、愛、旅、仕事などをテーマにしたこの作品には、ＪＴが初めてレッドソックスの愛を歌ったナンバー『Angels of Fenway』が収録され、アルバムのリード・トラックとしてミュージック・ビデオ★39も公開されました。その歌詞の内容はこうです。

時は１９６５年。主人公はおばあちゃんに連れられグリーン・ライン★40に乗って、フェンウェイ・パークでコーラとホットドッグを手に試

★39＝レッドソックスとヤンキースに関する映像がふんだんに使われ、松井秀喜も登場します。

★40＝ボストン地下鉄グリーン・ラインのケンモア駅がフェンウェイ・パーク最寄り駅。

合を観てレッドソックスのファンになった。おばあちゃんは１９１８年生まれのレッドソックス・ファンで、いつも「大金で人気者を奪っていくチームなんかロクデナシさ」とヤンキースをこき下ろし、おじいちゃんに先立たれたあとも「レッドソックスが勝つまで死ねやしないよ」と言っていた。

２００４年、レッドソックスが勝った。おばあちゃんは病院のベッドでそれを観た。最期の言葉は聞き取れなかったけど、その瞬間は確かに微笑んでいて、86年の生涯を閉じた。

１９６５年、そんなに遠い昔のこととは思えない。

ＪＴは１９４８年生まれなので、１９６５年当時は17歳。さすがにおばあちゃんに手を引かれてフェンウェイに行くような年頃ではなかったのでしょうが、この様な経験をしたボストンっ子は沢山いたのでしょうし、もしかしたらＪＴ自身も似たような経験をしたのかもしれません。そしてレッドソックスやフェンウェイ・パークに限定した話ではなく、どのチーム、どのボールパークであろうと、アメリカの子供達はこの様な経験をしているのでしょうね。

このナンバーを収録したアルバムは、なんと自身初の全米No.1を獲得しました。1970年に初めてビルボードのチャートに入ってから45年でのNo.1獲得は、2011年にトニー・ベネットが記録した54年に次ぐ史上2番目の長さだったとか。86年間続いた〝バンビーノの呪い〟ほどはかからずとも、JTにとっては長かったでしょうね……。

ブルックリン・ドジャースのマスコット・ガール

「音楽界のケネディ家」の一員だったJTが1972年に結婚★41した相手が、彼と同じくシンガーソングライターとして知られるカーリー・サイモンでした。1971年にデビュー、何といっても1972年リリースの、ミック・ジャガーがコーラスで参加したシングル『うつろな愛』、そしてその曲が収録された彼女のサードアルバム『ノー・シークレッツ』が大ヒットし、どちらも全米No.1を記録したことで知られています。内省的な曲を歌うアーティストが多かったシンガーソングライターの中では、自由奔放で活発なイメージで知られ、グラミー賞2度、アカデミー賞1度の受賞歴を持ち、現在も現役として活動しています。

★41＝2人は1983年に離婚。竹内まりやがカーリーの憔悴しきった様子を見て、励ましたいとの願いを込めて作ったのが『元気を出して』（1984・薬師丸ひろ子）。

ニューヨーク生まれのカーリー、父親はアメリカの大手出版社「サイモン&シュスター[★42]」創業者のリチャード・L・サイモン。つまり超が付くほど裕福な家庭で育ちました。また母のアンドレアは活動家、特に公民権運動に関して熱心に取り組んでいたこともあり、保守とは程遠い自由な家庭環境の中で、ニューヨークとコネチカット州スタンフォード[★43]にある広大な敷地の家との2拠点で育ちました。

時は1955年。その年にチーム初の世界一をもたらすジャッキー・ロビンソンが試合に出ている間、妻のレイチェル・ロビンソンはコネチカット州の物件を探しに来ていました。とはいえまだ時代は公民権法が成立する9年も前のこと。南部ではないコネチカットとはいえ、黒人が引っ越してくることによって「地域住民資産価値が下がる」「ブロックバスティング[★44]がおこる」などとして、人種差別的な不動産業者や地域住民によって反対運動がおこっていたのです。

そのことに対し、カーリーの母アンドレアは立ち上がります。アンドレアは地域住民を自宅に集め、事情を説明して理解を促し、レイチェル[★45]夫人に付き添って一緒に物件探しを手伝い、無事に購入するまでの手筈を整えます。更には家が完成するまでサイモン家にロビンソン夫妻を居候させた

★42＝1924年創業、39年にはアメリカで初めてペーパーバックを市場に投入した出版社。2020年にペンギン・ランダムハウス社によって買収された。

★43＝2021年、同市出身のボビー・バレンタインは市長選挙に出馬するも僅差で落選した。

★44＝白人居住地域に黒人が引っ越してくるという噂を流し、白人居住者が家を売って出て行くように仕向け、その家を安く買い取って高く売ろうとする不動産業者の悪徳商法。

★45＝1922年〜。41年に進学したUCLAでジャッキーと出会い結婚。ジャッ

のです。

ジャッキーはカーリーを始めサイモン家の子供達に野球を教え、またサイモン家も家族全員でジャッキーとドジャースのファンに。とりわけカーリーは生粋のドジャースファンになり、ジャッキーと一緒に頻繁にエベッツ・フィールドに行き、ダグアウトでチームメイトのピー・ウィー・リース★46の膝の上に座ったり、チームから特製のユニフォームを支給されマスコット・ガールを担当していたこともあったそう。レイチェルとアンドレアはお互いの夫に先立たれたあとも親密な友情が続き、アンドレアが亡くなる1994年まで「まるで姉妹のようだった」とレイチェルは回想しています。

ジャッキーを思いながら歌った

カーリーは音楽と人生において、慣習に逆らい、自分自身で道を切り開いていくことの大切さをジャッキー・ロビンソンから学んだ、とのちに語っています。そして1994年の映画『Baseball』の挿入歌として『私を野球に連れてって』をカバーしています。このレコーディングの際、ジャッキーと一緒に行ったエベッツ・フィールドを思い出しながら歌った

キー引退後は大学で専攻していた看護を学び、イェール大学看護学部助教授に就任。2022年7月19日で満100歳になる。

★46＝1940～42・46～58年ドジャース一筋。ブルックリン・ドジャース黄金期の主将。ジャッキー・ロビンソン入団時にはチームメイトの前で真っ先に握手し、ときに肩を組み、チームメイトや観客に受け入れてもらえるように手助けした。84年アメリカ野球殿堂入り。背番号1は永久欠番。

そうです。子供の頃のカーリーは、歌詞に出てくるケイティ・ケイシーそのまんまだったのかも知れませんね。ジャッキーについては「いつも、何かを言う時に、何を言おうとしているか考えているような感じで動いていた口角が、とってもキュートだったわ！」とのこと……う〜ん、おしゃま！

4　ランディ・ニューマン

あの名作野球映画も

ドジャースの項でも取り上げたランディ・ニューマンは、デビューからシンガーソングライターとしてオリジナルアルバムを中心に作品を発表していましたが、伯父や叔父[★47]に3人もの映画音楽家がいる血筋なのか、1980年代前半から主な活動が映画音楽の制作へとシフトチェンジしていきます。本格的に映画音楽に参入した作品となったのが、1984年に公開された野球映画『ナチュラル』のサウンドトラック。1920〜30年

★47＝父（三男）の兄アーヴィング（長男）は20世紀FOX映画冒頭のファンファーレを始め数多くの作品を、同じく兄エミール（次男）は『ジャンヌ・ダーク』（1948）など、同じく弟（四男）ライオネルは『紳士は金髪がお好き』（1953）などの映画音楽を作っている。

代を舞台に、ロバート・レッドフォード[48]演じる天才野球選手ロイ・ハブスが不幸な事件に遭いながらも、35歳のルーキーとしてメジャーリーグで活躍するこの作品で、彼はサウンドトラックを担当。シンガーソングライターとして活動してきた彼がアルバムを通して全くシングしていない、全曲がインストゥルメンタルで占められたアルバムを発表しました。ホーンセクションとシンセサイザーを効果的に織り交ぜ、時代背景、そして物語の雰囲気を見事に演出したこのサウンドトラックは、第57回アカデミー賞作曲賞にノミネートされました（受賞ならず）。

特に印象的なラストシーンで流れる『The Final Game／Take Me Out to the Ball Game』の“The Final Game”部分は、監督のバリー・レヴィンソン[49]が「あの曲は〆切ギリギリのタイミングで完成したんだ。ランディがラストシーン用の曲を考えているとき、スタジオの向こうからあの旋律が聞こえてきた瞬間こそ、この映画を製作していた中で一番印象的な瞬間だったね」と語るほど。現在でもこの曲は野球だけにとどまらず、様々なスポーツに関連した場面で使用されています。一番有名なのはテキサス・レンジャーズの本拠地、現在のグローブライフ・フィールド[50]、またそれ以前に使用していたグローブライフ・パーク・イン・アーリントン[51]時代から、レ

★48＝1936〜。ハリウッドで初めて俳優と監督の双方で成功を収めた映画人、と称されている。高校のクラスメイトにドジャースの名投手ドン・ドライスデールがいる。

★49＝1942〜。映画監督として他の代表作は『グッドモーニング，ベトナム』（1987）、『レインマン』（1988）など。

★50＝2020年〜。全面人工芝のスタジアム。MLB史上初の中立地で行われた20年ワールドシリーズはここで開催された。

ンジャーズの選手がホームランを放った際に流れるホームラン・ソングとして使用されてきたことです。そういえば映画のラストシーンも、ホームランが関係してますからね。

そしてあの痛快野球映画でも

ランディと野球映画、といえば、もう1曲忘れてはいけません。この本でも2度目の登場、映画『メジャーリーグ』のオープニングで流れるのは、ランディが1972年に発表した『セイル・アウェイ』収録の『Burn On』。映画でも使われているインディアンズのかつての本拠地クリーブランド・スタジアム、そして現在の本拠地プログレッシブ・フィールドのそばを流れるカヤホガ川のことを歌ったこの曲ですが、歌詞の内容は1969年に廃油などで汚染された川で発生した河川火災のこと。監督のデヴィッド・S・ウォード★52曰く「クリーブランドについて歌った曲で知っているのがこの曲だけだった」とのことですが、捉え方によっては映画のストーリーを示唆する曲としても聞くことが出来るのではないかと……！

2022年からチーム名がガーディアンズに変わることもあり、この映画の資料的価値も今後更に高くなるでしょう。ランディ・ニューマン、アメ

★51＝1994年開場。2019年までレンジャーズが本拠地として使用。現在は多目的スタジアムとして使用されている。

★52＝1945年～。映画監督の他に脚本で『スティング』（1973）、『めぐり逢えたら』（1993）を担当。

リカにおける映画の世界だけでなく、ベースボールの世界にとっても非常に重要な作曲家の一人であることは間違いありません。

5　ホセ・フェリシアーノ

１９６８年のワールドシリーズで

ホセ・フェリシアーノをシンガーソングライターのカテゴリーに入れるのには違和感を覚える方もいるかとは思いますが、彼は確かにシンガーでもあり作曲もしているので、この項で触れようかと思います。ひとつご勘弁を！

１９４５年プエルトリコ出身のギタリスト、歌手、そしてソングライターでもある彼は生後間もなく緑内障により失明するハンデを背負いますが、ギターの腕を磨きスパニッシュ・ギターの名手として19歳でデビューします。１９６８年にはグラミー賞最優秀新人賞を受賞し、世界的なヒットを数多く手掛け、現在も活動中です。しかしＭＬＢとの関係性において

★**53**＝１９１８〜２０１０。タイガース担当としての42年間を含む実働55年間、ＭＬＢ中継の実況を担当。現在のタイガース本拠地コメリカ・パークの記者席には彼の名が冠されている。

★**54**＝１９２４〜２０１１。

は、グラミー賞を受賞したその年の秋、全米を巻き込む騒動がホセの身に降りかかってきたのです。

その年のワールドシリーズはデトロイト・タイガースとセントルイス・カージナルスのマッチアップ。アメリカはベトナム戦争が激化し、それに対する抗議の声が高まっていました。タイガース専属の名物実況アナウンサーであるアーニー・ハーウェル[★53]は、タイガー・スタジアムで開催されるホームゲームで、国歌を歌う人気アーティストをブッキングし、国威掲揚に貢献するようチームから依頼されました。ハーウェルは第3戦にベテラン女性カントリー歌手のマーガレット・ホワイティング[★54]、そして第4戦には地元のブラック・ミュージック専門レーベル、モータウンの看板歌手であるマーヴィン・ゲイ[★55]を起用し、ふたりとも伝統的なスタイルで国歌斉唱を披露、5万人以上の観客から大喝采を浴びました。続くワールドシリーズ第5戦にとハーウェルが声をかけたのが、ホセ・フェリシアーノ。試合開始5分前、盲導犬トルーディと共にホセはフィールドに現れ、アコースティック・ギター一本で歌い始めます。

105秒[★56]、弾き語りによる国歌斉唱。ホセ節の真骨頂である、現在の例え方だと〝フォーキー〟ど真ん中、なギターの調べ。ラテンとジャズの雰

ビッグバンドのシンガーとして活動。デトロイト出身、タイガースの試合での国歌斉唱はファンにとってお馴染みだった。

★55＝1939〜84。モータウンを代表する男性シンガー。ホセの前日に伝統的な国歌斉唱を披露したマーヴィンは一部から「スクエア（＝やぼ）」と批判された。15年後の83年、NBAオールスターで再び国歌斉唱を担当。今度はゆったりとした四つ打ちリズムの上で、甘くメロウに歌い上げる斬新なアレンジを施した。「僕は白人のやり方ではなく、僕のやり方で歌うべき」と残し、15年前のリベンジを果たした。

★56＝伝統的な演奏や歌唱だと、通常はおよそ70秒ほど。

囲気を醸し出すギターアレンジのゆったりとしたテンポで演奏し、それに乗せる歌声は落ち着き払っていて、むしろ敬虔さすら感じるほどに素晴らしい演奏と歌唱でした。しかし、そのようなアレンジで国歌を歌うには、時代がまだ追いついていませんでした。伝統的かつ荘厳なアレンジでしか自国の国歌を聴いたことのなかった観衆は完全に面を喰らい、演奏直後にはブーイングが巻き起こり、視聴者からはテレビ局に抗議の電話や手紙が殺到し、ホセを招聘したハーウェル自身も球場にいた記者連中から不満の声を聞かされてしまったのです。挙げ句の果てには初回にいきなり3失点を許したタイガースの先発投手ミッキー・ロリッチ[★57]が、試合後の談話で「国歌斉唱が異様に長かったから、ウォームアップ後に身体を冷やして打たれてしまった」と捨て台詞を吐く始末。タイガースは1勝3敗と崖っぷちで迎えた第5戦だったこともあり、最悪の立ち上がりとなってしまいました。しかし試合はロリッチが2回から持ち直し9回までカージナルス打線を零封し完投、そしてタイガース打線が逆転して5対3で勝利します。息を吹き返したタイガースは続くロード2試合も連勝し23年振り3回目のワールドシリーズ制覇、史上2回目のワールドシリーズにて1勝3敗からの逆転優勝を成し遂げました。しかしながら世間はそんな雰囲気などどこ

★57＝1963〜75年のタイガースなど実働16年、計3球団でプレー。最多勝1回、最多奪三振1回。68年のワールドシリーズではMVPを受賞。

吹く風、アメリカ国内ではホセの国歌斉唱に対する賛否両論の騒動が激しさを増していったのです。

対戦相手であるカージナルスの選手たち、例えばロジャー・マリス[★58]は「私は保守的なのかもしれないが、あのような場所で国歌をあのように扱うことはふさわしいとは思わない」と述べ、他の選手達からも「この曲は型にはまった歌だ。原曲通りに歌うべきだ」などと批判が噴出しました。全米中の新聞各社も社説でホセを起用したハーウェルを痛烈に批判、翌年になっても批判が殺到し抗議の電話が鳴り続けます。その年に大統領選挙戦を戦っていた共和党のリチャード・ニクソン[★59]は「不快で不適切」「他の国には見せたくなかった」と酷評し、彼の支持基盤である南部の諸州では「国歌を伝統的な方法で歌わない場合は処罰される」という法律を制定するかどうかが検討されるまでの騒ぎに発展する始末だったとか。

歌で心に涙を運ぶ男

ホセには、その怒りが全く理解出来ませんでした。プエルトリコで生まれ、幼い頃にニューヨーク・ハーレムに移り住み、厳しい時代を生き抜いて市民権を獲得し、ミュージシャンになる夢を成し遂げた彼は、国歌斉唱

★58＝1968年はカージナルスでプレー。ワールドシリーズ第5戦は代打で出場。この年で現役引退。

★59＝1913〜94。68年は共和党から自身2度目の大統領選挙出馬。民主党候補のヒューバート・H・ハンフリーを僅差で下し、第37第アメリカ合衆国大統領に就任。しかし74年8月8日、ウォーターゲート事件によりアメリカ史上初の大統領辞任。

を自分にチャンスを与えてくれた国への贈り物だと考え、披露しました。「私は自分の感じたことを演奏しただけだ。国歌を馬鹿にする気持ちなど毛頭ない。これがボクの正直な気持ちだったんだ」

一方、ホセの歌を支持する人たちもいました。レコード会社はその素晴らしさを伝えるべく、このライブ演奏によるアメリカ国歌を即座にシングルとして発売します。放送禁止にするラジオ局も多かったものの、1ヶ月間で1万枚の売上を記録し、ビルボードの全米ホット100で最高50位、5週に渡ってチャートインします。アメリカ国歌が全米ホット100にチャートインしたのはこれが初めてのことでした。アメリカ有数の新聞社ワシントン・ポスト★60も発売直後に「歌で諸君の心に涙を運ぶ男」と絶賛する論評を出しています。ホセはのちに「国歌を様々に解釈出

★60＝1877年創刊、アメリカを代表する日刊紙のひとつ。ウォーターゲート事件を暴いた新聞社。1976年以降から民主党支持の論調を展開。

来る扉を開けたのが自分だったことを、いつも誇りに感じている」と語っています。誰も緩急をつけず、誰も解釈をしようとせず、誰も探究をしようとせず、いつでも同じ様な節回しでストレートに歌われていた国歌を、最初に解釈して歌う度胸。ホセにはそれがあったのです。時が経つと共に、音楽、芸術、そしてナショナリズムに対する考え方も変わっていき、ホセは色々な場面でアメリカ国歌を歌うように頼まれるようになっていきます。

騒動からレコード発売を経た42年後の２０１０年、ホセに国歌斉唱を依頼したハーウェルは末期ガンであることが判明します。球団がハーウェルに何か出来ることはないか、と尋ねたところ、彼はホセにもう一度、国歌斉唱をお願いしたいと頼みました。5月10日、残念ながらハーウェルはその6日前に帰らぬ人となってしまったのですが、タイガースはその約束を守ります。ホセは42年振りにデトロイトに帰ってきて、タイガースの試合前に背番号68のジャージを羽織って国歌斉唱を行い、旧友を讃えたのです。そして今回はもちろん、スタンドの観衆もスタンディング・オベーションでホセを讃えました。

7th Inning Stretch　ビートルズとMLB⁉

イギリスのバンドですが……

さてこの本も後半、７回が終了しセブンス・イニング・ストレッチということで、ちょっとずらした視点から、ＭＬＢと音楽について探っていこうと思います。背伸びでもしながら、読んでみて下さい。テーマはビートルズです……おいおい、ＦＡＢ４[★1]はイギリスのバンドだろ⁉　ベースボール関係ないじゃん‼とお思いになる方も多いことでしょう。ですが、実はビートルズはベースボールと切っても切れない、あの場所と初めてリンクしたミュージシャンなのです。

とはいえ、ビートルズが録音した２１３曲（＋２曲[★2]＋１曲[★3]）には、野球に関する歌詞は出てきません。ビートルズ関連で名前が出てくるスポーツ選手は『Dig It』[★4]でのマット・バスビー[★5]、そして映画『Let It Be』＝『Get Back』[★6]でのルーフトップ・コンサートでの１曲目『Get Back』演奏後にポール・マッカートニーがＭＣで口にするテッド・デクスター[★7]くらい。

★1＝Fabulous 4、素晴らしい４（人組）を意味し、現在ではビートルズのことを指す。

★2＝１９９５年発表『Free As A Bird』、96年発表『Real Love』のこと。

★3＝１９６７年にファンクラブ限定で配布されたクリスマスレコード収録の『Christmas Time (Is Here

サッカーとクリケット、両方ともイングランドゆかりのスポーツに関する名前だけ。あとはジョン・レノンがソロになってリリースしたアルバム『心の壁、愛の橋』（1974）のジャケットで、彼が11歳の時に描いた1952年FAカップ[★8]決勝、ニューカッスル対アーセナルでニューカッスルのフォワード、チリ出身のジョージ・ロブレド[★9]が決勝点となるゴールを決める瞬間の絵が使われたくらいでしょうか。

ブリティッシュ・インヴェイジョンはあの場所にも

1964年2月7日、ニューヨーク近郊のジョン・F・ケネディ空港にビートルズの4人が降り立ち、2月9日にテレビ番組『エド・サリバン・ショー』に出演[★10]して以降、俗にいう「ブリティッシュ・インヴェイジョン」が巻き起こります。ビートルズを端緒に音楽、ファッション、映画などのイギリス文化が1960年代のアメリカを席巻し始めました。

ビートルズが1965年の夏に3度目となる全米ツアーを行った際、初日の8月15日に、ニューヨークのとある場所で世界初となる公演を開催し5万5000人を集めました。その場所とは、そう野球場。ニューヨーク・メッツの本拠地シェイ・スタジアムで、ビートルズの単独公演、現在

Again)』のこと。『Free As A Bird』のカップリングとして1995年初公開。

★4＝アルバム『Let It Be』（1970）収録。50秒の短い曲だが、元々は12分あるジャムセッションの一部。

★5＝1909〜94。スコットランド出身、選手としてはマンチェスター・シティやリヴァプールなど（1928〜43）、監督としてマンチェスター・ユナイテッドで通算24シーズン指揮。

★6＝1969年1月に行ったレコーディングと、彼らの最後のライブとなったルーフトップ・コンサートを記録したドキュメンタリー映画。70年に81分の映画『Let It Be』として公開。

でいうところのワンマンライブを開催したのです。これがきっかけで、ビートルズに続けと数多くのコンサートが野球場やその他のスポーツ施設で行われるようになり、今では当たり前のようになりました。

ビートルズと野球場

ビートルズは1966年8月29日を最後[★11]にコンサートを行わなくなり、レコーディング中心の活動になっていきます。そのコンサートも野球場、サンフランシスコ・ジャイアンツの本拠地、キャンドルスティック・パークでした。では、ビートルズはどのくらい、野球場でコンサートを開催したことがあるのでしょうか？

1964年
9月17日　ミュニシパル・スタジアム（カンザスシティ・アスレティックス）

1965年
8月15日　シェイ・スタジアム（ニューヨーク・メッツ）
8月18日　アトランタ・スタジアム（アトランタ・クラッカーズ【AAA】）

2021年11月に8時間以上の新編集版『Get Back』として動画配信の形で公開された。

★7＝1935～2021。イングランドを代表するクリケット選手。国際クリケット評議会にて殿堂入りを果たしている。

★8＝1871年創設、イングランドで行われる、世界で最も歴史の古いサッカーのカップ戦。プロ、アマ入り乱れた一発勝負。日本の天皇杯もこれに倣っている。

★9＝1926～89。チリ出身。FAカップ決勝に初めて出場した南米出身選手。1950年ワールドカップにはチリ代表として出場。

8月20日　コミスキー・パーク（シカゴ・ホワイトソックス）
8月21日　メトロポリタン・スタジアム（ミネソタ・ツインズ）

1966年

8月14日　ミュニシパル・スタジアム（クリーブランド・インディアンズ）
8月15日　D.C.スタジアム（ワシントン・セネターズ）
8月21日　クロスリー・フィールド（シンシナティ・レッズ）
8月22日　ブッシュ・スタジアム（セントルイス・カージナルス）
8月23日　シェイ・スタジアム（ニューヨーク・メッツ）
8月28日　ドジャー・スタジアム（ロスアンジェルス・ドジャース）
8月29日　キャンドルスティック・パーク（サンフランシスコ・ジャイアンツ）

計11球場で12公演、ビートルズは野球場でコンサートをしています。この中で当時の建物がそのまま残っているのは、なんとドジャー・スタジアムのみ。兵どもが夢の跡、を地でいっていますよね……。

★10＝この日の視聴率は72%。当時のアメリカ全人口の60%ともいえる約7300万人が視聴。出演時間帯におきた全米での青少年犯罪は0件だったと言われている。

★11＝1970年4月10日に解散するまで、これ以降のコンサートはたった一度のみ。映画の撮影として行われた先述のルーフトップ・コンサートだけ。

シェイ初、シェイ最後、そしてシティ・フィールドで初

1965年にシェイ・スタジアムで初のコンサートを開催し、翌1966年にも開催したビートルズのポール・マッカートニーは、何とシェイ・スタジアムで開催された最後のコンサートにも出演しました。2008年7月18日、ニューヨークを代表するシンガーソングライターにして大のメッツファン、ビリー・ジョエルがシェイ・スタジアム閉鎖前の最後のコンサートを開催したのですが、シークレットゲストとして何とポールが登場、『I Saw Her Standing There』を本編で、トリプル・アンコール、つまり本当に最後の曲で『Let It Be』を共演し、ポールはシェイ・スタジアムにおけるコンサートの初っ端とトリを両方飾った事になったのです。ちなみに、この日ポールを楽屋からステージ裏までカートを運転して送り届けたグラウンド・キーパーのピート・フリンさんは、なんと1965年のシェイ・スタジアムでのコンサートでもビートルズの4人をスタジアム中央にあったステージからセンター後方のゲートを経て外まで送り届けた運転手だったそうです。

その1年後、2009年7月17日、新しく開場したメッツの本拠地、シティ・フィールドでは初のコンサートが開催されました。出演はもちろん

ポール・マッカートニー。そしてビリーがゲストに呼ばれ、再び『I Saw Her Standing There』を共演しました。ああ、良い話……。

今日のビートルズファンは、明日の野球ファン

さて先ほどの年表を見ると、1964年にも1本、ビートルズは野球場でコンサートを開催していますね。この1964年9月17日のカンザスシティでの公演、実は当初はオフ日の予定で、ツアー日程には組み込まれていませんでした。9月11日から16日まで6日連続の公演、そして18日ダラス、20日ニューヨークと続くツアーの中で貴重なこのオフ日に、マネージャーのブライアン・エプスタインに熱烈なオファーをしたのが、1964年当時カンザスシティをホームにしていたアスレティックスのオーナー、チャーリー・O・フィンリー★12でした。

ビートルズの現場マネージャーでツアーに同行していたニール・アスピノール曰く「カンザスシティから予定外の公演をして欲しい、と何度もオファーがあったことを覚えている。最初はギャラ提示額が5万ドルだったので断っていたが、最終的に15万ドル★13になり、結局出演することになった」とのこと。「今日のビートルズファンは、明日の野球ファン」という

★12＝1918～96。60年にオーナー就任後、ロバを球場で飼育、黄色いユニフォームを採用、選手に口髭を奨励、といったアイデアを提供した。72～74年とチームは3連覇するも、FA制度の導入で財政難に陥り弱体化。80年にチームを身売り。

★13＝1964年当時の為替レート、1ドル360円で換算すると5400万円。当時の日本の物価は中華そば1杯60円、映画観覧料（大人）220円。現在と、ほぼ0ひとつ違いますね。

キャッチコピーを掲げフィンリーは公演を敢行、いくつかのオープニング・アクトが登場したあと、ビートルズは32分間で全12曲を2万人の前で披露。当時のツアーでの定番セットリストに加え、カヴァー曲ではあるものの、ここぞとばかりにレパートリーのご当地ソング『Kansas City/Hey Hey Hey Hey』[★14]を演奏したそうです。ただ元々は予定のなかったこの公演、1964年の全米ツアー25本中では唯一売り切れず、フィンリーは5万ドルから10万ドルの損失を出したとも言われています。そのフィンリーが所有していたアスレティックスは1968年にオークランドへ移転してしまいましたが、翌1969年に新たに誕生したチームであるカンザスシティ・ロイヤルズは、今でもホームのカウフマン・スタジアムで勝利すると『Kansas City/Hey Hey Hey Hey』を場内に流しています。このコンサートに集まったビートルズファンが野球ファンになったかどうかは今では知る由もありませんが、MLBのチームがきっかけでビートルズがカンザスシティの野球場でコンサートを行った事実、ご当地ソングを本人達が歌ったことは間違いありません。

★14＝オリジナルは1952年。ビートルズver.は『Beatles for Sale』(1964)収録。ミュニシパル・スタジアムで演奏したときはまだ録音前で、この日の演奏がきっかけでアルバムに収録されたそう。

ビートルズは野球をやったことがあった……!?

RINGO/PAUL/JOHN

さてビートルズのメンバーはイギリス出身、サッカーに関してはポールがエヴァートン、★15 他の3人がリヴァプールFC★16のサポーター、ということが広く知られています。また1973年に発売されたベストアルバム、通称『赤盤』『青盤』★17はリヴァプールとエヴァートンのチームカラーをモチーフにしたといわれています。で

★15＝1878年創立、リヴァプールをホームタウンとする名門。青がチームカラー。

★16＝1892年創立、リヴァプールをホームタウンとする名門。赤がチームカラー、愛称はレッズ。筆者はリヴァプールFCの大ファンで2度現地観戦歴あり（一度は2019年にホームスタジアムのアンフィールドで、もう一度は2018年にUEFAチャンピオンズリーグの試合をポルトのエスタディオ・ドラゴン（ポルトガル）にて）。

★17＝『赤盤』は1962～66年、『青盤』は67～70年の楽曲で構成された各2枚組のベストアルバム。

は野球はどうだったのでしょうか。イギリス陣だから馴染みがなさそう……と思いきや、実はジョン、ポール、リンゴの３人が野球をプレーしている写真が残っているのです！　ネットで調べてみると恐らく１９６５年、かなり広い公園のようなところで、元々左利きのリンゴが投手として野球のボールよりちょっと大きな（恐らく）ソフトボールを投げようとしている姿、そして左利きなのに何故か右打席でスウィングしているポールの姿、そして左手にグローブをつけているジョンの姿が！　残念ながら画像は使えないので、絵でその雰囲気を味わって下さい！

INNING

8

ブラック・ミュージックとMLB

1884年の1シーズン、42試合だけ出場した史上初の黒人メジャーリーガー、モーゼス・フリート・ウォーカー[★1]以降は「カラーライン」[★2]が作られ、MLBによる人種差別が明確に示されてから、ジャッキー・ロビンソンが20世紀以降の初の黒人メジャーリーガーとしてプレーする1947年まで、63年もの長きに渡る時間を要しました。MLBはアメリカ社会における人種差別の現状を映す鏡のような存在といっても過言ではなく、ジャッキー登場以降はアメリカ社会と同じく黒人、ネイティブ・アメリカン、中南米出身の選手、アジア系の選手、そしてヨーロッパやアフリカ出身の選手がいて、監督やコーチ、スタッフ、経営に携わる全ての役割でも様々な人種の人々が活躍しています。近年では人種や国籍にとどまらず、女性のGM[★3]、コーチ[★4]、マイナー組織での監督[★5]、更には実況や解説といった役割で、性別の壁が少しずつ取り払われてきています。

とはいえアメリカでの人種差別は現在でも根強く残っているのが現状でもあります。国家、企業、そしてMLBの様な影響力を持ったプロスポーツ団体が事ある度に人種差別の撤廃を声高に叫んでも、痛ましい事件や騒動は現在でも繰り返し起こっています。2020年5月にミネアポリスでおきたジョージ・フロイド死亡事件[★6]を発端に再び大きくなった人種差別の

★1＝黒人医師の父と白人の母の間に生まれ、1884年にメジャーリーグとして認められたアメリカン・アソシエーションに加盟したトレド・ブルーストッキングスで1年間42試合だけ捕手としてプレー。弟ウェルディもこの年に5試合だけ出場。ジャッキー・ロビンソン以前にメジャーリーグでプレーしたアフロ・アメリカンはこの2人のみ。

★2＝奴隷制廃止後のアメリカ合衆国における人種隔離を指す言葉。

★3＝2020年11月、マーリンズでキム・アングが女性として初めてのGMに就任。

撤廃を訴える運動「ブラック・ライブズ・マター」に対し、ＭＬＢは全面支持を表明しました。２０２０年7月の開幕戦では試合前に全チーム全選手全スタッフが賛同の証としてフィールドに片膝をつき、黙禱を捧げました。また同年8月にウィスコンシン州ケノーシャでおこった17歳の白人少年による黒人への銃撃事件に抗議するため、8月26日・27日に渡って計10試合がボイコットされ、ロブ・マンフレッドＭＬＢコミッショナーを始めとするＭＬＢ機構側もそれを支持しています。２０２１年にはオールスターが開催される予定だったアトランタがあるジョージア州で、黒人などのマイノリティを阻害する可能性がある選挙関連法改正に対しＭＬＢ選手会が反発、ＭＬＢ機構もそれに続き、即座に開催地を変更することを発表した、ということもありました。

アメリカにおける黒人音楽の歴史も野球と同様に、アメリカ社会と対のような関係です。既に触れた、ジャッキー・ロビンソンやウィリー・メイズの活躍を賞賛するナンバーがリリースされたのは、同胞の活躍を大いに讃え、自分たちもついていこう、という態度であったことは明らかです。

ここではブラック・ミュージックとＭＬＢが絡んだエピソードを紹介致します。

★4＝２０２０年1月、ジャイアンツでアリッサ・ナッケンが女性として初めてＭＬＢのコーチに就任。

★5＝２０２２年1月、レイチェル・バルコベックが女性として初めてＭＬＢ組織での監督（ヤンキース傘下シングルＡ）に就任。

★6＝黒人男性ジョージ・フロイドが、白人警察官デレク・ショーヴィンに8分46秒間、頸部を膝で押さえ付けられ死亡した事件。この動画がＳＮＳで拡散され、全米で抗議運動と暴動が多数発生した。

1　ウィノナ・カー

人生はボールゲーム

2013年に公開された、ジャッキー・ロビンソンの伝記映画『42』と、1994年に公開されたタイ・カッブの伝記映画『Cobb』★7には、ある共通項があります。片や人種の壁を破ったヒーロー、片やMLB史上〝最も偉大で最も嫌われた〟レジェンド。非常に対照的なふたりなんですけど、どこが同じなのか……実は、映画のエンディング曲が同じだったのです。

その曲『The Ball Game』は、女性ゴスペル・シンガーのウィノナ・カーが1952年に発表したナンバー。後にアーサー・リー・メイもリリースしたブラック・ミュージックの名門レーベル「Specialty Records」からリリースされました。「人生はボールゲーム。一塁には誘惑、二塁には罪、三塁には苦難が待っているけど、それを乗り越えればホームプレートでイエスが待っている」と、ゴスペルと野球を上手く掛け合わせた内容のこの曲は、彼女の唯一にして最大のヒット曲として知られ、時を経てど

★7＝日本でのタイトルは、それまでの日本語表記と同じく『タイ・カップ』だった。カッブ役はトミー・リー・ジョーンズ。またロジャー・クレメンスが投手役で出演。

ちらの映画にも使用されました。同時代の他の女性ゴスペルシンガーたちがこぞって甘く滑らかに歌っていたことに対し、カーは官能的に、そして耳に引っかかるようなハスキー・ヴォイスで歌うことで知られ、あのアレサ・フランクリンが影響を受けたシンガー、としても知られています。

この曲が使われた映画『42』でジャッキー役を演じたチャドウィック・ボーズマン★8は2020年8月28日、大腸がんにより43歳という若さでこの世を去りました。例年ならばジャッキーが1947年にデビューした日にちなみ4月15日に開催するジャッキー・ロビンソン・デーが、コロナの影響でこの年は8月28日に予定されていた正にその日に、ジャッキー役を演じたボーズマンが旅立ってしまった偶然。またこの日は1945年にドジャース会長ブランチ・リッキーがジャッキーと初めて出会った日でもあり、更には1963年にマーティン・ルーサー・キング牧師が「私には夢がある」と演説し、ジャッキーも参加した「ワシントン大行進★9」が開催された日でもありました。ジャッキーを巡るいくつもの歴史的な出来事が起こった日だったわけなのです。

この8月28日に開催された14試合ではボーズマンに向けて黙禱が捧げられ、選手とスタッフ全員が背番号42のジャージを着用、そして翌29日にも

★8＝1976～2020。ジェームズ・ブラウン役を演じた『Get on UP』（2014）、そしてアメリカにおける映画の歴代興行収入4位を記録した『ブラックパンサー』で主役を演じた。更なる飛躍を嘱望されたものの、結腸がんにより43歳の若さで逝去。

★9＝人種差別撤廃を求めるデモ。ワシントンDCのリンカーン記念堂前に20万人以上が集結した。キング牧師による「I have a dream.」という有名な演説が行われ、ジャッキーをはじめマルコムX、ボブ・ディラン、ジョーン・バエズ、マーロン・ブランドなど多くの人種差別に反対する文化人も参加した。

前日に試合のなかったチームと、前日に引き続き希望する選手達は、背番号42を着用しました。

1972年にドジャースの永久欠番として指定された、ジャッキーの背負っていた背番号42は、1997年からその功績を讃えMLB全30球団で永久欠番になっています。また2004年4月15日に制定されたジャッキー・ロビンソン・デーでは、2007年に希望する選手全員が背番号42の付いたユニフォームを着用し、2009年以降は全ての選手、監督、コーチ、そして審判までもが42番のユニフォームを着用して出場し、現在に至っております。

2 レイ・チャールズ

ジョージア州で歌うこと

南北戦争後、スピリチュアルと呼ばれる、自由と解放を望む黒人の共同体の中から誕生した宗教歌＝黒人霊歌が、1930年頃にリズムとハーモニーの要素が融合して発展し、歌われ始めたのがゴスペルです。それと対になる形で同時代に生まれたのが、黒人霊歌を起源としつつも、自分自身の感情や思想を表現するために、労働中に歌われ発展した〝悪魔の音楽〟ことブルースです。このふたつがブラック・ミュージックのルーツであり、そして明確に区別されていました。しかし「俺は3歳のときからゴスペルを歌ってきたし、同じくらい小さなときからブルースを聴いてきた。その2つを一緒にするのはごく自然なことだろ？」と語り、それを融合させた新しい音楽、ソウル・ミュージックを確立させたひとり、とされているのがレイ・チャールズです。6歳の頃に仲の良かった弟を亡くし、その半年後に緑内障により失明するハンディを負いながらも、ピアノを学び1947年に17歳でプロとして活動を開始し、数々のヒット曲を世に放ちました。

　レイはアトランタから車で3時間離れたジョージア州オールバニ出身ということで、ある曲を車での移動中にしばしば鼻歌で歌っていたところから、お抱え運転手に「その曲、レコーディングした方が良いんじゃないですか？」と提案されます。そしてそれがきっかけで、故郷のことを歌ったジャズのスタンダード・ナンバー『ジョージア・オン・マイ・マインド』★10

★10＝ホーギー・カーマイケル作曲、ステュアート・ゴレル作詞で1930年に発表。アメリカの著作権団体BMI調べ「20世紀にアメリカのテレビやラジオで最もオンエアされた100曲」第10位（レイをはじめ全てのカヴァーを合算）。

RAY CHARLES

のカヴァーを１９６０年にリリースします。レーベルを移籍した第１弾シングルでもあったこの曲は大ヒットし、自身初の全米シングルNo.１、そしてグラミー賞２部門受賞という栄誉に輝きました。しかし翌１９６１年３月、レイはそのジョージア州オーガスタにあるペイン大学でライブイベントに出演する予定でしたが、出番前に学生たちから直接、あることを理由に抗議を受けてしまったのです。イベント会場内は、当時の他のアメリカ南部の州と同様に黒人と白人の席が分けられていたのですが、公民権運動が盛り上がりを見せていたこともあり、その状況で黒人であるあなたは普通に出演するのか、人種差別を許すのか、という人種差別撤廃を訴える学生たちからの抗議でした。開演寸前のところで、同じような状況でステージに立つことを拒否したサム・

クックらに続くように、レイは出演を断念します。すると主催者は激怒し契約違反と訴えレイは敗訴、罰金が科され、ジョージア州をはじめとして人種によって席を分けている州＝南部諸州＝人種差別がまかり通っている州での演奏が出来なくなってしまったのです。当時のアーティストにとって、ジョージア州を含む南部諸州は稼げる場所でもあり、そこでのライブ禁止は非常に痛かったのですが、黒人社会を代表する存在にもなっていたレイは信義を貫き、ジョージア州で歌えないこの曲を歌い続けます。

１９７５年に出演したテレビ番組で「私が南部で育った中で、最も忌まわしいことは、行きたい所に行けないこと、食べたいところで食べられないことだった」と述べたレイはその4年後、政治の新しい息吹を肌で感じ取ることになります。１９７９年3月、ジョージア州がこの曲をジョージア州の正式な州歌に制定することを発表したのです。レイは州議会からその式典に招かれ、過去の非礼を謝罪する意味でのスタンディング・オベーションを受け、18年間の拒絶が解かれました。その後、１９９６年に開催されたアトランタ・オリンピックの開会式ではレイがこの曲を歌い、その開会式が行われた競技場を改装して作られたブレーブスの本拠ターナー・フィールド★11、そして２０１７年に移転して現在使用されているトゥルーイ

★11＝１９９６年アトランタ・オリンピックのためにメイン会場として造られた陸上競技場。大会終了後は野球場に改装されターナー・フィールドとして、ブレーブスが97年から２０１６年まで使用。現在はジョージア州立大学に譲渡され2万５０００人収容のフットボール場「ジョージア・ステート・スタジアム」となっている。

スト・パークでも、この曲が試合後に流れています。

音楽を聴くように野球を聴く

2001年、あの〝9・11〟に見舞われたあとのワールドシリーズ第2戦でアメリカ合衆国の愛国歌『America the Beautiful』★12を演奏したレイは、野球が大好きだったそうです。「クラシックの演奏家はゴルファーのようなものだ。優雅なクラブを持ち、集中するために観客を静かにさせる。一方ジャズ・プレーヤーはバッターのようだ。ピッチャーが豪速球を投げるか変化球を投げるか、そしてコースも判らない。キャッチャーも、観客も、味方の監督やコーチもバッターに向かって叫ぶ。バッターはその中で瞬時に決断しなければならない。集中していなければならない」と自伝で音楽観を野球に例えた文章も残っているほど。またNBCの名スポーツ実況で知られるボブ・コスタス★13がレイにインタビューする機会があった際、レイの方から開口一番「君はヴィン・スカリー★14と知り合いかい？　僕は彼のラジオ実況が大好きで、まるで音楽を聴くように耳を傾けていたんだよ。良かったらヴィンを紹介してくれないか？」と頼んだそう。コスタスがすぐに場を設けたところ、レイは矢継ぎ早に「コーファックスの完全試合の時

★12＝1895年、キャサリン・リー・ベイツが詩を発表、1910年にサミュエル・A・ワードが曲をつけた。NFLスーパーボウルでは国歌斉唱前に必ず歌う。

★13＝1952〜。アメリカ3大ネットワークの一つNBCのスポーツ担当アナウンサーを2019年まで務めた。MLBなどアメリカ4大プロスポーツを始め、オリンピックでは夏季・冬季計12大会の実況を担当。

★14＝1927〜。50年から2016年までの67年間、ドジャースの専属実況アナウンサーとして活動。20世紀で最も偉大なスポーツ・アナウンサーとの異名を持つ。

の話を聞かせてくれよ！」「カーク・ギブソン★15のサヨナラホームランの時はどうだったんだい？」と質問したそうです。レイは長年ビバリーヒルズに住んでいた影響からか、ドジャースのファンだった上に、彼にとってはベースボールも音楽だった、と語っている……。何か、MLBと音楽、ベースボールと音楽について原稿を書いているボクは、このことを知ったとき、目から何か汗のような物が出てきてしまったのです……。そうそう、そうなんですよ、ミスター・チャールズ！ ベースボールはミュージックなんですよ……！

3 シスター・スレッジ

ウィー・アー・ファミリー

『ジョージア・オン・マイ・マインド』がジョージア州の州歌に制定された1979年、ブレーブスと同じナ・リーグ東地区のピッツバーグ・パイレーツは、1970年代にチームの黄金期★16を迎えていたにもかかわらず、

★15＝1979〜87年タイガース、88〜90年ドジャースなど95年まで実働17年、計4球団でプレー。俊足強打が持ち味。ドジャース時代の88年ワールドシリーズ第1戦では、足の怪我を押して1点ビハインドの9回裏2死一塁に代打で登場、片手でスウィングした打球はライトスタンドに飛び込む逆転サヨナラ2ランとなり、足を引きずりながらダイヤモンドを一周。永遠に語りつがれる一打となった。

★16＝1970〜79年の10年間で地区優勝6回、ワールドシリーズ制覇2回。2位3回、3位1回と全てAクラス（当時は東西各地区6チーム）。

開幕から下位に低迷していました。地区6チーム中4位で迎えた6月1日、ホームでの対パドレス戦、下位とはいえ5連勝中で、チームは上向きの状態、しかしながらその日は雨のために試合が途中で中断します。この勢いに乗っかって何とか試合をしたいというチーム状況のなか、試合再開を待つお客さんに退屈を凌いでもらうために、球場スタッフは最新のヒット曲を流していました。あるディスコ・チューンが流れた際、ダグアウトで暇を潰していたチームリーダーのウィリー・スタージェル[★17]が何やら閃きます。ダグアウトにある電話でチームの広報に「この曲が終わったら、ビジョンに〝この曲はパイレーツの公式クラブハウス・ソングです〟と発表して欲しい」と、半ばいたずらのような頼みを伝えます。広報担当は困りながら、しかも映像の上に即座に文字を映し出すのは今ほど簡単ではなかったのにもかかわらず、何とか工夫して字幕に出したところ、お客さんは大ウケ。しかもその日の試合で5対8と3点リードされて迎えた9回裏からチームは大逆転し9対8でサヨナラ勝ち、6連勝を飾ります。大ベテランの黒人選手であるスタージェルは、人種の分け隔てなく全てのチームメイトから尊敬されていたことから、彼の洒落か本気か判らない決定にもチームメイトたちは「ウィリーのチームなんだから」と賛成し、以降その曲が本拠地

★17＝1962〜82年、21年間パイレーツ一筋。飛ばし屋として知られ、本塁打王2回、打点王1回（73年は二冠）。誰からも慕われ、〝ポップ〟＝親父の愛称で親しまれた。79年はナ・リーグMVP、リーグ優勝決定戦MVP、ワールドシリーズMVPと総ナメ。88年殿堂入り。背番号8は永久欠番。

★18＝1970〜2000年、パイレーツの本拠地として使用された。NFLスティーラーズとの共用で、当時流行の円形球場＝クッキーカッタースタジアムだったが、90年代の専用球場ブーム到来と老朽化に伴い解体。

★19＝1973〜87年に計7球団で実働14年、88〜89

スリー・リバース・スタジアムで[18]毎試合流れます。その中には当時まだ控え選手で、のちに日本ハムでプレーをするマイク・イースラー[19]もいました。

その曲、シスター・スレッジ[20]の『ウィー・アー・ファミリー』は、盟友バーナード・エドワーズ[21]と共にシック[22]を結成し、現在は泣く子も黙る大御所プロデューサーとして君臨するナイル・ロジャース[23]が、エドワーズと共作で自身のバンドであるシック以外に初めて提供したナンバーです。1979年4月にリリースされ大ヒットし、全米4位を記録していました。パイレーツの試合でこの曲が流れ始めた頃は人気が一段落した状態だったのですが、パイレーツは7回表終了時の定番曲『私を野球に連れてって』を差し替えてまでこの曲を流し続け、ファンにも次第に浸透していきます。

音楽が導いた世界一

パイレーツはその後25試合もの逆転勝利を手にして7月には首位に立ち、モントリオール・エクスポズ[24]とのデッドヒートを制し地区優勝を決め、10月のナ・リーグ優勝決定戦ではこの曲がパイレーツの熱狂そのものになる瞬間が訪れます。パイレーツがレッズ相手に敵地で連勝してホームに戻り、勝てばナ・リーグ制覇を決める第3戦。7回表を終えて6対1とリードを

年日本ハム。MLB時代の愛称は"The Hit Man"。88年NPB初打席で本塁打を記録。極端なアッパースウィングは後年テレビ番組でモノマネのネタになり知られるようになった。

★20＝フィラデルフィア出身、デビー、ジョニ、キム、ケイシーの四姉妹からなるグループ。1971年にデビューし、現在もデビーとキムが現役で活動中。

★21＝1952〜96。ディスコ・ブームを牽引したバンド、シックのベーシストとしてデビュー。96年、日本武道館でのライブ中に不調を訴え、終演後にホテルで亡くなった。

★22＝1977年デビュー。ディスコ・ブームを牽引し、

している段階でこの曲が流れると、何とパイレーツの選手の夫人全員がバックネット裏のお立ち台スペースに集まり、『ウィー・アー・ファミリー』を歌うわ踊るわの大騒ぎ！　場内のファンはもちろん熱狂、試合もそのまま勝利し、8年振りのワールドシリーズ出場権を手にします。

一方その頃、シスター・スレッジの面々はツアーで世界各地を転々とし、パイレーツがチームの公式テーマ曲にしていることを知ったのが、何とワールドシリーズ第5戦のときだったそう。メンバーのキム・スレッジ[★25]は「ハンブルクにいたとき、ワールドシリーズ第5戦でピッツバーグの人々が"We are Family"と歌うニュース映像を観て、信じられないと思ったわ」と述懐し、すぐにパイレーツに花束と電報を送った、とも語っています。

1勝3敗と土壇場に追い込まれたパイレーツはそこからオリオールズをうっちゃり、8年振りのワールドチャンピオンに輝きます。スタージェルはワールドチャンピオンに輝いた試合後に「我々のチームは、一緒に住んでいなくとも、ファンを含め全員がファミリーの一員として団結することで、ここまで這い上がって来ることができた。あの曲は、それに相応しいナンバーだった」と、単なる思いつきではなかったことを、ワールドシリーズ制覇の試合後に述べています。またパイレーツがワールドチャンピ

ヒップホップの源流となり、またクイーン1980年の大ヒットシングル『地獄へ道づれ』の原典となった『グッド・タイムス』などのヒットで知られる。

★23＝1952〜。シックのギタリストとしてデビュー。プロデューサーとしてマドンナ、デヴィッド・ボウイ、ミック・ジャガー、ダフト・パンクなど錚々たるアーティストたちを手掛てもいる。

★24＝1969年創設、カナダ史上初のMLB球団だったが2005年にワシントンDCへ移転。チーム名もナショナルズに変わった。

★25＝後年、彼女は「私たちのホームタウンのチーム、フィラデルフィア・フィリ

オンになった翌週、『ウィー・アー・ファミリー』はピッツバーグ市内だけで1週間1万枚の売上を記録し再びチャートを上昇、最終的に全米最高2位を記録したのです。

　チームとファン、そして街が繋がった世界一へ向かう為の旗印は、あるディスコ・チューンだったという歴史的事実。時にベースボールでは、音楽の力によってチームが勝ち進むことがあるんですよね……。

4　プリンスとミネアポリス、とボク

Let's Go Crazy

　ミネアポリスという単語から連想する人物といえば、音楽好きの皆さんならまず間違いなく彼の名前を挙げるでしょう。そう、日本では〝殿下〟の愛称でも親しまれている、プリンスです。ミネアポリスで生まれ育ち、1978年にデビューしてからもずっとミネアポリスを拠点としていました。自ら紡ぎ出すサウンドは〝ミネアポリス・サウンド〟と呼ばれ、

ーズだったらもっと良かったのにね」と本音をこぼしたとのこと……！

1980年代のブラック・ミュージックやポップスはもちろんのこと、例えばハウスやテクノ、エレクトロといった他ジャンルにも多大な影響をもたらし、音楽の将来を照らす道標にもなったと評されています。名曲、名作を次々と生み出し、また多作で知られたプリンスですから、ここでザックリ紹介……なんてことはボクには荷が重すぎるので、そこは皆さんにお任せします★26!

2016年4月21日、自ら所有する自宅兼スタジオ「ペイズリー・パーク」でプリンスは帰らぬ人となりました。まだ57歳という若さで。ミネアポリスにホームを構えるツインズは、その日は遠征中で試合がなかったのですが、ホームスタジアムであるターゲット・フィールドでプリンスに哀悼の意を捧げる意味で、大型ビジョンには彼の写真を、そしてスタジアム全体に巡らされているリボンビジョンに彼のイメージカラーである紫を映し出し、その写真をSNSなどに掲載しました。また選手達が帰ってきた最初のホームゲーム、4月25日の対インディアンズ戦は〝プリンス・トリビュート・ナイト〟と題し、選手全員が紫のリストバンドを装着、試合前に黙禱を捧げ、出場選手は全てプリンスのナンバーをWalk Up Songに使用するという演出で試合が行われました。ツインズは3対3の同点で迎えた

★26＝プリンスに関する書籍といえば、ボクの草野球仲間でもある西寺郷太氏（NONA REEVES）の名著『プリンス論』（新潮新書）を是非。

★27＝2013～16年ツインズ他MLB3球団、18年には日本ハムで89試合に出場。現在は母国ベネズエラでプレー。

★28＝球場の下を鉄道が通る関係から、駅としても機能している。

★29＝1982～2013。屋根を空気圧で膨らませた造りは東京ドームのモデルとなった。解体後は同じ敷地にUSバンク・スタジアムが16年に開場、チームカラーが紫のNFLバイキングスの本拠地として使用さ

9回裏、オズワルド・アルシア★27のホームランでサヨナラ勝ち、劇的な幕切れとなりました。

ツインズはもともとプリンスのナンバーをホームゲームで使用していました。２０１０年から本拠にしているターゲット・フィールド★28では、ツインズの選手がホームランを放つと、彼の代表作『パープル・レイン』（１９８４）からシングルカットされ全米No.１に輝いた『Let's Go Crazy』が流れます。２００９年まで使用していたメトロ・ドーム★29から移転する際、試合進行を担当するディレクターの意向でミネアポリスにちなんだプリンスの曲を使用することになり、それまで使用していた『スター・ウォーズのテーマ』から変更されたとのこと。「宿命をくつがえせ、クレイジーに行こうぜ！」と歌われたこの曲、２０１９年にはかつてないオンエア回数、１３７を数えます。この年のツインズはホームランを量産、通称“Bomba Squad”と呼ばれた打線はＭＬＢ史上最多となる1シーズンにおけるチーム本塁打３０７を記録、ホームゲームでも球団新記録となる１３７本を放ち、正にホームランでクレイジーになった年だったことは間違いありません。チームも9年振り11回目のア・リーグ中地区優勝を果たしましたが、ポストシーズンではヤンキースとの地区シリーズで3連敗と良いところなく敗

れている。

★30＝１９９０～95年、ツインズなどで実働15年、計6球団でプレー。91年最多勝。

★31＝１９８２～88年マリナーズ、89～92年アスレティックス、93～95年タイガース。通算１６１勝１７５敗。4度の最多先発登板を記録、典型的なイニングイーターだった。

★32＝１９８４～95年ツインズ一筋。首位打者・打点王各1回、最多安打4回。小柄でズングリ体型、明るい性格でファンに愛された。91年ワールドシリーズ第6戦ではサヨナラ本塁打を放った際に見せたガッツポーズがターゲット・フィールドに銅像として設置されている。

退、クレイジーだったのは残念ながら9月まででした……。

毎年恒例になった「プリンス・ナイト」

ツインズはプリンスが亡くなった翌2017年から毎年「プリンス・ナイト」と題したホームゲームを開催しています（コロナ禍で無観客開催だった2020年は開催せず）。毎回先着1万名にプリンスのシンボルマークが入ったグッズが配られ、それとは別のプリンス・グッズが特典に付いてくる特別チケットはすぐに売り切れ、そのグッズはオークションなどで高値がつく人気となっている模様です。またツインズは2018年からプリンスのブランド・ライセンスを持つ会社と業務提携し、ターゲット・フィールドにあるツインズのオフィシャル・ストアでのみ購入可能なプリンス・グッズを販売しています。地元のファンを摑むためには、地元のヒーローもがっちり摑んでおく。商売上手なツインズですが、2021年シーズンは期待外れの地区最下位に低迷してしまいました。トミー・ジョン手術を受けた前田健太投手は2022年シーズンに復帰出来るとしても早くて9月くらいとのこと。2004年からポストシーズン18連敗中のツインズですが、その連敗はいつ止まるのか、そして1991年以来のワールドシ

01年殿堂入り。背番号34は永久欠番。06年に45歳の若さで死去。

★33＝1987年デビュー、ツインズなどMLBで実働9年、5球団でプレー。95～96年は巨人。対左投手に強く、また外野守備ではファインプレーを連発。ただ弱肩だった。

★34＝1981～99年、実働19年、計5球団でプレー。ジャマイカ出身では唯一の2000本安打到達。通算350本塁打はスイッチヒッターとして歴代5位。

★35＝1991～97年ツインズ、98～01年ヤンキース、02年ロイヤルズ。91年新人王、二塁手でゴールドグラブ1回、シルバースラッガー2回。98～00年ヤンキー

リーズ制覇は、ミネアポリスの街が紫に染まるのは、いつになるのでしょうか……。

ミネアポリスと私

さてここからは若干話題がそれますが、ひとつご勘弁を。私ＭＯＢＹ、生まれて初めてＭＬＢの試合を観たのが、１９９２年7月28日、このミネアポリスにあったメトロドームでのことでした。高校1年生だったボクは夏休みに高校のホームステイ・プログラムに参加し、ミネソタ州とノースダコタ州の州境にある人口２０００人の街、バーンズビルにある牧師さん一家にお世話になりました。アメリカのスポーツや文化ばかり追っかけ、いわゆるアメリカかぶれだった16歳のボクは、可能ならば何としてもメジャーリーグの試合を観たい、と出発前にリクエストを出していたところ、ホストファミリーのご厚意で、メトロドームで行われるツインズの試合に連れて行ってもらえることになったのです！　しかも相手は当時滅茶苦茶強かったオークランド・アスレティックス！　１９９１年のワールド・チャンピオンだったツインズと、１９９０年のア・リーグ覇者アスレティックスという当時の黄金カード、しかも2ゲーム差で首位争いをして

ス三連覇に貢献。ツインズの殿堂入りが予定されていたが、09年に当時の妻への暴行罪で起訴され、取りやめになった。

★36＝１９８５〜92年アスレティックスなどで実働17年、計7球団でプレー。キューバ出身、86年新人王、88年ア・リーグＭＶＰ、本塁打王2回、打点王1回。88年に史上初の40本塁打・40盗塁を達成。自身を含むＭＬＢでの薬物使用を暴露した本の出版、格闘家デビュー、また数々のスキャンダルをおこしたお騒がせ男としても有名。

★37＝１９８６〜97年アスレティックス、97〜２００１年カージナルス。87年新人王、本塁打王4回、打点王1回。98年にシーズン70本塁打を放

いる両チームの対戦にボクは興奮しっぱなし。車で片道5時間かけて向かったメトロドームは、モデルにしている東京ドームとは屋根は似ているものの、それ以外は全く別物に感じました。とにかく大きかったのと、大きいのに何だかフィールドが近くに感じたのと。先発投手はツインズが前年最多勝のスコット・エリクソン[★30]、アスレティックスはローテーション3番手ながらも3年連続2桁勝利を挙げていたマイク・ムーア[★31]。ツインズはカービー・パケット[★32]、シェーン・マック[★33]、チリ・デービス[★34]、チャック・ノブロック[★35]らが、対するアスレティックスは怪我でホセ・カンセコ[★36]とリッキー・ヘンダーソンはいなかったけれども、マーク・マグワイア[★37]、ハロルド・ベインズ、ウォルト・ワイス[★38]といった当時お馴染みのラインナップが顔を揃えていました。試合は予想外の乱打戦、マグワイアが2本のホームランを放ち、両チーム合計31本のヒットが出て、12対10でアスレティックスが勝ちました。回転ドアから入場して目の前に広がったフィールド、ツインズファンしかいない観客席、その中で当時好きだったアスレティックスのTシャツを着て観戦した自分、ホットドッグやヘルメット型のカップに入ったデイリークイーン[★39]のアイスクリームの味、敵チームへの容赦ないブーイング、イニング間にビジョンで繰り広げられる出し物、初めて生で

ち当時の新記録を達成。引退後に薬物使用を認め謝罪。その後は計3球団でコーチを務めた。18年シーズンはパドレスのベンチコーチ。

★38＝1987～2000年まで実働14年、計4球団でプレー。88年新人王。出塁率の高さとショートの守備に定評があり、守備に就いた1462試合全てショートで出場。2013～16年はロッキーズ監督。

★39＝アメリカのアイスクリーム店。濃厚で逆さまにしても落ちないソフトクリームが売り。日本にも店舗があったが2004年に撤退。筆者は14年に台北で久し振りに食べた。

★40＝1972～98年に実働24年、計5球団でプレー。

聴く『私を野球に連れてって』、チャンスでクイーンの『We Will Rock You』（1977）の〝ドンドンパン！〟が繰り返し流れる場内、もう全てに夢中でした。この年にサイ・ヤング賞とシーズンMVPを受賞したアスレティックスのクローザー、デニス・エカーズリー[★40]が試合を締めた直後に「駐車場が混むから急ぐよ！」とすぐに出たことまで覚えています。翌日、ターゲット[★41]でマーク・マグワイア・モデルのファーストミットを買い、高校3年間それをずっと使い通したりもしました。おーい、あの時のオカモト～！　お前、30年後にMLBに関する本を書いてるんだぞ～！　ついでに言うと、2018年6月4日、サンディエゴのペトコ・パーク、パドレスのクラブハウスとダグアウトを結ぶ通路で、当時パドレスの打撃コーチだったマーク・マグワイアとすれ違ったり[★42]もしたんだぞ～！

通算197勝、390セーブ。最多セーブ3回、歴代5位1071登板。2004年アメリカ野球殿堂入り。背番号43はアスレティックス永久欠番。

★41＝ミネアポリスに本社があるディスカウント百貨店チェーン。

★42＝野球情報サイト「Full-Count」の記者体験取材で同地を訪れた際に遭遇。すれ違った瞬間、咄嗟に会釈だけしたものの、その直後しばらくの間、動けなくなってしまいましたよね……。

INNING 9

ヒップホップとMLB

１９７３年にニューヨークのブロンクスで誕生したといわれる音楽文化、ヒップホップ。アフロ・アメリカンや中南米系の低所得者層が数多く居住していたブロンクスで、ストリートパーティーを開き、自分たちの生活に根差したシーンを築き始めていきます。それがやがてアメリカの、そして世界のあらゆる人種と階層を巻き込み、現在の音楽シーンにおいても重要なジャンルのひとつになっていることは誰しもが認めるところでしょう。

生活に根差したシーンから出てきたヒップホップですから、生活に根差した単語がラップに多用される、つまり国民的娯楽であるベースボールに関する単語ももちろん出てきます。また、ベースボールという文化からショーマンシップを学び、ラッパーとして成功した例もあります。ここではヒップホップとＭＬＢが絡んだエピソードをご紹介していきましょう。

1　ビースティ・ボーイズ

ビースティとボク

ビースティ・ボーイズのことを知ったのは、確か高校2年のときだったから、1993年。ボクは軟式野球部に所属しながら、軽音楽部にも所属し、バンドをやっていました。当時のパートはキーボード。アコーディオンやピアニカも弾いて、ザ・クラッシュやザ・ポーグスなどのコピーバンドをやり、学園祭でも演奏。その学園祭で、他に出ていた同級生のバンドが、古いロックでもない、メタルでもない、でもなんだかカッコいい雰囲気の曲を演奏していて、それがビースティ・ボーイズというグループの『Fight for Your Right』[★1]という曲、そしてその曲は飛行機が描かれたジャケットのアルバムに入っている、ということを知ったんです。ボクはその曲を良いとは思いながらも、当時は1960～70年代の古いロックにのめり込んでしまっていた為、その曲止まり。その後の活躍も何となく知ってはいたけど、本格的に好きになったのは2003年の秋くらいだったか

★1＝彼らのデビューアルバム『Licensed to Ill』（1986）のこと。

と思います。自分のバンドがメンバーの病気でライブ活動を休止せざるを得なくなり、来る日も来る日もレコーディングをしていた時期でした。当時のディレクターから新曲の参考にと、ビースティ・ボーイズが１９９６年にリリースした全曲インストゥルメンタルのアルバム『In Sound From Way Out!』を薦められ、あれ彼らラップグループじゃないの?と頭にクエスチョン・マークを浮かべながら聴いてみたところ、うわ！　この人たち、演奏メッチャ上手いし、リズムが凄ぇ黒い！　これファンクじゃん！　と知り、他の作品も色々と聴き始めました。というわけで、最初にリアルタイムで聴いたアルバムは２００４年の『To The 5 Boroughs』と遅れていたんです。もっと早く聴いておけば良かった……。でも２００４年にボクのバンドも出たロックフェス「サマーソニック２００４」では、ビースティ・ボーイズのライブを千葉マリンスタジアムで観たし……まあ良いか！

ベースボール用語連発

２０１８年の春、ＭＬＢ専門誌『Slugger』からＭＬＢと音楽についてコラムを執筆しないか、とのオファーを頂き、ネタを意識的に探していくことになりました。そういえばビースティ・ボーイズって、彼らの地元のチームでもあるヤンキースやメッツのキャップをしょっちゅう被っていたし、野球好きなんだろうな、と調べたところ、リリックに野球に関する言葉が出てくる出てくる！「オレはマイクでヤンキースのようにスコアを稼ぐぜ（『3-Minute Rule』）」、「マイク・ピアッツァの様にキメてやったぜ！（『3 The Hard Way』）」、他にはメッツのかつての本拠地シェイ・スタジアムも出てきますし（『The Sounds of Science』）、極めつきは「And I've got more hits than Sadaharu Oh」（『Hey Ladies』）、そう王貞治！ サダハル・オーよりもたくさん一発（＝ヒット曲）をカマしまくっているんだぜ！とラップしているんです。ボク（１９７６年生まれ）と同世代の、ビースティが好きなアメリカ出身の友人たちに話を聞いたところ、口を揃えて「ビースティのお陰でオレたちは偉大なるサダハル・オーの名前を始め、本当に色々な固有名詞を知ることが出来たんだよ」と教えてくれました。

１９７８年結成、１９８６年にアルバム『Licensed to Ill』でデビューし、２０１１年までに８枚のフルアルバムをリリース。１９９８年にはグラミー賞を受賞し、２０１２年にはロックの殿堂入り。D.I.Y精神にも溢れ、メンバーが20代後半だった１９９２年には自らのレコード会社を設立して有望な若手アーティストをデビューさせ、カルチャー雑誌を出版し、１９９６年からはチベット独立支援を目的としたコンサート★2のオーガナイズも担当。数多くの功績をあげ、音楽だけでなく様々な分野に多大な影響を及ぼしたものの、残念ながら２０１２年5月4日にリーダー的存在のＭＣＡががんのため47歳という若さで逝去。それ以降は現在に至るまで活動を停止しています。同日にシティ・フィールドで行われたニューヨーク・メッツの試合では、メッツの全ての選手がバッターボックスに登場する際、また投手交代時に、様々なビースティ・ボーイズの楽曲を流しＭＣＡに追悼の意を表す、という粋な演出がありました。それもそのはず、メンバー全員が野球はもちろんのこと、バスケットボール、アメリカンフットボール、アイスホッケー、ボクシング、カーレースなどなど、スポーツ大好き。１９８７年に初来日した際にお土産として購入したと思われる中日ドラゴンズや広島カープのキャップを被っている姿なんかも、彼らの記録映画『ビースティ・ボーイズ・ストーリー』★3で確認出来ます。野球を始め、あらゆるカルチャーに関する固有名詞の数々をラップしたことにより、聴く側も影響を受けていく。彼らのセンスやユーモアは、アメリカの、いや全世界の感度抜群な若者達に影響を及ぼしていったことは間違

★2＝チベタン・フリーダム・コンサート。ＭＣＡが自分のアルバムで使用したチベット仏教の読経のサンプリングに対する印税を誰に払うかと言う問題に端を発し、中国政府から拷問を受けた僧侶などによる非暴力の抵抗を支援する為に基金を設立し、コンサートの収益は全て寄付された。

★3＝Apple TVにて公開中。

いないですね。

選手の名前に含まれる意味

ＭＬＢのレジェンドが出てくるナンバーを2曲紹介しましょう。まずはパナマが生んだ安打製造機ことロッド・カルー。通算３０５３安打、通算打率・３２８、首位打者7回、最多安打3回。１９７７年には１９４１年にテッド・ウィリアムズ[★4]がＭＬＢ史上最後に記録して以来のシーズン打率4割に迫る・３８８を記録し、ア・リーグＭＶＰを獲得。背番号29は所属した2球団であるツインズとエンジェルスの両方で永久欠番に指定されました。そのロッド・カルーの名前が出てくるのは、ビースティの代表作と評される4枚目のアルバム『Ill Communication』（１９９４）の冒頭を飾るナンバー『Sure Shot』。

　オレのアクションはジョン・ウー[★5]より凄えし
　おまけにロッド・カルーみたいにヒット（曲）もたっぷりあるんだぜ

彼らが子供の頃から野球を愛していたこと、時代背景も含め〝作る側〟

★4＝１９３９〜42年、46〜60年（43〜45年は兵役でプレーせず）、レッドソックス一筋の天才打者。41年の打率・４０６は現状ＭＬＢ最後の打率4割、そして史上最年少23歳1ヶ月での記録。通算２６５４安打、打率・３４４。66年殿堂入り。

★5＝香港の映画監督。男同士の熱い友情と壮絶な戦いを描く「香港ノワール」の中心人物。代表作は『男たちの挽歌』（１９８６）、『レッドクリフ』（２００８）。

と〝聴く側〟の共通認識として、カルーがヒットを量産していたことが容易に連想出来た、ということが非常によくわかりますよね。

そしてもうひとり、１９４１年のデビュー後からヤンキース一筋、殿堂入りも果たしている遊撃手フィル・リズート。１６８センチと小柄ながら守備能力の高さと勝負強いバッティングでオールスター選出5回、ヤンキースの7度のワールドシリーズ制覇に貢献し、１９５０年にはア・リーグＭＶＰ受賞。そんないぶし銀的な名選手の名前が、１９８９年発売のセカンドアルバム『Paul's Boutique』収録の『What Comes Around』に出てきます。同時期に活躍したミッキー・マントルやヨギ・ベラではなく、リズートを取り上げるなんてさすがビースティ！　渋好み！と思い歌詞の意味を調べたところ、なんだか意味がわからない……ＣＤ付属の訳詞もちんぷんかんぷん。で、調べてみると……

Bum cheese on rye with ham and prosciutto
Got more louie than Philip Rizzuto

リズートは１９５６年に38歳で現役を引退した翌年から、約40年間に渡りヤンキース戦の専属アナウンサーを担当。数々の名勝負、歴史的なシーンを担当し、ＭＬＢ中継ではお馴染みの文句“Holy Cow!”★6という言葉を生み出しました。更に１９７０年代後半から20年ほど「The Money Store」という住宅ローンを扱う会社のテレビＣＭに出演。つまりニューヨークの人々にとっては名選手、名実況、そして金貸し屋のＣＭのおじさん、でもあったわけです。それを踏まえると、この歌詞の意味はこんな感じでしょうか。

　ハムと生ハムをダブルで挟んだライ麦パンのチーズサンドイッチなんかオレ達には安いもんだぜ
　オレ達ゃ金持ちだから（金貸しの）フィル・リズートなんか用なしさ！

Bumは「タダで手に入れる」、prosciuttoは「生ハム」。そしてlouieはフランス語のスラングで「お金」。つまり自分たちは稼いでいるからハムに生ハムまでトッピングしたチーズサンドイッチだろうとタダ同然、金貸しのリズートなんか用なしさ！と、からかっているんですね……。

★6＝訳すなら「なんてこった！」「うひゃー！」「ありえね～」といった意味でしょうか。

子供の頃から、自分の好きなものと、また別の好きなものが、何かしらの形で繋がっていき、自分の脳内で倍々ゲームのようにリンクしていく。何かそんな化学反応を探すのが、ボクにとってのライフワークなんだろうな、と追い続けているうちに、ベースボールと音楽に関する原稿を書き始めていました。選手を始めとした野球に関する単語に含まれるイメージや意味によって、より深く歌詞の意味を汲み取ることが出来る。ビースティ・ボーイズは、ボクにとってこの本を書くきっかけを与えてくれた存在でもあります。

2 ア・トライブ・コールド・クエスト

超絶お洒落なヒップホップ

2歳のころからの幼馴染みの同級生で、9歳のころには一緒にラップをし始め、1989年にア・トライブ・コールド・クエスト（以下ATCQ）

★7＝1989年デビュー。ニューヨーク・ロングアイランドの高校の同級生3人による、それまでのヒップホップのイメージとはかけ離れた〝オタク〟なセンスで構築されたサウンドは、ヒップホップというジャンルの発展に大きく寄与した。

★8＝ニューヨークで結成さ

のMCとしてデビューしたQティップとファイフ・ドーグ。それまでのヒップホップのイメージとは打って変わって、ジャズの要素をふんだんに用いた、淀みなく流れるベースラインとドラムで構築したトラックの上を、時に歌うように、時に雑談するようにリレーしていく2人のラップ。同時期に人気を博したデ・ラ・ソウル、[★7]ジャングル・ブラザーズ[★8]と並ぶ〝ニュー・スクール〟[★9]の中核を担ったグループとして知られています。またこれは私事ですが、ボクの所属するバンドSCOOBIE DOのWalk Up Songは、彼らが「過去の音楽へのリスペクト」と、「現在の自分たちのアティテュードを結びつけながら音楽制作をしている」ことに共感し、彼らのナンバー『Excursions』（1991）のサンプリング・ソースである、アート・ブレイキー[★10]&ザ・ジャズ・メッセンジャーズ『A Chant for Bu』（1973）を選び、2001年から一貫してこの曲を使用しています。2006年には我々の演奏によるカヴァーも発表しています。

特にファイフはスポーツ好き

2人のラップは、相手に対する威嚇や、自分の自慢に終始したそれまでのものとは違い、身のまわりのことを題材にしつつ、ダンス音楽として楽

れ1988年デビュー。ジャズとヒップホップの融合を行った草分け的存在。

★9＝一般的には1990年までをオールドスクール、90年より後をニュースクール、と区分している。ATCQ、デ・ラ・ソウル、ジャングル・ブラザーズで結成された〝ネイティブ・タン〟と呼ばれる、意気投合したヒップホップのグループ同士による集合体がニュースクール時代を牽引した。

★10＝1919〜90。ジャズ・ドラマーの草分け的存在。〝ナイアガラ・ロール〟と呼ばれる細かいドラミング、リーダーとして多くの新人を発掘し育てたことなど、現在のジャズ界に多大な功績を残したドラマー。親日家で息子の名前はTaro。

しむためのハッピーなものを志向していました。特にファイフ・ドーグはスポーツが大好きで、ミュージック・ビデオやテレビ出演時、またレコードジャケットの写真などで、様々なプロスポーツや大学スポーツのグッズを身に付けていたことが確認出来ます。ＭＬＢだけでもブレーブス、ジャイアンツ、ホワイトソックス、インディアンズ、そしてヤンキースとメッツ。元々プロのバスケットボール選手になることを目指していて、病気により音楽活動から身をひいたあとは高校バスケットボールのスカウトとして働いていたほどです。バスケットボール以外にもアメリカンフットボール、アイスホッケー、そしてベースボールに関する単語をリリックに多用していました。以下、ご紹介しましょう。

ボーはこれ（フットボール）についてもあれ（野球）についても知ってるけど、
ジャック（ヒップホップ）のことは知らないから、ラップは出来ないさ
（『Scenario』１９９１）

〝ボー〟とはボー・ジャクソン★11のこと。ＭＬＢとＮＦＬの二刀流選手とし

★11＝1986〜94年の実働8年、計3球団でプレー。89年ＭＬＢオールスターＭＶＰ。ＮＦＬでは実働4年、90年にＮＦＬのオールスターであるプロボウル選出。

て活躍、「北米4大プロスポーツリーグのうち2つのオールスターゲームに出場した唯一の選手」として知られています。そんなボーでもラップは出来やしないさ、とファイフはおちょくっているんでしょうね。1989年にはナイキのCMに出演、同じ名前のブルース界のレジェンド、ボー・ディドリー[★12]とともに出演した"Bo Knows（ボーは知っている）"のキャッチコピーは一躍有名になりました。そのCMでボー・ジャクソンはギターにも挑戦するのですが、どうやらダメだったようです。

もし知識が鍵なんだったら、錠を見せてくれ
痩せた足をしているけど、ルー・ブロック[★13]並のスピードでそれを解いてやるぜ
俺は早いし、お前が耳を傾けるに100%値する賢い黒人のガキさ
（『Check the Rhime』1991）

このライムはQティップによるもの。ルー・ブロックは通算3023安打、そして938盗塁を記録した名外野手。1983年に福本豊[★14]、1991年にリッキー・ヘンダーソンに抜かれるまで盗塁の世界記録保持者でした。

★12＝1928〜2008。ボー・ディドリー・ビートと呼ばれるリズム（文字にすると「ダンッ・ダンッ・ダンッ・ダンダンッ」で伝わるでしょうか）は、ブルースとロックンロールを融合させる役割となった。

★13＝1961〜64年カブス、64〜79年カージナルス。盗塁王8回。通算3023安打。85年殿堂入り。背番号20はカージナルスの永久欠番。2020年に81歳で逝去。

★14＝1969〜88年阪急一筋。盗塁王13回、最多安打4回。通算1065盗塁、299盗塁死、115三塁打はNPB歴代最多。2002年殿堂入り。まるで漫才のような名調子による解説でもお馴染み。

Qティップは根が真面目で完璧主義、野球選手を引用する感じも非常にクレバーですよね。で、このミュージック・ビデオですが、ファイフはインディアンズのジャージとキャップなのに対し、Qティップはヤンキースのジャージにブレーブスのキャップという、ちょっと頓珍漢なセレクトをしております。

ブレーブスやヤンキースの選手よりも、ヒットを多く打ってやるぜ
（『Award Tour』１９９３）

Qティップの格好を踏まえたのかどうかは判りませんが、この曲でファイフはブレーブスとヤンキースの名前を口にしています。彼らの盟友デ・ラ・ソウルも参加した、ＡＴＣＱ史上シングル最高位である8位を記録したこの曲、確かにヒットしました。１９９３年はブレーブスがリーグ3連覇を果たし（ワールドシリーズでは3年連続敗退）、ヤンキースは低迷していた80年代を経て再び黄金時代に向かう道すがらで、この年は地区2位だったものの、チーム安打数はＭＬＢトップの１５６８を記録しました。ファイフはちゃんとヤンキースのチーム安打数もチェックしていた、のでしょ

うね……！（希望的観測）

ストリートで頑張っているやつらを見下す野郎ども
自分たちは世渡り上手だと思い込み、オレたちを見下している
だから数字も統計学もクソ喰らえだ
真の競争の意味を知っているのか？
お前らの数字なんてものはア・リーグのピッチャーたちが放つヒット
みたいなもんだ

（『We the People....』２０１６）

ファイフはもともと遺伝性の1型糖尿病を患っていました。『Award Tour』が収録された彼らのサードアルバム『Midnight Marauders』制作中に持病が悪化し、肉体的に、そしてQティップの完璧主義にもついていけなくなり、治療のためアトランタに引っ越し、ＡＴＣＱは１９９８年に解散してしまいます。２００６年に一時的な復活もありましたがファイフとQティップはツアー中に喧嘩し絶縁状態に。容態もまた悪化するものの、移植手術を経て健康を回復、２０１０年には仲直りを経てサマーソニック

出演の為に来日しました。しかし２０１６年3月22日、糖尿病による合併症のため、ファイフは45歳で死去。この曲が収録されたアルバム『We Got It from Here... Thank You 4 Your Service』はＡＴＣＱのラストアルバム、そしてファイフの遺作としてリリースされました。Ｑティップが「このアルバムに収録されているのは、ファイフの未発表音源ではない。彼の新録音源だ」という通り、ファイフが亡くなる前の４ヶ月の間に録音されたとのこと。この曲ではＱティップが現代の人種による不平等問題をメインテーマにラップしている一方、ファイフは自らを「ストリート」のラッパーとして現代の音楽シーンを、野球に例えて物申しています。ア・リーグはＤＨ制によりピッチャーは基本的に打席に立たず、立つとしてもナ・リーグ主催試合のインターリーグで打席に立つ程度。だから数えるに値しない、とラップしているのです。しかし、ファイフが亡くなった2年後、それを覆す、ア・リーグで当たり前のように打席に立つ投手、大谷翔平が出てきました。ファイフによる大谷翔平を用いたラップ、是非とも聴いてみたかったものです……。そして２０２２年シーズンから、ナ・リーグもＤＨ制を導入することが決定し、ピッチャーが打席に立つこと自体が、今後は珍しくなっていくのでしょうか。

3 ボールパークで働いていたヒップホップのレジェンドたち

M.C.ハマー

１９９０年に発売されたセカンドアルバム『Please Hammer, Don't Hurt'em』が世界で累計２２００万枚以上売れ、シングルカットされた『U Can't Touch This』は全米21週連続No.1を記録。日本でも一世を風靡し多くのフォロワーを生み出したM.C.ハマー。どちらかというとラップのスキルや曲の良さよりも、圧倒的なダンスの魅力で成功を収めたアーティストとして知られています。いわゆる音楽として語られるヒップホップの本流からスルーされがちなM.C.ハマーなんですが、この本で取り上げるのには理由があるわけで。実は彼はMLBのとあるチームに見出され、育てられた人物なのです。

M.C.ハマー、本名スタンリー・カーク・バレルはオークランド出身。もちろんアスレティックスのファンで、オークランド・コロシアムにしょっちゅう野球を観に行っては、ファールボールや練習時にスタンドインしたボールを拾い集めて球場の外で売ったり、ジェームズ・ブラウンばりの股割りダンスをしたり、ヴォイス・パーカッションを披露したりして小銭を稼いでいたんだそう。そんな当時9歳のバレル少年は偶然にもチャーリー・O・フィンリー球団オーナーに見出され、何とチームのバットボーイとして1971年に採用されます。フィンリーは彼をいたく気に入り、[★15]バットボーイ以外の仕事も与えるようになります。例えば本業の保険業で忙しくシカゴのオフィスに滞在しがちだったフィンリーに電話をして試合状況を伝えたり、

またクラブハウスでの選手の様子やゴシップ話をレポートする係を担当するようになります。いつしか選手たちから〝副社長〟の肩書きが与えられ、バレル少年には"Vice President（副社長）"の頭文字〝VP〟のロゴが

★15＝日当7・5ドルだったとのこと。子供にしては大金ですが、人件費を抑える目的もあったとか。オーナーの商魂のたくましさたるや……。

入ったキャップが支給されます。

そして彼に対し、チームの看板選手がとっておきのニックネームをつけてくれました。1972年からワールドシリーズ3連覇を成し遂げた際の中心打者、レジー・ジャクソンに「お前、顔がハンク・アーロンに似てるよな」と、〝ハマー（Hammer）〟と命名されたのです。バットボーイとして試合に参加する際は、"Hammer"という名前が背中に入ったユニフォームを着用し、ハンク・アーロンとも面会しました。一緒に撮影された写真も残っています。

バレル改めハマー少年は、アスレティックスの試合がないときには地元のクラブでラップやダンスを披露するようになり、高校卒業までアスレティックスで働きます。また高校では野球選手としても活躍、サンフランシスコ・ジャイアンツのトライアウトを受けたのですが、残念ながら合格できませんでした。高校卒業後はアメリカ海軍に入隊し、軍でも同じようにパフォーマンスをしていたことから、元々のニックネームに〝M.C.（Master of Ceremony）〟の冠が加えられ、M.C.ハマーと呼ばれるようになったのだとか。3年間の任務期間を経て名誉除隊のあと、音楽活動を本格的に始動させる際、彼はアスレティックスで仕事をしていたときにチームに所属していた選手であるドウェイン・マーフィー[★16]とマイク・デービス[★17]に頼み込み、融資をしてもらう確約を取りつけ、彼のデビューアルバム『Feel My Power』（1986）のリリースに漕ぎ着けることが出来たのです。つまりアスレティックスに見出され、育てられ、名前を授かり、出資もしてもらい、デビューしたということになるんですね。この成り上がりっぷり、本当に感服します……！

デビューから大ヒットを経て浪費、そして人気低迷と破産を経て、宗教活動と音楽活動に地道に取り組み、また多岐に渡るビジネスを展開している現在のM.C.ハマーは、日本に住んでいる我々からするとすっかり過去の人の様な印象ですが、アスレティックスにおいては常にVIP待遇。時には始球式、時には有名人参加のソフトボールなどに招かれてプレーし、元気な姿を見せています。

アウトキャスト

MLBのボールパークで働いていたヒップホップの超大物、実は他にもいるんです。1994年にデビュー、2000年代に入り人気を確固たるものにし、2003年にリリースした5枚目のアルバム『Speakerboxx/The

★16＝1978〜89年の実働12年、計3球団でプレー。90年にはヤクルトでプレー。外野手として6度のゴールドグラブ受賞。またリッキー・ヘンダーソンが82年に当時のMLB記録となるシーズン130盗塁を記録した際、次打者として盗塁のアシストに大きく貢献。ベーシストでもある。

★17＝1980〜87年アスレティックス、88〜89年ドジャース。88年ワールドシリーズ第1戦ではカーク・ギブソンの放ったサヨナラ本塁打の前の打者として2死走者無しから四球を選び出塁、二盗を決め、本塁打で生還。同シリーズ第5戦ではリードを広げる2ランを放った。

Love Below』が１０００万枚以上の売上を記録したアウトキャストのメンバー２人、アンドレ３０００とビッグ・ボーイは、ジョージア州アトランタ近郊にある高校の同級生。２人とも当然ブレーブスのファンで、アンドレ３０００は高校時代に当時のブレーブスの本拠地フルトン・カウンティ・スタジアムでピーナッツやポップコーンを売るアルバイトをしていたそう。ボールパークで働くくらいブレーブスが好きだったのか、というと、このグループの場合は、ちょっと事情が違いまして……。熱狂的なのは、もう一人のメンバー、ビッグ・ボーイの方でした。「俺にとってブレーブスとは、アトランタの魂を意味するのさ」と語り、高校時代は学校帰りに頻繁に試合を観に行き、アルバイトをしているアンドレ３０００としょっちゅう会っていたことをインタビューで話しています。

そのビッグ・ボーイはブレーブスが好き過ぎて、通常ならチームが作る〝ハイプ・ビデオ〟、いわゆるプロモーション用の映像を、自ら作ってチームに提供してしまうほどの熱の入れよう。ブレーブス側もビッグ・ボーイの想いに応え、２０１７年に開場したトゥルーイスト・パークでは初めてとなる音楽コンサートを開催する大役を任せています。そして２０２１年11月5日、26年振りのワールドチャンピオンに輝いたブレーブスが優勝パレードを開催し、バスなどでアトランタ市内を練り進んでからトゥルーイスト・パークに戻った際、待ち受けたファンの前でのセレモニーのひとつとして、ビッグ・ボーイのライブが催されたのです。ジャージにキャップ、スタジアム・ジャンパーをしっかりブレーブス仕様でキメて、観客席にいたブレーブス・ファン、そしてブレーブスの選手たちをしっかり盛り上げていました。大好きなチームが26年振りのワールドチャンピオンになり、その優勝セレモニーでマイクを握りフロウをカマす……万感の思いでステージに立ったのは間違いないでしょうね……。

INNING

10

Extra Inning

さて、この本も9回を終えゲームセット！となるところなのでしょうが、ボクにとって大事なチーム、そしてチームにまつわる音楽の話をしていませんでした。そうです、シカゴ・カブスについてです。延長戦となるこのイニングでは、ボクとＭＬＢとの出会い、ボクにとってのカブス、そしてカブスと音楽についてのエピソードを紹介します。

シカゴ・カブスとボク

大リーグとの出会い

ボクが初めてメジャーリーグを、当時のマナーで言い換えるならば大リーグの存在を知ったのは、野球用品メーカー美津濃のカタログでした。今のマークでもあるランバードのラインが登場する前、まだＭラインだった頃なので、１９８１〜82年くらいでしょうか。ボクの父がゴルフ用品を販売する会社に勤めていた関係から、野球好きなボクに野球用品のカタログをもらってきてくれ、それを読んでいました。そのカタログで見慣れな

★**1**＝１９８５年からＭＬＢ実働13年・計5球団でプレー。89年は阪神で38本塁打。ＭＬＢに戻った90年・91年と2年連続で本塁打王。同じく巨人からＭＬＢに戻ったビル・ガリクソンと共にＮＰＢ経由の選手がＭＬＢで活躍する初めてのケースとなった。

いユニフォーム姿の外国人選手を見つけます。それがフィラデルフィア・フィリーズのピート・ローズだと知ったのが大リーグとの出会いでした。その後はベーブ・ルースの伝記をはじめとする大リーグに関する書籍を読み始め、日米野球が開催されるときはテレビ中継を熱心に観るようになります。映画『メジャーリーグ』（1989）や『フィールド・オブ・ドリームス』（日本公開は1990年）なんかも、ボクに大リーグの素晴らしさ、格好良さ、奥深さを教えてくれました。

　現役バリバリのメジャーリーガーを初めて生で観たのは1990年11月2日、東京ドーム。MLB選抜チームの野手はケン・グリフィー親子にバリー・ボンズ、オジー・ギーエン、そして前年まで阪神でプレーしていたセシル・フィルダー[★1]、更には後に日本にやって来るフリオ・フランコ[★2]、ジェシー・バーフィールド[★3]が。そして投手は2番手でランディ・ジョンソンが登板。NPB選抜は野茂英雄が先発でした。1995年MLBオールスターで共に先発登板する5年も前に、2人は東京で同じ試合に登板していたんですね。そして1992年にミネアポリスで初めてMLBの試合を観てからというもの、すっかりMLBにはまってしまったのです。飯田橋で現在も営業している野球用品店「ベースマン」でフランクリン[★4]のバッ

★2＝1982年からMLB実働23年・計8球団。95・98年はロッテ、2000年は韓国サムスンでプレー。MLBで首位打者1回、90年オールスターMVP。MLB史上最年長本塁打（48歳254日）はじめ多数のMLB最年長記録を保持。日米韓合計3028安打（うちMLBで2586安打）。

★3＝1981〜89年ブルージェイズ、89〜92年ヤンキース、93年巨人。本塁打王1回、ゴールドグラブ2回。無類の強肩を誇りMLBで5度の外野手シーズン最多補殺を記録。

★4＝1946年創業、マサチューセッツ州の老舗バッティング・グローブ・メーカー。

ティング・グローブやリストバンド、アイブラック★5を買い、普段の練習や練習試合でそれを使う★6〝メジャーかぶれ〟な（軟式）高校球児でした。

おまえは光を見たか!?

１９９５年、大学1年の時に夏休みを利用してアメリカへ1ヶ月の一人旅に出掛け、現地で4試合、メジャーリーグの試合を観戦。今は無きキャンドルスティック・パークや旧ヤンキー・スタジアム、スカイドーム★7などを訪れたのですが、ボクがハマったのは、シカゴ・カブスとリグレー・フィールドだったのです。

ＣＴＡレッドラインがアディソン駅に到着し、改札を出ると住宅街の中に突然現れるスタジアム。写真で見覚えのある正面入口の看板、中に入ると芝生の緑、土の赤、そしてフェンスに茂るツタの深緑のコントラストが何とも美しい。そして〝古き良き〟という言葉しか浮かばない、１９１４年建立のスタジアム。ファンも熱狂的で全体的に騒がしく、シカゴの人々に愛されていることが強く感じられました。当時の自分が書いた日記を一部抜粋します。

★5＝眩しさを減らすために目の下につける黒いグリースやシールのこと。

★6＝高校野球の公式戦ではもちろん全て使用禁止でした。

★7＝現在はロジャース・センターと名称が変わっている。

ソーサが2本のホームランを打ち、カブスには計5本のホームランが出て、10対2でカブスがフロリダを下した。圧巻はセブンス・イニング・ストレッチ！　ハリー・ケリーがブースに立つとスタンドがやんやの大歓声。凄かった。

1995年8月23日、リグレー・フィールドで行われたカブス対マーリンズの試合を観たボクにとって、この日の出来事は、この日記に書いていることも含め、色々なことが一致した瞬間でした。

同年4月、大学の音楽サークルに入ってしまったが最後、現在に至るまでドラムを叩き、それで生計を立てているボクが、当時何度も観ていた映画が『ブルース・ブラザース』[★8]（1980）でした。シカゴが舞台のこの映画では、主人公のひとり、エルウッドの免許証に登録されていた住所がリグレー・フィールド！　映画のテーマである音楽、アメリカ、シカゴの街、そしてベースボール、カブス……ボクの頭の中でバラバラに存在した個々の情報が、リグレー・フィールドの正面入口にある看板を観た瞬間、全てがバチッとハマったのです。映画のセリフを引用すれば、〝I have seen the light!（俺は光を見た！）〟瞬間でした。それ以降はMLBファンであり、そ

★8＝人気コメディ番組『サタデー・ナイト・ライブ』での人気コーナーをベースに、ストーリーを映画化した作品。黒人音楽に対するオマージュがテーマ。ジェームズ・ブラウン、アレサ・フランクリン、レイ・チャールズ、キャブ・キャロウェイを始め、数々のミュージシャンが出演した。

してカブスファンとしてＭＬＢをチェックするようになっていきます。とは言いつつ、この年の暮れにボクはＳＣＯＯＢＩＥ ＤＯに入り、バンド活動に没頭していきました。バンドマン＝貧乏ときたもので、海外旅行、ましてやアメリカに行くなんてことは簡単ではなく、自身2度目のリグレー・フィールド訪問は２０１３年9月、実に18年もかかってしまいました。

１０００ドルで観た71年振りの勝利

日本とアメリカを往復する航空券は、探せば手の届く値段で買えるということを知ったボクは、２０１５年10月21日、2泊4日という強行軍でシカゴに向かいます。カブスが２００３年の、あの「バートマンの呪い」[★9]以来12年振りにナ・リーグ優勝決定戦に進出し、居ても立っても居られなかったボクは、リグレー・フィールドで行われる第4戦・第5戦を観にシカゴへ飛びます。この時は少し別の理由もありました。映画『バック・トゥ・ザ・フューチャー2』（１９８９）で主人公マーティ・マクフライがデロリアンに乗って１９８５年からタイムスリップしてきたのが２０１５年10月21日。映画の中では２０１５年のワールドチャンピオンはシカゴ・カブス[★10]と描かれていて、フィクションと現実がリンクするかもしれない瞬

★9＝２００３年10月14日、カブスが3勝2敗とマーリンズをリードして迎えたナ・リーグ優勝決定戦第6戦、カブスが3対0とリードしていた8回裏1死二塁でおきた出来事に由来。

★10＝マイアミのチームを下してワールドシリーズ制覇、とのニュースが流れていた。１９８５年当時はマイアミにＭＬＢのチームはなかった。ちなみに現在のマイアミ・マーリンズはカブスと同じナ・リーグなので、ワールドシリーズで対戦する可能性はない。

間を生で感じたかったのです。結局カブスはそれまで3連敗を喫していたメッツに第4戦も敗れ敗退、現実は思い通りにならず、しかも第5戦は消滅してしまいました。ただカブスの敗退が決定した瞬間、歓喜に沸くメッツナインをよそに、リグレー・フィールドの観客席全体から「Let's Go Cubbies!」コールが沸き起こったのです。選手たちへの労い、そして来年への鼓舞という意味が込められたこの歓声を目の当たりにし、これはいよいよ来年、１０８年振りの奇跡が起こるかもしれない、という予感がよぎりました。

２０１６年、戦力が整ったカブスは破竹の勢いで地区優勝を果たし、鬼門だったリーグ優勝決定戦でもドジャースを4勝2敗で下し71年振りのナ・リーグ制覇とワールドシリーズ進出を果たします。その瞬間にボクは数分間泣きじゃくり、そのあと即座にシカゴ行きの航空券を迷うことなく購入します。試合のチケットは恐らく高騰するだろう、けれども71年振りにリグレー・フィールドで開催されるワールドシリーズの雰囲気を現地で味わうことが何より大事、との思いで。

前年と同じく第4戦・第5戦にシカゴに滞在する行程、カブスは第2戦で1勝しているので確実に第5戦までは開催されることに安心しつつ、第

4戦の試合開始直前にリグレー・フィールドへ到着するも、球場周辺のスポーツバーやレストランですら軒並み満員札止め、20〜30分ほど探して何とか入れたスポーツバーで観戦するもインディアンズに完敗、1勝3敗と崖っぷちに追い込まれます。

宿に戻って「StubHub」★11のホームページを覗くと、最安値でも1500ドル以上していたチケットは、カブスが劣勢に立たされたことが影響したのか、1000ドルを下回り始めていました。同じく現地に来ていたカブスファンの友人たちから「お前、折角日本から来たのなら、値段も滅茶苦茶安くなっているし、絶対買った方が良いぜ」とのメールをもらい、最安値は逃したけど、手数料合わせて1000ドル（当時のレートで約10万5000円）くらいのチケットならまだ何枚か残っている！　この状況を日本にいるワイフに伝えると、こんな返事が返って来ました。

「1000ドルのチケットを買っても、別に破産するわけじゃないでしょ？　だったら買って観た方が良いに決まってんじゃん！」

2016年のワールドシリーズ第5戦、ボクは1000ドルでチケットを手に入れ、リグレー・フィールド一塁側、ライトポールに限りなく近い

★11＝アメリカのオンラインチケット販売会社。

★12＝2006〜21年に実働16年・5球団でプレー。悪性リンパ腫を克服し、レッドソックスで2度、カブスで1度、ワールドシリーズ制覇に貢献。21年に通算200勝を達成し、22年1月に引退を表明。レッドソックス9年、カブス6年での防御率が共に3・64、勝率が・636と全く一緒だった。

★13＝2012〜21年に実働10年・計4球団でプレー。MLBきっての理論派投手。20年にサイ・ヤング賞と最優秀防御率を獲得。ドジャースで迎えた21年シーズンは5月に女性から訴えられ、7月から制限リストに入りプレー出来ない状態が続い

二階席の最上段での観戦に漕ぎ着けました。ジョン・レスター[★12]とトレバー・バウアー[★13]の両先発で始まったこの試合、インディアンズが1点先制するも、4回裏にクリス・ブライアント[★14]のソロホームランが出て同点、続くアンソニー・リゾ[★15]の二塁打などが続き3対1と逆転。最後はアロルディス・チャップマン[★16]がロングリリーフの任務を果たし勝利。カブスが1945年10月8日、タイガースと対戦したワールドシリーズ第6戦以来71年振りとなる、リグレー・フィールドで行われたワールドシリーズで勝利する瞬間を、ボクは現地で生で観ることが出来たのです。カブスはそのまま連勝し108年振りのワールドシリーズ制覇を果たし、通称「ヤギの呪い[★17]」を解いたのです。

『Go Cubs Go』

というわけで、長々と自分語りを

ている。

★14＝2015〜21年カブス、21年7月にジャイアンツへ移籍。22年はロッキーズでプレー。愛称はKB。15年新人王、16年ナ・リーグMVP。

★15＝2011年パドレス、12〜21年カブス、21年7月にヤンキースへ移籍。マイナー時代にジョン・レスターと同じ悪性リンパ腫の診断を受け克服。一塁手としてゴールドグラブ4回、シルバースラッガー賞1回。17年にはロベルト・クレメンテ賞受賞。13年WBCイタリア代表。現役選手の中では筆者が一番好きな選手。

★16＝2010〜21年に実働12年・3球団でプレー。キューバ出身、09年アンド

してしまい、失礼しました。カブスと音楽とくれば、まずはこの曲からご紹介しないことには話が始まりません。スティーブ・グッドマンの歌う『Go Cubs Go』（1984）は、リグレー・フィールドでカブスが勝った瞬間に流れ、スタンドのファンが「W」フラッグ★18を掲げながら大合唱するアンセムとして知られています。シンガーソングライターとして1970年にデビュー、1971年に発表したナンバー『City of New Orleans』はアーロ・ガスリー★19やウィリー・ネルソン★20によってカヴァーされ、1985年にはグラミー賞を受賞しました。シカゴで生まれ育ち、生粋のカブスファンであるグッドマンは、カブス戦を長年中継していた地元ラジオ局WGNから依頼を受け、この『Go Cubs Go』をレコーディング。当時の現役選手たちもコーラスで参加したそうです。1984年の開幕戦からラジオ中継でこの曲が毎試合オンエアされ、ファンからも人気を博します。1984年といえばカブスが1945年以来39年振りに地区優勝を果たした年。ですが残念ながらグッドマンは長年患っていた白血病により、優勝決定4日前に36歳の若さでこの世を去ります★21。その後このレコードは3年間で7万枚を売り上げ、収益は慈善団体に寄付されたそうです。

　しかし1987年、この曲はザ・ビーチ・ボーイズの『Here Come The

ラに亡命。MLB史上最速となる球速105・1マイル（169・1キロ）の記録を保持。16年は7月末にヤンキースからカブスへ移籍、108年振りのワールドシリーズ制覇に貢献。

★17＝1945年10月6日のワールドシリーズ第4戦、シカゴの居酒屋店主ビリーは、いつものように2枚のチケットを買って飼いヤギのマーフィーと共にリグレー・フィールドを訪れるも、悪臭を理由に入場を拒否された。それに対しビリーが「これ以上ワールドシリーズに進出することはない！」と言い放った。カブスは呪いを解くのに71年の歳月を要した。居酒屋「ビリー・ゴート・タヴァーン」はシカゴ市内で現在も営業中。

Cubs』★22に取って代わられ、その後はまた別の曲になり、『Go Cubs Go』はチーム低迷とともに忘れ去られていきました。それから20年の時を経た2007年、『Go Cubs Go』は復活します。ファンサービスの一環として毎年のシーズン開幕前に開催されるカブスのウィンター・ミーティングでこの曲を流したところ、集まったファンが大合唱、就任したばかりのルー・ピネラ監督も「あまりに感動的で、思わず涙した」と漏らし、球団幹部はこの曲をリグレー・フィールドでチームが勝利したときに流すテーマ曲として復活させます。当時の球団幹部曰く「この曲はカブスが負けたときの痛みと、勝った時の幸福感を、本当に理解しているカブスファンじゃなきゃ書けない曲なんだよ」。また曲を依頼したラジオ番組のディレクターも「スティーブ・グッドマンはカブスが弱い時代の観客席を象徴するような存在で、カブスのグルーピーとしての血が流れていたんだよ」と、『Go Cubs Go』がカブス、そしてカブスファンにとって大事な曲だと再確認したのです。そして2016年、ボクが観に行ったワールドシリーズ第5戦でカブスが勝利し、スタンドにいた観客全員で『Go Cubs Go』を大合唱し、選手達をクリーブランドに送り出したことは一生の思い出となりましたよね……。

★18＝カブスがリグレー・フィールドで勝利すると、センター後方のスコアボードに白地に青でWと書かれた旗が掲げられる。カブスファンにとって重要なシンボル。1940年代から習慣化されている。負けると青地に白でLと書かれた旗が揚げられる。

★19＝1965年デビュー、代表曲は『アリスのレストラン』。父はウディ・ガスリー。

★20＝1950年代半ばから活動、グラミー賞10回受賞。保守的なカントリー界において様々なジャンルとクロスオーヴァーし、ヒッピー的なスタイルで「アウトロー・カントリー」と呼ばれる。

カブスとブルースとコメディの街、シカゴ

リグレー・フィールドでカブスが勝ったら、『Go Cubs Go』の次に流れる曲も決まっています。それはシカゴが出てくるブルースのスタンダード・ナンバー『Sweet Home Chicago』。主人公が住民票登録していたことも関係あるのでしょう、映画『ブルース・ブラザース』のサウンドトラックに収録されているヴァージョンが流れ、スタンドのお客さんは引き続き大合唱。主人公の一人を演じた、シカゴ出身のジョン・ベルーシ★23はコメディアンとして凄絶な人生を送り、33歳という若さで1982年に急死してしまいました。ベルーシは1984年公開の映画『ゴーストバスターズ』にも主演が決まっていましたが、急死に伴い、同じくシカゴ出身の後輩、そしてベルーシから誘われる形で人気テレビコメディ番組『サタデー・ナイト・ライブ』でも共演していたビル・マーレイ★24が代役に抜擢されました。彼は有数の〝ダイ・ハード〟なカブスファンとしてもお馴染みで、2016年にカブスがワールドチャンピオンに輝いたときにはシャンパン・ファイトに参加、そして選手と乾杯しながらインタビューをする、という役も任されるほどでした。そのビル・マーレイ、『サタデー・ナイト・ライブ』のレギュラー出演をしていた1978年、とあるインタ

★21＝つまりグラミー賞受賞は、彼の逝去から1年後だったのです。

★22＝1987年の1年間、WGNで使用されたナンバー。彼ら自身もカヴァーした『バーバラ・アン』をパロディしたナンバー。音源としては未発売。

★23＝1949～82。『サタデー・ナイト・ライブ』オリジナル・メンバー。映画『アニマル・ハウス』『1941』などで主演。

★24＝1950～。『サタデー・ナイト・ライブ』1977～80年出演。映画『3人のゴースト』『ロスト・イン・トランスレーション』などで主演。

★25＝MLB各球団が主催す

ビューで「何かチャレンジしたいと思っていることは？」との質問に「プロ野球選手になること」と回答したそう。するとワシントン州にある独立チームから、まさかの選手としての契約オファーが舞い込みます。1試合だけの契約を交わし野手として出場、何と2打数1安打1打点を挙げ、マイナーながら生涯打率・500という成績を残しているそうです。もうなんか洒落もここまで行くと感動すら覚えますよね……。

エディ・ヴェダーとアーニー・バンクス

さて、近年のカブスと深い関係にあるミュージシャンと言えば、オルタナティブ・ロックの雄、パール・ジャムのフロントマン、エディ・ヴェダーをおいて他にいません。シカゴ近郊で生まれ、幼い頃から〝ダイ・ハード〟なカブスファンだったエディにとっては2007年1月、アリゾナで開催されたカブス主催のファンタジー・キャンプ[★25]に参加していました。1月31日のこと、雨が降ってきたので屋根があるところに避難すると、コーチとして参加していたカブスOBのホセ・カーデナル[★26]がエディにアーニー・バンクス[★27]を紹介します。エディは子供の頃からのヒーローでもある"Mr. Cub"ことアーニーと一緒に座ると、アーニーは開口一番「エディ、

る、大人のためのベースボール・キャンプ。選手達と同じ施設を使い、同じユニフォームを着て、同じフィールドでプレーすることが出来る体験型ファンサービス。

★26＝1963〜80年に実働18年・計9球団でプレー。キューバ出身、通算1913安打。アフロヘアーがトレードマークで、ミシェル・オバマは彼の大ファンだった。

★27＝1953〜71年の19年カブス一筋。通算512本塁打。ナ・リーグMVP、本塁打王、打点王を各2回受賞。遊撃手としてゴールドグラブ1回。77年殿堂入り。ポストシーズンには1度も出場することが出来なかった。背番号14は永久欠番。

ERNIE BANKS／EDDIE VEDDER

カブスのために曲を書いてくれよ」と頼んできたのです。まるで魔法をかけられたかのような心持ちになったエディ、しかもその日はアーニーの76歳の誕生日だったこともあり、部屋に戻って魔法にかかったまま、曲を書き始めます。その曲『All The Way』は２００７年８月にシカゴのライブハウスで初披露され、翌２００８年８月にはシカゴの別のライブハウスでライブ録音をし、９月にリリースされました。ジャケットはリグレー・フィールドのツタで覆われた外野フェンスに書いてある「４００（フィート）」の表示を〝ＡＬＬ ＴＨＥ ＷＡＹ〟に変えたものでした。２００８年のシーズン、カブスは福留孝介が加入し５月から首位を独走、２年連続の地区優勝を果

たします。地元のラジオ局やスポーツバーもこの曲を流し始め、『Go Cubs Go』に続くカブス賛歌として認知されていきます。

２０１３年7月19日、エディ率いるパール・ジャムはバンド史上初めて、リグレー・フィールドでライブを開催します。そこでエディは何とアーニー・バンクスをゲストとしてステージに招き、『All The Way』を一緒に歌ったのです。アーニーにとってはこれが最後のリグレー・フィールドでの表舞台でした。２０１５年1月23日にアーニーは83歳で死去、結局、彼はカブスが世界一になるところを見届けることが出来ませんでした。しかしエディは翌２０１６年8月、アーニーの口癖である"Let's Play Two!!"の合い言葉の下、再びリグレー・フィールドでライブを、しかも２日間に渡って開催しました。そのライブ音源は翌年リリースされ、タイトルも『Let's Play Two』。エディの歌う「我々はいつか世界一への道へと歩むことだろう」という言葉は、アーニーに魔法を掛けられてから9年後、２０１６年11月2日に実を結んだのです。

初めて買った「メジャーリーグ×音楽」のレコード

最後に、ボクが「メジャーリーグ×音楽」に興味を持つきっかけになったレコードを紹介させて下さい。カブスが好きだと言っていたら、SCOOBIE DOのコヤマシュウ、のお兄さんから「おかもっちゃん、シカゴ・カブス名義で、DJやるときにも使えそうな、ファンキーな7インチがあるんだよ」と教えてもらい、結局それを通販で代理購入してもらうことになりました。そのレコード『Pennant Fever』（1969）は、シカゴ・ブルースの名門レーベルであるチェス・レコード[★28]がリリースしたR&Bスタンダード曲『FEVER』[★29]のカヴァーでした。当時のチームを代表するビリー・ウィリアムズ[★30]やロン・サント[★31]を始め現役選手7名がヴォーカルとして参加、演奏もチェス・レコードのスタジオ・ミュージシャンたちによる非常に軽快でハネたアレンジ。さすがシカゴ・ブルースのお膝元だけあって、おふざけになりがちな選手たちが歌うレコードですら、当時の最先端のような感じで格好いい！　洒落てる！とますますカブスが好きになっていきました。

ビリー・ウィリアムズによる後日談によると、実はこの曲、1969年7月19日、アポロ11号が月に着陸する前夜、シカゴではなく遠征先のフィラデルフィアでヴォーカルのレコーディングを行ったとのこと。彼は「ビールを2杯ごちそうになって、気分を上げてから歌ったのさ」と、人

★28＝1950年創立。マディ・ウォーターズやハウリン・ウルフといったシカゴ・ブルースのレジェンドから、チャック・ベリー、ボ・ディドリーなど数々のアーティストを輩出したブラック・ミュージックを主にリリースしていたレーベル。ザ・ローリング・ストーンズも1964年にここで録音した。

★29＝R&Bシンガーのリトル・ウィリー・ジョンが1956年にリリースし、黒人としては当時異例の全米27位を記録。エルヴィス・プレスリーを始め数多くのアーティストがカヴァー。

★30＝1959～74年カブス、75～76年アスレティックス。61年新人王、首位打者1回獲得。そのスウィン

生最初で最後のヴォーカル録音について回想しています。

リーグが東西に分かれ、各地区6チームずつとなった１９６９年、カブスはナ・リーグ東地区の首位を独走していました。１９０８年以来のワールドシリーズ制覇に向けて、レコード会社にも景気づけに彼らのレコードをリリースしよう、という思惑があったのでしょう。しかしこの年、あのビリーが再びヤギを連れてリグレー・フィールドを訪れるも拒否され、更には優勝争いをしていた9月9日のニューヨーク・メッツとの大事な試合で、アメリカでは不吉の象徴とされる黒い猫が乱入し、カブスの選手たちがいるダグアウトの前を取り憑いたかのようにうろついたハプニング、通称「黒猫の呪い」に見舞われてしまい、最大10ゲーム差もあったメッツに優勝をさらわれてしまったのです。レコーディングした時点では、黒猫が現れることも、ミラクル・メッツに逆転されることも、全くの想定外だったのでしょうね。その後のことを知っていて、そして呪いは全て解かれた今、このことを考えながら改めて聴くと、ああ、この曲はブルース以外のなにものでもない、としか思えませんよね……。味わい深すぎる……。残念ながらサブスクでは聴くことが出来ませんので、YouTubeなどで検索してみて下さい。

グの美しさから〝スウィート・スウィンギン〟の愛称で親しまれた。87年殿堂入り。背番号26はカブス永久欠番。

★31＝１９６０～73年カブス、74年ホワイトソックス。三塁手としてゴールドグラブ5回。常に闘志を前面に出すプレーが特徴。また引退後はカブスを一方的に応援しまくる名解説として人気者だった。２０１０年に70歳で逝去。12年殿堂入り。背番号10はカブス永久欠番。

Post-Game Notes　あとがき

「ボクはドラフト1位で指名され、プロ野球選手になっている。今頃はトレーニングしているだろう」

　これは１９８５年に開催された「つくば万博」で、ボクが「科学万博ポストカプセル２００１」という年賀状に書いた文章です。16年後の元日、派遣社員をやりながら夢中でバンド活動に勤しむ24歳の自分宛にその年賀状が届いたときは、まあ顔から火が出るほど恥ずかしかったことを今でも記憶しています。程なくしてバンドのドラマーとしてプロとなった自分に、形は違えど何かしらを成し遂げはしたよな、と言い聞かせたことも覚えています。

　また高校時代は山際淳司の作品を読み漁り、将来はスポーツライターになりたい、という目標もうっすらと持っていたのですが、大学入学と共に入部した音楽サークルの沼にハマり、そのことはすっかり忘れてしまっていました。

　ですが、ＭＬＢを好きだ好きだと言っているうちに、いつのまにか原稿を書くような仕事を頂くようになりました。偉大なる山際淳司には遠く及ぶはずもありませんが、スポーツライターの端くれとしても活動していることになるのでしょうかね。

この本は、自分の頭の中に散らばって存在していた、そしてどちらも大好きで大切な「音楽とＭＬＢ」を、自分なりにまとめたい、そしてそれを少しでも興味のある方々と共有出来れば、と思って書きました。どうしてもおせっかいな性分が前面に出てしまい、説明過多、かつ脚注過多ですが、ひとつご勘弁を！

ボクがこのようにＭＬＢに関する仕事をするまでには、沢山の方々との出会いがありました。ここでご紹介させて下さい。

２０１９年3月21日にボクが記者として赴いた東京ドームの記者室で「キミがここに来るのをずっと待っていたんだよ、ＭＯＢＹ！」と諸手を挙げて迎えてくれたＡＫＩ猪瀬さんには感謝してもしきれません。そこでＡＫＩさんが紹介してくれたＪ ＳＰＯＲＴＳ浅田次郎さんからオファーを頂き、２０１９年から始まった『ＭＬＢ ＭＵＳＩＣ』にＡＫＩさんと出演させて頂いていることが、この本を書く原動力になったことは間違いありません。放送初回からお世話になっているスタッフの吉崎伊織さんにもお礼申し上げます。

また２０１８年の春から「ＭＬＢと音楽に関するコラムを書きませんか？」とオファーを頂き、現在も自由に書かせて頂いているＭＬＢ雑誌『Slugger』の久保田市郎副編集長にも感謝しかありません。

２０２０年からボクにＭＬＢ中継の解説者として、更には実況としてのお仕事の場を設けてくれたＳＰＯＴＶ ＮＯＷ藤田裕之さん、村田洋輔さん、そして中継に関わるスタッフの皆さん、経験の場を与えて頂き改めてお礼申し上げます。

２０１８年６月にアメリカでの記者デビューの場を設けてくれたFull-Count佐藤直子さん、２０１９年３月に東京ドームでの〝イチロー引退試合〟でお世話になったＢＡＳＥＢＡＬＬ ＫＩＮＧ平野由倫さんにもお礼申し上げます。

２０１２年からＦＭおだわらというコミュニティーＦＭでラジオ番組を10年間、ＭＣとして務めさせて頂きました。２０２２年３月を以て一旦終了、４月から新しい番組が始まっているかと思います。ディレクターの福嶋剛さんから「ＭＯＢＹさんにはＭＬＢに関することでも、色々と活躍して欲しいんですよ！」といつも背中を押してくれ、本を出版するところまで漕ぎ着けることが出来ました。番組で長年ＭＣをご一緒した音楽スコアラー（＝ライター）の久保田泰平さん、そして２０１７年にはＤＡＺＮで一緒にＭＬＢ解説者デビューを果たした音楽業界の大先輩、成瀬英樹さんにも感謝申し上げます。

そして、何しろ本なんて書いたことのなかったこのボクに、「ＭＬＢと音楽に関する本を書きませんか」という提案をしてくれ、どうしても長くなりがちで、かつ脚注が多すぎる原稿を注意深く読んでくれ、出版まで導いてくれた左右社の筒井菜央さんには本当に何度頭を下げても足りません。「ＭＯＢＹさんの文章を読んでから、より一層ＭＬＢを面白く観ることが出来るようになりました！」と伝えてくれたとき、ようやく自信が湧いてきました。筒井さん本当にありがとう！　またボクのデビュー戦に素敵なイラストを描いてくださった羽鳥好美さん、同じくデザインを手掛けてくださった松田行正さんと杉本聖士さんにも心より感謝申し上げます。

最後に、原稿を書くことに関してはとびっきり優秀な先生でもあり、本を出版することに関しては大先輩でもあるボクのワイフ、トミヤマユキコa.k.a.ユキちゃんに、改めて愛を送ります。

https://thesportsnotebook.com/1979-pittsburgh-pirates-sports-history-articles/
The "We Are Family" Pirates And The Anthem of ’ 79（Groovy History: September 20, 2021）
https://groovyhistory.com/we-are-family-pirates-anthem-of-79
Twins announce details for 2021 'Prince Night’（MLB.com: August 17th, 2021）
https://www.mlb.com/press-release/release-twins-prince-night-8-16-2021
Minnesota Twins are selling official Prince merch because Minnesota（Mashable: February 26, 2018）
https://mashable.com/article/prince-minnesota-twins

Inning 9

Athlete Name Drops by the Beastie Boys（Sports Illustrated: MAY 4, 2012）
https://www.si.com/extra-mustard/2012/05/05/04athletes-in-beastie-boys-songs#gid=ci0255c8f8c00124a5&pid=sadaharu-oh--hey-ladies-1989
Why A Tribe Called Quest’ s Phife Dawg Was Sports Fans’ Favorite Rapper（Pitchfork: March 24, 2016）
https://pitchfork.com/thepitch/1068-why-a-tribe-called-quests-phife-dawg-was-sports-fans-favorite-rapper/
Aaron is to thank for one of rap's best names（MLB.com: January 23rd, 2021）
https://www.mlb.com/news/mc-hammer-got-his-name-from-hank-aaron
MC Hammer And The Oakland A’ s（wbur: June 13, 2015）
https://www.wbur.org/onlyagame/2015/06/13/mc-hammer-golden-state-oakland-as
Big Boi Stays Handsome With a Strong Back（BOARDROOM: Sep 15, 2021）
https://boardroom.tv/big-boi-outkast-atliens/

Extra Inning

‘Go Cubs Go’ strikes chord with new generation of fans（THE DAILY ILLINI: OCTOBER 4, 2007）
https://dailyillini.com/sports-stories/2007/10/04/go-cubs-go-strikes-chord-with-new-generation-of-fans/
Eddie Vedder『All the Way』ライナーノーツ（Ten Club: October 4, 2008）

sons-friendship-vineyard-family
When Ernie Harwell made America very mad（VINTAGE DETROIT COLLECTION: October 31, 2018）
https://www.vintagedetroit.com/when-ernie-harwell-made-america-very-mad/
It's been 50 years since Jose Feliciano's memorable national anthem performance（Cut4 by MLB.com: October 7, 2018）
https://www.mlb.com/cut4/jose-feliciano-national-anthem-was-50-years-ago-c296904880
黒田 史朗（解説）『スター・スパングルド・バナー／ホセ・フェリシアーノ』（日本ビクター: SS-1861）

7th Inning Strech

大人のロック!（編集）『ザ・ビートルズの世界地図』（日経BP, 2018）
THE BEATLES PLAYING IN MAJOR LEAGUE STADIUMS
https://visual.ly/community/Infographics/entertainment/beatles-playing-major-league-baseball-stadiums
Live: Municipal Stadium, Kansas City（The Beatles Bible: September 12, 2018）
https://www.beatlesbible.com/1964/09/17/live-municipal-stadium-kansas-city/
Lennon and McCartney, possibly playing baseball（CBS SPORTS.COM: December 29, 2013）
https://www.cbssports.com/mlb/news/photo-of-the-day-lennon-and-mccartney-possibly-playing-baseball/
Jorge Robledo,el futbolista chileno inmortalizado en un disco de John Lennon（BBC:April 4,2016）
https://www.bbc.com/mundo/noticias/2016/04/160404_deportes_futbol_chile_jorge_robledo_beatles_john_lennon_dibujo_jmp

Inning 8

佐山 和夫『黒人野球のヒーローたち』（中公新書, 1994）
Out of Left Field（JACOBIN: July 11, 2017）
https://www.jacobinmag.com/2017/07/baseball-politics-race-integration-unions
レイ・チャールズ&デイヴィッド・リッツ（共著）吉岡 正晴（訳・監修）『わが心のジョージア レイチャールズ物語』（戎光祥出版: 2005）
1979 Pittsburgh Pirates: Don't Ever Take Sides Against The Family...Ever（THESPORTSNOTEBOOK.COM）

ボブ・ディランが札幌ドームにやってきたあの日のこと（文春野球コラム クライマックス・シリーズ2019: 2019年10月5日）
https://bunshun.jp/articles/-/14415
John Fogerty Tells the Story Behind ‘Centerfield’（The New York Times: MAY 24, 2010）
https://bats.blogs.nytimes.com/2010/05/24/john-fogerty-tells-the-story-behind-centerfield/
John Fogerty’s “Centerfield” Gets Honored by Baseball Hall of Fame（Rolling Stone: MAY 25, 2010）
https://www.rollingstone.com/music/music-news/john-fogertys-centerfield-gets-honored-by-baseball-hall-of-fame-67073/
TOM PETTY’S 1989 FULL MOON FEVER COVER STORY（SPIN: October 3, 2017）
https://www.spin.com/featured/tom-petty-full-moon-fever-interview-cover-story/
Storied Chapter 5: Geddy Lee（Pro Athlete, Inc. YouTube）
https://youtu.be/w4MtoTLkh04
Jack White and Ian Kinsler Invest in Warstic.（Warstic）
https://warstic.com/blogs/news/press-release

Inning 7

ロバート・ヒルバーン（著）・奥田 祐士（翻訳）『ポール・サイモン 音楽と人生を語る』（DU BOOKS, 2020）
佐藤 実『サイモン&ガーファンクル全曲解説』（アルテスパブリッシング, 2009）
ナショナルジオグラフィック（著・編集）『アメリカン・ベースボール 伝説の男たちの記録』（日経ナショナルジオグラフィック社, 2002）
フレッド・シュルアーズ（著）・斎藤 栄一郎（翻訳）『イノセントマン　ビリー・ジョエル100時間インタヴューズ』（プレジデント社, 2019）
シンコーミュージックMOOK『MUSIC LIFE ビリー・ジョエル』（シンコーミュージック, 2021）
10 Things We Learned From Carly Simon’s Revealing New Memoir（Rolling Stone: NOVEMBER 24, 2015）
https://www.rollingstone.com/music/music-news/10-things-we-learned-from-carly-simons-revealing-new-memoir-227520/
Black History: Jackie Robinson's Friendship With a Vineyard Family（VINEYARD GAZETTE: February 4, 2019）
https://vineyardgazette.com/news/2019/02/04/black-history-jackie-robin-

and-mays-were-banned-from-baseball/
about: "dream of mickey mantle"（bleachers YouTube）
https://youtu.be/emKByJE57wA
“Willie, Mickey and the Duke（Talkin’ Baseball）” by Terry Cashman（Lifetime Topps project: July 13, 2016）
https://lifetimetopps.wordpress.com/2016/07/13/tuesday-tunes-diamond-ditty-10-willie-mickey-and-the-duke-talkin-baseball-by-terry-cashman/
A DIFFERENT KIND OF RECORD（NATIONAL BASEBALL HALL OF FAME）
https://baseballhall.org/discover-more/stories/short-stops/cashman-talkin-base-ball-classic
『エスクァイア日本版 1996年5月号』（エスクァイアマガジンジャパン）
MLB honors LGBT community during Pride Month（MLB.com: June 25th, 2017）
https://www.mlb.com/news/mlb-honors-lgbt-community-during-pride-month-c238597140
BLOOP HITS: WARREN ZEVON AND BILL LEE（FOX SPORTS: MARCH 19, 2015）
https://www.foxsports.com/stories/other/bloop-hits-warren-zevon-and-bill-lee
イチローの登場がすべてを変えた オリックス選手の“出囃子”今昔物語（文春野球コラム ペナントレース2021: 2021年4月15日）
https://bunshun.jp/articles/-/44415
イチロー選手、実はSnoop Doggの大ファン（playatuner: 2016年7月）
https://playatuner.com/2016/07/ichiro-fan-of-snoop-dogg/
Flo Ridaがイチローへの熱い想いを語る（FNMNL: 2016年8月25日）
https://fnmnl.tv/2016/08/25/7190

Inning 6

ボブ・ディラン、マイナー・リーグ野球場をツアー（ソニー・ミュージックHP: 2004年6月22日）
https://www.sonymusic.co.jp/artist/High-Hopes/info/66263
第17回 ボブ・ディラン「きみは大きな存在」（1975年）【後編】（otonano「西寺郷太 It's a Pops」2019年1月29日）
https://www.110107.com/s/oto/diary/detail/3345?ima=0000&oto=ROBO004&c-d=rensai
Episode 4: Baseball（Theme Tune Radio Hour Archive）
https://www.themetimeradio.com/episode-4-baseball/
Bob Dylan, Tangled Up in Baseball（the village voice: November 2, 2018）
https://www.villagevoice.com/2018/11/02/bob-dylan-tangled-up-in-baseball/

The Surprising Origins of the “Tomahawk Chop” Music（SLATE: October 31, 2021）
https://slate.com/culture/2021/10/tomahawk-chop-music-pow-wow.html

Inning 4

THE RARE DOUBLE-PLAY OF ARTHUR LEE MAYE
http://www.spectropop.com/ArthurLeeMaye/
BERNIE WILLIAMS（NAMM Foundation）
https://www.nammfoundation.org/board-member/bernie-williams
Bernie Williams他『Rhythms of the Game』（Hal Leonard, 2011）
10 MLB stars turned musicians（MLB.com）
https://www.mlb.com/news/the-best-baseball-player-musicians
Barry Zito（Official HP）
https://barryzito.com/about
'The Masked Singer' semifinals: Rhino Barry Zito is cut after moving Nicole Scherzinger to tears（USA TODAY: May 13, 2020）
https://www.usatoday.com/story/entertainment/tv/2020/05/13/masked-singer-semifinals-recap-rhino-performance-nicole-scherzinger/5181885002/
How a piano student and a former MLB pitcher took 200 fans out to the ball game（The Athletic: August 5, 2020）
https://theathletic.com/1972600/2020/08/05/how-a-piano-student-and-a-former-mlb-pitcher-took-200-fans-out-to-the-ball-game/
Dusty Baker『Kiss the Sky』（Wellstone Books, 2015）

Inning 5

伊東 一雄『メジャー・リーグ紳士録』（ベースボール・マガジン社, 1997）
福島 良一『大リーグ雑学ノート』（ダイヤモンド社, 1997）
樋口 日出雄『初期ヘミングウェイ覚書「三日のあらし」を中心に』（梅光学院大学英米文学会: 1979）
https://ci.nii.ac.jp/naid/120002493583
『ベースボールマガジン 2015年3月号』（ベースボール・マガジン社）
Willie Mays And A Charlie Brown Christmas（Charles M. Schulz Museum: March 9, 2012）
https://schulzmuseum.org/willie-mays-and-a-charlie-brown-christmas/
Today in Baseball History: When Mantle and Mays were banned from baseball（NBC Sports: March 18, 2020）
https://mlb.nbcsports.com/2020/03/18/today-in-baseball-history-when-mantle-

https://not.fangraphs.com/yo-la-tengos-ira-kaplan-is-a-mets-fan/
出野 哲也『メジャー・リーグ球団史』（言視舎, 2018）
From Bob Dylan to The Strokes: The 30 greatest baseball songs of all time（The Athletic: April 20, 2020）
https://theathletic.com/1755923/2020/04/20/from-bob-dylan-to-the-strokes-the-30-greatest-baseball-songs-of-all-time/
Here's how walk-up songs went from organ tunes to a cultural sensation almost overnight（Cut4 by MLB.com: July 10, 2019）
https://www.mlb.com/cut4/the-complete-history-of-the-walk-up-song
15 years ago, the Angels' Rally Monkey was born with some help from Ace Ventura（Cut4 by MLB.com: June 6, 2015）
https://www.mlb.com/cut4/15-years-ago-angels-rally-monkey-was-born/c-128832446
Change Angel's Song from "Build Me Up Buttercup" to "Back in the Saddle"（Facebook内）
https://www.facebook.com/permalink.php?story_fbid=1464656140269068&id=194285920639436

Inning 3

大リーグに欠かせないオルガン演奏、歴史は80年前に始まった（『ナショナル・ジオグラフィック』2021年5月6日）
https://natgeo.nikkeibp.co.jp/atcl/news/21/042700214/
永井 良和・橋爪 紳也『南海ホークスがあったころ』（紀伊國屋書店, 2003）
【音楽×野球】オルガンサウンドに魅せられて。プロ野球「最後の球場オルガン」秘話（mysoundマガジン: 2019年11月25日）
https://mag.mysound.jp/post/507
The entire Yankees lineup changed its walk-up music to honor Derek Jeter（Yahoo! sports: September 26, 2014）
https://ca.sports.yahoo.com/blogs/mlb-big-league-stew/the-entire-yankees-line-up-changed-its-walk-up-music-to-honor-derek-jeter-004505010.html
Meet the Atlanta Braves’ ballpark maestro（Atlanta: April 4, 2016）
https://www.atlantamagazine.com/news-culture-articles/meet-the-atlanta-braves-ballpark-maestro/
Play me a song: Braves organist charms fans, amuses players（AP NEWS: October 31, 2021）
https://bit.ly/3oq4SAD

出典・参考資料

Inning 1

伊東 一雄・馬立 勝『野球は言葉のスポーツ』（中公新書, 1991）

佐山 和夫『野球場で、観客はなぜ「野球に連れてって」を歌うのか?』（アスキー新書, 2007）

Andy Strasberg他『Baseball's Greatest Hit: The Story of Take Me Out to the Ball Game』（Hal Leonard, 2008）

What Inspired ‘Take Me Out to the Ball Game’?（SABR: Fall 2009 Baseball Research Journal）

https://sabr.org/journal/article/steven-a-king-what-inspired-take-me-out-to-the-ball-game/

山中美和子さんが引退（読売ジャイアンツHP 2021年10月23日）

https://www.giants.jp/smartphone/G/gnews/news_3916350.html

Inning 2

The Royal Rooters Win the World Series for the Red Sox With ‘Tessie’（New England Historical Society）

https://www.newenglandhistoricalsociety.com/royal-rooters-win-world-series-with-tessie/

出野 哲也『メジャー・リーグ人名事典』（彩流社, 2002）

The Quick 10: 10 Facts About Yankee Stadium（Mental Floss: September 23, 2008）

https://www.mentalfloss.com/article/19673/quick-10-10-facts-about-yankee-stadium

マリリン・モンロー、フランク・シナトラのプロポーズを断っていた！（『VOGUE JAPAN』2015年10月20日）

https://www.vogue.co.jp/celebrity/news/2015-10/20/marilyn-monroe

How ‘Y.M.C.A.’ Became Baseball’s Never-Ending Jam（The Village Voice: October 27, 2015）

https://www.villagevoice.com/2015/10/27/how-y-m-c-a-became-baseballs-never-ending-jam/

ゴッド・ブレス・アメリカ 歌詞の意味・和訳（『世界の民謡・童謡』）

http://www.worldfolksong.com/songbook/usa/god-bless-america.html

Yo La Tengo’s Ira Kaplan Is a Mets Fan（FanGraphs: July 23, 2013）

上原 浩治・澤村 拓一
Sandstorm／Darude
青木 宣親
Right Round／Flo Rida
川﨑 宗則
Good Feeling／Flo Rida
ダルビッシュ 有
Crank That／Soulja Boy
田中 将大
☆ももいろクローバーZのアルバム『田中将大』（2021）に歴代Walk Up Songが収録されています。
前田 健太
飛行艇／King Gnu
平野 佳寿
中盤戦／KREVA feat. Mummy-D
菊池 雄星
We Are Young feat. Janelle Monáe／Fun.
秋山 翔吾
人にやさしく／THE BLUE HEARTS
筒香 嘉智
Sussudio／Phil Collins
鈴木 誠也
Thunder／Imagine Dragons

All The Way／Eddie Vedder（2008）
Fever／Little Willie John（1958）

主な日本出身選手のWalk Up Song

野茂 英雄
Sukiyaki／坂本九
佐々木 主浩
Kernkraft 400／Zombie Nation
長谷川 滋利
Gettin’ Jiggy Wit It／Will Smith
イチロー
Thriller／Michael Jackson
止まらないHa～Ha／矢沢永吉
Royal Chocolate Flush／MISIA
天城越え／石川さゆり
In The Ayer／Flo Rida
Jump／Flo Rida
Who Am I（What’s My Name）?／Snoop Dogg
Drop It Like It’s Hot／Snoop Dogg feat. Pharrell Williams
Boom／Snoop Dogg
新庄 剛志
ultra soul／B’z
田口 壮
4’33”／John Cage ☆曲が無い、という意味です
松井 秀喜
Battle Without Honor or Humanity／布袋寅泰
Day Tripper／The Beatles
メインタイトル（映画『ゴジラ』より）／伊福部昭・日本センチュリー交響楽団
松井 稼頭央
It’s Tricky／Run-D.M.C.
大塚 晶則・藪田 安彦
T.N.T.／AC/DC
斎藤 隆
Bad To The Bone／George Thorogood & The Destroyers
黒田 博樹
The Whip／Locksley

（1984）収録）
Burn On／Randy Newman（『Sail Away』（1972）収録）
The Star Spangled Banner／José Feliciano（1968）

7th Inning Strech

Dig It／The Beatles（『Let It Be』（1970）収録）
I Saw Her Standing There（feat. Paul McCartney）／Billy Joel（『Live At Shea Stadium』（2011）収録）
Kansas City/Hey Hey Hey Hey／The Beatles（『Beatles For Sale』（1964）収録）

Inning 8

The Ball Game／Sisiter Wynona Carr（1952）
Georgia on My Mind／Ray Charles（1960）
America the Beautiful／Ray Charles（1976）
We Are Family／Sister Sledge（『We Are Family』（1979）収録）
Let' s Go Crazy／Prince（『Purple Rain』（1984）収録）

Inning 9

The Sounds Of Science／Beastie Boys（『Paul' s Boutique』（1989）収録）
Hey Ladies／Beastie Boys（『Paul' s Boutique』（1989）収録）
Sure Shot／Beastie Boys（『Ill Communication』（1994）収録）
What Comes Around／Beastie Boys（『Paul' s Boutique』（1989）収録）
Scenario／A Tribe Called Quest（『Low End Theory』（1991）収録）
Check the Rhime／A Tribe Called Quest（『Low End Theory』（1991）収録）
Award Tour／A Tribe Called Quest（『Midnight Marauders』（1993）収録）
We The People....／A Tribe Called Quest（『We got it from Here... Thank You 4 Your service』（2016）収録）
U Can' t Touch This／M.C. Hammer（『Please Hammer Don' t Hurt' Em』（1990）収録）
Feel My Power／M.C. Hammer（1986）
Hey Ya!／OutKast（『Speakerboxxx／The Love Below』（2003））
Ms. Jackson／OutKast（『Stankonia』（2000）収録）

Extra Inning

Go Cubs Go／Steve Goodman（1984）
Sweet Home Chicago／The Blues Brothers（『The Blues Brothers』（1980）収録）

Voodoo Child (Slight Return)／The Jimi Hendrix（『Electric Ladyland』（1968）収録）
3 The Hard Way／Beastie Boys（『To The 5 Boroughs』（2004））
Piazza, New York Catcher ／ Belle & Sebastian（『Dear Catastrophe Waitress』（2003）収録）
Barry Bonds／Kanye West（『Graduation』（2007）収録）
Bill Lee／Warren Zevon（『Bad Luck Streak in Dancing School』（1980）収録）
Sexy, Sexy／Brian Setzer Orchestra（2002）
Boom／Snoop Dogg（『Doggumentary』（2011）収録）
In The Ayer／Flo Rida（『Mail on Sunday』（2008）収録）
Jump／Flo Rida（『R.O.O.T.S.』（2009）収録）
Ichiro' s Theme／Ben Gibbard（2012）

Inning 6

Like A Rolling Stone／Bob Dylan（『Highway 61 Revisited』（1965）収録）
Catfish／Bob Dylan（『The Bootleg Series Vol.3』（1975）収録）
I Shall Be Free／（『The Freewheelin' Bob Dylan』（1963）収録）
Centerfield／John Fogerty（『Centerfield』（1985）収録）
I Won' t Back Down／Tom Petty（『Full Moon Fever』（1989）収録）
The Spirit Of Radio／Rush（『Permanent Waves』（1980））
Is Anybody Goin' to San Antone／Charley Pride（『Charley Pride' s 10th Album』（1970）収録）
Seven Nation Army／The White Stripes（『Elephant』（2003）収録）
Ode To The Mets／The Strokes（『The New Abnormal』（2020）収録）

Inning 7

Mrs. Robinson／Simon & Garfunkel（『Bookends』（1968）収録）
Night Game／Paul Simon（『Still Crazy After All These Years』（1975）収録）
Me and Julio Down By the Schoolyard／Paul Simon（『Paul Simon』（1972）収録）
Zanzibar／Billy Joel（『52nd Street』（1978）収録）
Pressure／Billy Joel（『The Nylon Curtain』（1982）収録）
We Didn' t Start the Fire／Billy Joel（『Storm Front』（1989）収録）
Miami 2017／Billy Joel（『Turnstiles』（1976）収録）
Angels Of Fenway／James Taylor（『Before This World』（2015）収録）
Take Me out to the Ballgame／Carly Simon（『Baseball A Film By Ken Burns』（1994）収録）
The Final Game/Take Me Out to the Ball game／Randy Newman（『The Natural』

Inning 4

Gloria／Arthur Lee Maye（1956）
Oh-Rooba-Lee／Arthur Lee Maye（1956）
Louie Louie／Richard Berry（1957）
Glory Days ／ Bernie Williams feat. Bruce Springsteen and Patti Scialfa（『Moving Forward』（2009）収録）
Take Me Out to the Ballgame／Bernie Williams（『Moving Forward』（2009）収録）
Staying Young／Barry Zito（シングル（2021））
Dirty Water／Bronson Arroyo（『Covering the Bases』（2005）収録）
Desastre Personal／Yoan Moncada（シングル（2020））
Palace Of The King／Freddie King（『Getting Ready...』（1971）収録）
Before You Accuse Me／Eric Clapton（『Unplugged』（1992）収録）
Purple Haze／The Jimi Hendrix Experience（『Are You Experienced』（1967）収録）

Inning 5

Did You See Jackie Robinson Hit That Ball?／Count Basie and his Orchestra（1949）
Did You See Jackie Robinson Hit That Ball?／Natalie Cole（『Baseball A Film By Ken Burns 』（1994）収録）
I Believe I' m Gonna Make It／Joe Tex（1966）
Brooklyn Go Hard／Jay-Z（2009）
Joltin' Joe DiMaggio／Les Brown & His Orchestra（1941）
デーゲーム／UNICORN（『服部』（1989）収録）
Vogue／Madonna（『The Immaculate Collection』（1990）収録）
Joe DiMaggio Done It Again ／ Billy Bragg & Wilco（『Mermaid Avenue Vol.II』（2000）収録）
Mr. & Mrs. Smith／SMASH Cast（『The Music of SMASH』（2011）収録）
1 For 1, DiMaggio／Vulfpeck（『The Beautiful Game』（2016）収録）
Say Hey（The Willie Mays Song）／The Treniers（1954）
I Love Mickey／Mickey Mantle and Teresa Brewer（1956）
A Sight for Sore Eyes／Tom Waits（『Foreign Affairs』（1977）収録）
Dream Of Mickey Mantle／Bleachers（『Gone Now』（2017）収録）
Talkin' Baseball（Willie, Mickey And "the Duke"）／Terry Cashman（1981）
Cooperstown／Terry Cashman（『Terry Cashman' s Greatest Baseball Hits』（1991）収録）
Papa' s Got A Brand New Bag ／ James Brown（『Papa' s Got A Brand New Bag』（1965）収録）

Hip Hop Hooray／Naughty By Nature（『19 Naughty III』（1993）収録）
Fire／The Jimi Hendrix Experience（『Are You Experienced』（1967）収録）
Louie Louie／The Kingsmen（『The Best of The Kingsmen』（2006）収録）
Rudolph the Red-Nosed Reindeer ／ Gene Autry（『Rudolph The RedNosed Reindeer And Other Christmas Classics』（2003）収録）
Jump Around／House of Pain（『House of Pain』（1992）収録）
Calling All Angels／Train（『My Private Nation』（2003）収録）
Bro Hymn／Pennywise（『Full Circle』（1997）収録）
Build Me Up Buttercup／The Foundations（『The Best of The Foundations』（2021）収録）

Inning 3

Carry Me Back to Old Virginia／Jerry Lee Lewis（『Ole Tyme Country Music』（1970）収録）
I Feel The Earth Move／Carole King（『Tapestry』（1971）収録）
Superstar／Carl Anderson（『Jesus Christ Superstar』（1973）収録）
He' s So Shy／Pointer Sisters（『Special Things』（1980）収録）
Na Na Hey Hey Kiss Him Goodbye／Steam（『Steam』（1970）収録）
Atomic Dog／George Clinton（『Computer Games』（1982）収録）
Limelight／Rush（『Moving Pictures』（1981）収録）
This Is How We Do It／Montel Jordan（『This Is How We Do It』（1995）収録）
Hells Bells／AC/DC（『Back In Black』（1980）収録）
Wild Thing／X（シングル（1983））
Enter Sandman／Metallica（『Metallica』（1991）収録）
Jesus Is Just Alright with Me／The Doobie Brothers（『Toulouse Street』（1972）収録）
上を向いて歩こう／坂本九（EP（1961））
The Raiders March／John Williams（『Raiders of the Lost Ark』（1981）収録）
T.N.T.／AC/DC（『High Voltage』（1976）収録）
中盤戦／KREVA feat. Mummy-D（『心臓』（2009）収録）
人にやさしく／THE BLUE HEARTS（『ALL TIME SINGLES～SUPER PREMIUM BEST～』などに収録（1987））
Sussudio／Phil Collins（『No Jacket Required』（1985）収録）
Baseball Boogie／Nina Simone（『A Single Woman』（1993）収録）

Inning 1

Take Me Out To The Ball Game／Gene Kelly（『Down In Main Street』（2020）収録）
Take Me out to the Ballgame ／ Harry Caray（『Harry Caray : Voice of the Fans』（2011）収録）
Take Me Out To The Ball Game／Billy Joel（『Live At Shea Stadium』（2011）収録）
Take Me Out To The Ball Game／Frank Zappa（『You Can' t Do That On Stage Anymore, Vol.4』（1991）収録）
Take Me Out To The Ballgame／土岐麻子（『WEEKEND SHUFFLE』（2006）収録）
Take Me Out To The Ball Game／高畑充希（『バンクーバーの朝日　オリジナルサウンドトラック』（2014）収録）

Inning 2

Tessie／Dropkick Murphys（『Tessie』（2004）収録）
Dirty Water／The Standells（『Dirty Water』（1966）収録）
Sweet Caroline／Neil Diamond（『Sweet Caroline』（1969）収録）
Theme from New York, New York／Frank Sinatra（『Nothing But The Best』（2008）収録）
Y.M.C.A.／Village People（『Cruisin' 』（1978）収録）
God Bless America ／ Kate Smith（『When The Moon Comes Over The Mountain』（2008）収録）
Moby Octopad／Yo La Tengo（『I Can Hear The Heart Beating As One』（1997）収録）
Lazy Mary／Lou Monte（『Presenting Lou Monte』（1959）収録）
New York Groove／Ace Frehley（『KISS: Ace Frehley』（1978）収録）
（I Left My Heart）In San Francisco／Tony Bennett（『I Left My Heart In San Francisco』（1962）収録）
Lights／Journey（『Infinity』（1978）収録）
Don' t Stop Believin' ／Journey（『Escape』（1981）収録）
3rd Base, Dodger Stadium／Ry Cooder（『Chávez Ravine』（2005）収録）
I Love L.A.／Randy Newman（『Trouble In Paradise』（1983）収録）
You Can Call Me Al／Paul Simon（『Graceland』（1986）収録）
Bad To The Bone ／ George Thorogood & the Destroyers（『Bad To The Bone』（1982）収録）

オカモト "MOBY" タクヤ
（SCOOBIE DO）

左投左打

1976年7月6日生まれ。

千葉県市川市出身。市川高校→早稲田大学第二文学部。

1995年結成、"LIVE CHAMP"の異名を持つロックバンド「SCOOBIE DO」のドラマー兼マネージャー。ドラマーとして様々なアーティストのレコーディングに参加し、DJとしても国内外問わず精力的に活動。

MLBコメンテーターとしても知られ、J SPORTS「MLBミュージック」メインMC、MLB配信サービスSPOTV NOW・ABEMAにてMLB中継の解説・実況を担当。MLB専門雑誌『Slugger』にてコラム「ベストヒットMLB」連載中。

音楽・MLB・酒場に関する執筆、クイズ作家としても活動。2021年にはテレビ東京系ドラマ『生きるとか死ぬとか父親とか』で俳優デビュー。

現在FMおだわらにて放送中『ベースボールは歌う』メインMCを務める。

「SABR（アメリカ野球学会）」会員、「野球文化學會」会員。

SCOOBIE DO http://www.scoobie-do.com/
Twitter: @moby_scoobie_do
Instagram: @moby_scoobiedo

ベースボール・イズ・ミュージック！
音楽からはじまるメジャーリーグ入門

2022 年 4 月 28 日　　第 1 刷発行

著者――――オカモト“MOBY”タクヤ

発行者――小柳学

発行所――株式会社左右社
東京都渋谷区千駄ヶ谷 3-55-12 ヴィラパルテノン B1
TEL 03-5786-6030　FAX 03-5786-6032
http://www.sayusha.com

印刷所――創栄図書印刷株式会社

printed in Japan. ISBN978-4-86528-080-7